Un tronc de figuier déraciné

Denis Challot

Un tronc de figuier déraciné

LE LYS BLEU
ÉDITIONS

ISBN : 979-10-422-2237-6

Prologue

Un figuier plante ses racines dans n'importe quel sol, qu'il soit aride ou irrigué souvent dans un coin de mur sans aucune trace de terre et développe ses racines imperturbablement, recherchant la présence de l'eau quitte à broyer une canalisation déficiente pour se nourrir. C'est un arbre courageux qui produit des fruits délicieux.

Mais une leçon de botanique n'est pas le but de ces quelques lignes, malgré un père botaniste et forestier, je n'y connais rien.

En Algérie, vers 1850, les Français qui se sont implantés sont chaussés de souliers en cuir teinté et la mode du moment veut qu'ils soient noirs. Au Maghreb ; le cuir garde sa teinte naturelle après avoir été tanné. Le progrès n'est pas encore à la fantaisie.

Les autochtones appellent ces Français les « pieds noirs ».

La colonisation du Maroc et de la Tunisie ne s'est faite que plus tard au début du vingtième siècle et ces pays ont été rattachés à la France qui les a dirigés sous forme de protectorat par opposition aux provinces d'Algérie organisées en départements français.

Les petits Français nés dans ces pays ne représentent qu'une première génération de « colons ». Le mot est injuste, car dans la majorité des cas, les Français installés au Maroc sont des militaires, fonctionnaires, médecins et commerçants. La principale arrivée de migrants français au Maroc intervient après la Deuxième Guerre mondiale lorsque la France peine à se remettre de 5 ans de privations et le Maroc représente l'El Dorado du moment.

Ces Français n'ont pas eu le temps de prendre racine au Maroc. Ils n'ont pas le droit à l'appellation « Pied noir » et seront baptisés sous le qualificatif de « tronc de figuier ».

Ce n'est pas très poétique, mais c'est plus une plaisanterie qu'un qualificatif injurieux.

Un peu d'histoire :

À la fin de la pacification de l'Algérie, caractérisée par la lutte armée des troupes françaises contre les tribus berbères ou arabes, le général Lyautey, spécialiste de la pacification des nouvelles colonies (Indochine, Madagascar et Algérie) protège la frontière algéro-marocaine contre les intrusions des tribus guerrières qui proviennent du Maroc.

Il reçoit l'ordre de pacifier le Maroc en prenant le contrôle de la ville d'Oujda et des alentours jusqu'en 1912 où il crée le protectorat tout en continuant de rallier les tribus au Sultan qui règne sur un pays divisé. La France administre le pays et le protège à l'intérieur comme à l'extérieur.

Il faut préciser ici que les berbères, habitants depuis l'origine des temps de l'Afrique du Nord et dont l'origine ethnique n'est pas démontrée ont été envahis au 8e siècle par les Arabes musulmans venus d'Arabie par le sud de la mer Méditerranée. Au 20e siècle les Berbères ne se sont pas totalement assimilés aux Arabes qu'ils considèrent encore comme des envahisseurs.

Quand on dit ; en France, par mépris, « c'est un travail d'arabe » c'est en fait une expression inventée par les berbères pour critiquer leurs envahisseurs. La langue berbère est différente de l'arabe et ce dernier, parlé au Maroc est différent de celui qui a cours en Égypte et même dans les pays voisins du Maghreb.

Les troncs de figuier vont donc évoluer dans ce milieu social disparate et ne se sentiront jamais totalement chez eux.

La famille

Mes parents se sont mariés alors que mon père faisait ses études à Nancy à l'École forestière qui préparait les élèves à une carrière dans les Eaux et forêts. Le Maréchal Lyautey, natif de Nancy, récemment remercié de ses services de résident général au Maroc où il a régné pendant 13 ans en maître absolu, visite l'école et vante les mérites et les avantages d'une carrière au service des forêts du Maroc où l'œuvre à accomplir est immense. Il s'agit de planter plutôt que d'exploiter la forêt. Mon père s'enthousiasme pour le projet et postule pour un poste au Maroc. En septembre 1925 naissent les jumeaux. Les parents ont 22 et 21 ans.

Dès 1926 c'est le départ pour le Maroc où le début de carrière se passe en tant que garde forestier habitant le Bled dans une maison forestière à Khemisset puis à Tedders. Par la suite il sera affecté dans des villes plus importantes en fonction de son avancement. Rabat où naîtront les deux filles, Bernadette en 1932 et Marie Jeanne en 1938 puis Meknès où naîtront les deux derniers François en 1942 et Denis en 1944.

Mes parents sont parisiens d'origine, citadins, pas du tout préparés à cette vie aventureuse. Mon père Jean Paul Challot était fils unique né en 1903 et a passé son enfance à Paris.

Du côté de mon père, Paul Challot était fonctionnaire à la SNCF et sa femme, Blanche Bernard était mère au foyer après avoir servi comme infirmière pendant la guerre de 1914-18. Ils n'auront qu'un fils, Jean Paul. Paul Challot meurt d'une pneumonie quelques semaines après sa mise à la retraite en 1935. Il n'en aura pas beaucoup profité. Sa femme lui survivra presque 30 ans et mourra le même été que son fils en 1964.

Le grand-père, Paul Prosper Challot, devait avoir une situation confortable ; il a été maire de la ville de Sannois et a laissé derrière lui une chronique manuscrite de la vie sous Napoléon 3 et la guerre de 1870.

C'est lui qui a offert à son fils Paul en cadeau de mariage un petit immeuble de 5 étages dans le 14e arrondissement pour lui procurer une rente. L'immeuble est acheté en 1899 pour la somme de 11 000 francs (franc Or de l'époque).

Côté maternel, Armand Cadol, médecin né vers 1875, épouse une riche héritière Marguerite Baudoin dont la famille installée dans le Cher est une longue lignée de magistrats et hommes de loi. Son frère Roger Baudouin est propriétaire d'une officine d'agents de change, seuls organismes à échanger les valeurs à la bourse de Paris. Il a une solide fortune, pas d'enfants et sa deuxième femme, après l'avoir éloigné de la famille, récupérera le tout à sa mort. Marguerite Cadol est propriétaire du château d'Allouis de ses fermes et bois alentour. Le château a été acquis vers l'an 1800. Il est resté le berceau de la famille. Curieusement, la transmission s'est toujours faite par les femmes occasionnant à chaque héritage un changement de nom.

Marguerite est aussi l'une des premières femmes à avoir passé son baccalauréat vers 1900. Il s'agit du vrai baccalauréat CAT. Il en existait un pour les femmes qui portait surtout sur les tâches ménagères.

Un des personnages intéressants de la famille Cadol est Edouard Cadol, dramaturge né en 1838 et ami de Jules Verne et mort en 1898. Il écrit livres et pièces de théâtre. Il a l'idée d'un voyage tour du monde issu d'un pari entre membres d'un club qui, effectué totalement dans un sens, permet de gagner un jour complet grâce au décalage des fuseaux horaires.

Il écrit une pièce qu'il nomme « le tour du monde en 80 jours ». Il fréquente Jules Verne et, afin d'assurer la sortie de sa pièce dans un bon théâtre parisien, il demande à Jules Verne de la signer. C'est un succès mondial. L'histoire dit qu'ils se sont fâchés par la suite et on peut comprendre pourquoi.

Armand Cadol et Marguerite auront deux enfants : Sonia, ma mère et Edouard plus jeune de 4 ans qui mourra pendant la Deuxième Guerre mondiale.

Le déraciné

Pourquoi parler de déracinement ?

Rien de dramatique en ce qui me concerne. Cette enfance au Maroc est insouciante, dans de bonnes conditions matérielles de vie avec des domestiques à la maison. Les amis des parents sont des gens aisés et cultivés et, dans les classes du lycée que nous fréquentons, il n'y a pas de différences entre les élèves français. Bien entendu les Marocains vivent de leur côté et, sans vouloir paraître méprisant, on se sent un peu au-dessus du panier.

Quand on passe des vacances en France, on comprend que les différences existent et, en jouant avec les enfants des fermiers d'Allouis, maison de famille, on ressent que, pour eux, nous sommes les châtelains ; c'est gênant ; on a un peu honte de notre statut.

Plus tard, au moment du passage des bacs (il y en a deux qui sont assez éliminatoires) c'est la mentalité différente des Français de métropole qui nous interpelle. La question de l'Algérie française n'y est pas étrangère, car, en supportant l'idée de l'Algérie française, nous croyons voir le bon côté du problème. L'avenir nous prouvera le contraire.

La vie dans un appartement presque HLM que mon père a choisi à cause de la facilité de prendre le métro dans le 19e arrondissement de Paris nous paraît triste après la villa piscine du Maroc ; les transports en commun, le temps maussade l'hiver trop froid, les nuits trop longues, les embouteillages, les problèmes de la France au quotidien, rien ne nous fait sentir bien chez nous en France. On a en plus quitté copines et copains et, à 16 ans, cela compte beaucoup.

Je ne passe que trois ans à Paris, et, au hasard des concours, me retrouve à Marseille.

Là, on ne peut pas dire que je me sente perdu. Les pieds noirs qui ont fui l'Algérie en 1962 sont omniprésents à Marseille. On s'y croit « comme là-bas ».

À l'École de commerce, un panel d'étudiants très disparates venant d'horizons variés surtout géographiquement fait qu'on n'est pas accueilli par les collègues marseillais et on se fait des copains parmi ceux qui viennent d'ailleurs. J'ai retrouvé un copain du Maroc, Bernard P. J'en ai un autre qui a vécu à Abidjan et qui parle souvent de sa vie là-bas. Je commence à me faire une idée de mes futures destinations.

Pour l'obligation du service militaire ramené à seize mois, il faut choisir entre la caserne militaire en France et la coopération en Afrique, je n'hésite pas et postule pour un poste d'enseignant en Algérie.

Enfin, lorsque le séjour en Algérie se termine et qu'il faut chercher du travail, je potasse un recueil d'entreprises qui travaillent en Afrique, publié par le magazine Jeune Afrique.

C'est ainsi que le déraciné confirme sa volonté de partir ailleurs.

Quand [illegible] en France, on comprend que les [illegible] d'Afrique [illegible] famille, on ressent que, pour eux, nous sommes [illegible]

[illegible] ce passage [illegible] à la mentalité différente des Français de métropole qui [illegible]

[illegible] Afrique.

C'est [illegible] que [illegible] confirme sa volonté de partir ailleurs.

Section I
Les pays de résidence

Chapitre 1
Le Maroc 1944 – 1960

J'y suis né à la fin de la Deuxième Guerre mondiale, 5 jours après le grand débarquement de Normandie par les alliés, mais ça c'était le cadet de mes soucis et je ne pense pas que ce grand évènement historique ait eu une influence sur ma destinée. Nous sommes à Meknès dans l'intérieur du pays en juin ; il fait si chaud que l'on dispose des casseroles d'eau autour de mon berceau pour éviter la déshydratation. Je survis à l'été, je suis même un beau bébé que l'on surnomme « Prosper Dodu ».

Mes premiers souvenirs : une grande maison à Casablanca avec un jardin et de grands arbres. C'est normal, mon père est officier des Eaux et forêts. On vit dans une pépinière où sont plantés les semis des futures forêts.

Au Maroc, on n'exploite pas la forêt, on la plante ; et dans tout le pays, les officiers des eaux et forêts travaillent au reboisement qui permet également de lutter contre l'érosion.

Ma grande sœur et ses copains me font croire à la présence de sous terrains secrets sous la maison et réapparaissent par miracle à l'autre bout, ayant couru plus vite que moi.

Je revois le trajet vers l'école maternelle en tenant la main de ma grand-mère. Ce premier établissement scolaire est le lycée de jeunes filles de Casablanca qui accueille aussi les petits garçons, premier titre de gloire de mes brillantes études :

Je suis « ancien élève du lycée de jeunes filles ».

La suite c'est à Rabat à partir de 1948, nouvelle expérience en grande maternelle au lycée de jeunes filles. J'ai 4 ans. Un jour, je ne peux retenir ma vessie j'inonde le sol de la classe, la maîtresse me permet de rentrer me changer. Je retourne chez moi à pied au grand étonnement de ma mère qui me voit débarquer sans escorte après avoir traversé une rue assez animée.

À part ce douloureux incident, enfance sans problème sinon que je suis tout petit, bien plus petit que les autres ce qui me vaut protection et condescendance des plus grands et mépris de bien d'autres. Difficile d'être choisi avant le dernier dans l'équipe de foot. Du coup, je ne suis pas très motivé pour le sport.

Le Maroc du protectorat est facile pour les enfants français ; tout est français, les policiers, facteurs et commerçants, je vais à l'école seul à pied en classes primaires, puis à vélo.

Les Marocains se montrent très discrets dans la ville européenne. Le maréchal Lyautey a construit les villes nouvelles ou vivent les Français à l'écart des médinas et peu de Marocains s'y promènent. Le laitier distribue son lait en vélo avec ses gros bidons en fer blanc attachés de chaque côté de la selle. Il lui arrive de mal rincer le bidon, produisant un lait très léger. Il faut lui en faire la remarque pour obtenir un lait plus pur la prochaine fois. En plus, nul ne sait où il puise son eau.

Le rémouleur de couteaux arrive à grands cris pour annoncer sa visite ; de même pour le marchand de glaces que l'on soupçonne d'utiliser l'eau du fleuve pour sa recette et à qui nous avons l'interdiction d'acheter. Il y a même le bamboula, géant noir qui danse en jouant du tambour, fait rouler ses yeux et sa petite natte au sommet de son calot. Il nous fait très peur.

Je me souviens du montreur de singe qui le fait danser au bout d'une corde et lui ordonne, entre autres pirouettes et mimiques de faire « couche comme la vieille ».

Le boulanger passe avec sa carriole tirée par un cheval. Quelle joie quand le cheval libère sa vessie à grands seaux dans la rue après avoir déroulé son engin démesuré !

Un jour, une camionnette passe dans la rue et le chauffeur clame une invitation au cirque Amar dans son micro. Le cuisinier qui n'a jamais entendu ça dit « C'est le fou qui gueule ».

Le cuisinier s'appelle Aomar. Il est marié et sa femme lui pond un enfant chaque année. Ma mère lui conseille d'être prudent ; il répond : « ma femme, il est comme ça ».

On parle des évènements qui aboutiront à l'indépendance en 1956. Quelques attentats dans des fermes isolées, des bombes dans les grandes villes et une manifestation à Meknès qui tourne mal et se termine en bain de sang de civils innocents.

En attendant, la vie se déroule normalement ; c'est la plage le dimanche. Les maillots de bain sont en laine tricotés par maman et, mouillés, ils pendent lamentablement entre les jambes. Il faudra attendre quelques années pour le maillot en toile. On aimerait bien y faire un pique-nique, mais mon père n'y trouve aucun plaisir et propose de nous mettre du sable dans nos sandwichs pour nous assurer d'une même sensation. Humour peu apprécié par nous et nous recherchons les invitations des copains qui ont une cabine sur une plage.

Petits, nous jouons dans la rue avec les enfants des voisins qui ont notre âge. Le Maroc est plein d'enfants. Pas de problème pour trouver des copains ! Parmi ceux-ci, un certain Georges Pernoud, fils d'un journaliste qui travaille à Radio Maroc, qui deviendra le fondateur de la célèbre émission de télévision : Thalassa.

Une de nos voisines, mère de huit enfants, accouche de jumeaux en janvier puis de deux autres en décembre de la même année. Le contrôle des naissances est encore loin.

Après moi, ma mère fait encore deux fausses couches. On aurait pu être 8 enfants.

On visite les garages de réparation de voitures pour tenter de récupérer des roulements à billes de camions.

Nous fabriquons des chariots à trois roues avec lesquels nous dévalons la pente qui vient de la résidence du gouverneur français au-dessus de chez nous au mépris des voitures qui passent de temps en temps. Heureusement aucun accident n'est arrivé. La circulation est plutôt calme.

À l'époque, pas de gadgets électroniques, on joue aux billes et à la toupie, on lance des noyaux d'abricots sur des cibles et on en gagne plusieurs quand on réussit le coup. Le ballon de foot détruit les essais de plantation de ma mère dans le jardin, mais le jeu préféré restera la collection de petites voitures Dinky Toys et le train électrique branché sur le secteur.

Le scoutisme est de rigueur dans la famille ; tous les enfants y sont passés. Je suis louveteau puis scout. On y passe de bons moments. J'aime bien les camps aux vacances de Noël et Pâques. Nous faisons même une traversée de l'Espagne pour un camp au Pays basque dans un vieux camion Renault, la cheftaine pas plus de 20 ans, au volant. Toute la troupe s'entasse dans la benne bâchée sur le matériel, tentes et sacs à dos. Ça chahute bien à l'arrière et l'un des garçons manque de basculer sur la route après une roulade audacieuse. On le retient de justesse. Les ceintures de sécurité sont loin d'être inventées. Une campagne d'affiches de la sécurité routière menace ; « Le cent appelle le sang ». Plus tard, le scoutisme me permet de faire de la spéléologie, beaucoup de randonnées en vélo et l'ascension du mont Toubkal de plus de 4000 mètres à Noël (souvenir de mes orteils gelés faute d'équipements appropriés).

Les parents jouent au tennis. Tous les enfants ont pris des leçons. J'en prends quelques-unes et on m'en dispense vu mon manque d'enthousiasme. Je ne serai jamais un bon joueur.

Comme je suis un peu rebelle malgré ma petite taille, j'évite les leçons de piano ou la baguette s'abat immanquablement sur les doigts à chaque erreur.

J'évite aussi les cours particuliers d'anglais avec une certaine Mademoiselle Lange ; tous les autres y sont passés, mais je me rattraperai plus tard. Il semblerait que l'éducation du sixième enfant ne soit pas aussi rigoureuse que celle des premiers.

Mon père tient une place élevée dans les Eaux et forêts. En 1953 il a cinquante ans, mais il a commencé très tôt sa carrière au Maroc.

Diplômé de l'Agro puis de l'école forestière de Nancy, il arrive au Maroc en 1926 avec sa femme et deux jumeaux qui n'ont pas un an. C'est très risqué, car il est affecté comme garde forestier en pleine campagne. Ma mère parvient à allaiter ses jumeaux jusqu'à 18 mois. Peut-on imaginer cela aujourd'hui ?

Les jumeaux grandissent sans école et tout se passe bien. Notre père est souvent à la maison.

Lors de la visite d'un directeur parisien à la maison forestière, celui-ci se penche vers l'un des jumeaux et lui demande ce qu'il voudra faire plus tard. Celui-ci répond ! « moi quand je serai grand, je ferai comme Papa, je ferai rien ». Tant pis pour les espoirs d'avancement.

Notre père poursuit sa carrière en travaillant principalement sur les reboisements des terres arides et la lutte contre l'érosion. Il sillonne le Maroc dans sa Citroën et connaît beaucoup de monde surtout parmi les chefs de tribus qui bénéficient des nouvelles routes tracées par le génie français et les nouvelles plantations.

Cela nous vaut des visites en famille dans les zones qu'il reboise et des banquets donnés en son honneur par les caïds ou chefs de tribus : Pastilla, méchouis et pâtisseries. On est assis sur des coussins au sol. On mange sur des tables basses entourés uniquement d'hommes à part ma mère et mes sœurs. Les femmes qui ont tout préparé mangeront les restes plus tard aux cuisines installées en plein air. Elles ont du mérite ;

la pâte feuilletée de la pastilla se roule, à la main pendant 24 heures et le méchoui cuit au moins quatre heures après que les braises se sont formées.

Parmi les histoires que raconte mon père, il y a celle du jour où il entraîne un de ses directeurs dans un de ces banquets du bled. Il fait chaud sous la tente et les mouches sont tenaces. Mon père en attrape quelques-unes et attire l'admiration du directeur qui le félicite. En réponse, il obtient : « Que croyez-vous que je fasse au bureau toute la journée ? ».

Encore un bon point pour l'avancement.

Une autre fois, il promène en voiture un forestier américain qui est venu, accompagné de sa femme. À chaque bourricot ou charrette de foin, elle fait arrêter la voiture pour prendre une photo. Excédé, mon père appuie sur l'accélérateur. Quelques années plus tard, il retrouve son américain en Arizona. Celui-ci, devant ses collègues, annonce que mon père est le meilleur conducteur qu'il ait connu au monde. Il rajoute : c'est le seul qui a réussi à faire taire ma femme !

Au Lycée l'ambiance en classe est tendue à cause de la discipline stricte. Certains profs nous terrorisent et passer au tableau se révèle souvent un cauchemar. On travaille dans un cycle infernal de leçons à réciter, de devoirs à rendre, de compositions trimestrielles. Un fameux prof de maths distribue les mauvaises notes ; on ne compte plus les zéros. Il a un fort accent de Carcassonne. Il dit : « Je vous ai déjà mis un zéro, ce sera une bicyclette ». Je vis dans la hantise des cours à venir. Les mauvaises notes sont souvent sanctionnées par des heures de colle à faire le jeudi ou le dimanche. Quand un prof plus faible se laisse dépasser par les évènements, le chahut démarre au quart de tour dans la joie.

C'est le cas des profs d'arabe (dialecte marocain qui s'enseigne en 6ᵉ et 5ᵉ à partir d'une écriture phonétique). Les jeunes Français s'en moquent et c'est dommage, car cet enseignement du dialecte local était une bonne initiative de l'administration française.

La majorité des Marocains étant illettrés en arabe classique, parler le dialecte était une bonne idée. Malheureusement les élèves de 12 ans sont bien ignorants et sans pitié.

De même pour le prof de dessin qui est un véritable artiste. Jean Gaston Mantel. Ce pauvre homme est chahuté dans toutes ses classes et nous n'avons aucune honte. Il doit manquer d'argent, car c'est vraiment un grand peintre dont les toiles se vendent aujourd'hui à plus de 20 000 euros et on peut les admirer sur internet.

Certains élèves ont un talent pour organiser un immense chahut dans la cour. La cloche qui sonne l'entrée en classe disparaît fréquemment. Dans ce cas le sifflet de ralliement par le surveillant général est suivi d'une clameur de ridicule et tout le monde refuse d'entrer en cours. On gagne une bonne demi-heure.

Dans les classes, trois communautés cohabitent. Les rares Marocains sont assis au premier rang. Fils de notables ou de commerçants aisés, ils se tiennent sages et ne chahutent pas. On les ignore ou on se moque d'eux ce qui n'est pas charitable, mais, à notre âge, on ne se soucie pas de la bienséance.

Dans les rangs suivants siègent les enfants des commerçants juifs de la ville, studieux et méfiants à notre égard. Pas de contact en dehors de la salle de classe.

De temps en temps, une bagarre éclate dans la cour tout de suite entourée d'une meute hurlante, nouvelle occasion de chahuter !

En 1956 l'indépendance du Maroc est décidée par la France. On dit que les Marocains sont les premiers surpris de l'avoir obtenue si rapidement. Ils ne sont pas prêts. Ils espéraient obtenir des concessions et un peu de contrôle sur le pays. Le sultan, Mohamed V, revient de Madagascar où le gouvernement français l'avait envoyé en exil.

Des hordes de Marocains convergent vers Rabat pour le glorieux retour dans les bennes des camions surchargées. Une foule immense se masse sur le parcours de l'aéroport jusqu'au palais royal, quinze kilomètres sur plusieurs rangées. Les hommes hurlent « hiah hiah istiqlal », vive l'indépendance et vive le roi « Hiah el Malik ».

Les femmes font des youyous en continu. Le spectacle est hallucinant.

Nous avons trouvé un perchoir éloigné de la route, mais avec une vue sur le passage du Roi.

Quand le cortège passe, c'est le délire, une femme debout à côté de moi, sort un sein long et mou de sa djellaba et l'agite frénétiquement pour marquer son amour du roi.

Après l'indépendance, l'atmosphère change, des familles marocaines avec une ribambelle d'enfants déambulent calmement dans les quartiers résidentiels. Ils sont chez eux et contents de visiter ces beaux quartiers de villas dans de grandes avenues bordées d'arbres dont l'accès leur était non interdit, mais déconseillé jusque-là.

Lors de la colonisation du Maroc, le Général Lyautey avait fait construire des villes nouvelles à l'américaine, en dehors des médinas occupées par les musulmans et les Mellahs occupés par les juifs ; deux communautés qui, avant la création de l'État d'Israël, vivaient en parfaite entente.

Lyautey avait même interdit l'accès des mosquées et des medersas (écoles coraniques) aux non-musulmans et la règle s'est maintenue après l'indépendance du pays.

Une partie de la communauté européenne quitte le Maroc sans précipitation au contraire de ce qui se passera plus tard en Algérie. Il va tout de même se produire un problème d'incompétence dans les bureaux et les administrations, car les Marocains n'ont pas été formés et cela crée des situations cocasses, parfois agressives des deux côtés.

Une femme française est agressée pour avoir frappé du poing un timbre à l'effigie du sultan sans méchanceté, mais le timbre ne collait pas bien. Mon père suggère qu'elle aurait dû signaler qu'elle venait de lui lécher le derrière. Pas sûr que l'humour triomphe dans cette situation.

Nous sommes en 1958. Mon père est alors directeur des Eaux et forêts. Il répond à un ministre de l'agriculture qui veut imposer ses volontés avec fermeté malgré une certaine ignorance des métiers de ses directeurs. Il convoque ses directeurs le matin pour écouter un enregistrement réalisé durant son sommeil où, paraît-il, il développe des idées constructives. Malheureusement, l'enregistrement est vide.

Deux ans plus tard, un directeur marocain sera nommé à sa place, réquisitionnera son bureau, la ligne téléphonique, la secrétaire et enfin la maison et ce sera le retour en France pour mes parents après 35 ans de vie au Maroc.

Ils en ramènent de beaux souvenirs et des objets de collection qui datent de leurs premières années dans le pays. Tapis en laine, bassines en cuivre rouge et poteries de Fès.

Ma sœur, Marie Jeanne chante avec des copains sympas dans la chorale « A cœur joie ». Certains copains jouent de la guitare et je suis fasciné. C'est le début d'une passion ; j'ai le droit de me blottir dans un coin et d'écouter sans me faire remarquer. Les jeunes adolescents prennent une allure décontractée et anticonformiste. Ils sont « bohème », c'est une première vision du mouvement hippy. Je participe à une chorale, mais l'engouement ne tient pas très longtemps.

Pour nous les jeunes, la vie se passe entre le Lycée et les copains. Il y a aussi les copines et on danse l'après-midi. On appelle ça des surprises-parties, ancêtres de la boum. Nous sommes fanas de la musique rock qui débute en Europe et apprenons à danser sur Bill Haley, Elvis Presley et Fats Domino. Les radios des bases américaines nous aident à développer cette culture.

Je me détache un peu du scoutisme.

Comme nous avons grandi, nos parents font visiter les villes du Maroc, Meknès, Fès, Marrakech, le Moyen Atlas et le grand sud.

Je me rappelle une folle nuit d'été à Taffraout où il fait si chaud que nous montons les lits sur la terrasse de l'hôtel pour y trouver un peu d'air. Nous sommes immédiatement attaqués par une nuée de moustiques. Le sommeil, à peine trouvé, les chacals se mettent à hurler, ils réveillent les chiens qui aboient tant et tant qu'ils réveillent le muezzin pour la prière de l'aube. Le lendemain dans la voiture, les jeunes dorment malgré la chaleur écrasante. En juin, dans cette région, la température monte à près de 50 degrés.

Mon père raconte son histoire : dans cet hôtel, il a dormi dans le lit de Michelle Morgan, célèbre actrice aux yeux bleus légendaires. Malheureusement elle avait quitté l'hôtel la veille.

Mes parents sont désolés de voir les médinas se moderniser. Déjà en 1935, ils ont vu arriver le fer blanc qui ruinait l'étal des commerçants et qui avait remplacé la terre cuite et le cuivre dans les ustensiles que l'on achète au souk. Que dire des objets en plastique aux couleurs criardes qui envahissent les étalages aujourd'hui ? On a oublié, mais, dans les années 50, le nylon et la matière plastique ne sont pas encore utilisés dans l'industrie.

Les médinas restent divisées en Souks ou quartiers d'artisans qui ont chacun leur spécialité. On voit travailler les artisans, les odeurs vous prennent à la gorge et les couleurs sont magnifiques. La médina est sillonnée d'ânes qui dévalent les ruelles à toute allure au cri de » Balek » de leur guide.

Quand il ne court pas derrière, il est assis tout à fait sur l'arrière-train de l'animal.

On ne retrouvera plus ce charme dans une organisation des médinas orientées vers le tourisme. Aujourd'hui, les potiers ont été exilés hors des villes à cause de la chaleur que les fours dégagent. L'artisanat est produit dans des usines et les médinas se limitent à des marchands de souvenirs pour touristes. Heureusement, la création de Riad, maisons traditionnelles marocaines transformées en hôtels ou maison d'hôtes permettent au visiteur de découvrir l'ambiance particulière de la vie en médina.

On ne peut pas parler du Maroc sans mentionner une cuisine délicate ou sel et sucre se marient merveilleusement.

Lors d'un séjour à Marrakech, des années plus tard, nous découvrons un restaurant nommé El Fasi tenu entièrement par des femmes qui produit une cuisine traditionnelle de grande qualité. Nous commandons une épaule d'agneau pour deux et les portions sont si généreuses que nous en distribuons aux autres convives.

Le Maroc restera pour moi un pôle d'attraction et nous y retournerons à plusieurs reprises avec Angela. Pendant nos études en France, mon frère François y retourne deux fois par an pour rejoindre Brigitte, sa future épouse. Les parents de Brigitte sont stricts ; elle n'a pas le droit de recevoir des lettres. François les fait passer par une copine.

Ils s'y marient durant l'été 1965, période où j'effectue un stage d'études dans une usine de fabrication de papier à Kénitra, ville où mon frère André vit toujours. Il est arrivé au Maroc en 1926 ; il en partira en 1982 après une longue carrière dans les Eaux et forêts. J'ai récupéré la vieille deux-chevaux Citroën de ma mère et cela me change la vie. Le plaisir d'être enfin indépendant, même si Maman règle encore les factures !

En 1966 j'ai terminé mes études à l'école supérieure de commerce et la deux-chevaux me ramène une fois de plus au Maroc pour un périple qui dure un mois.

Angela est du voyage. Ses parents ont bien voulu me la confier. Elle n'a pas vingt ans. Je la taquine en prétendant que les oranges qui pendent des arbres dans les avenues sont délicieuses. Elle en cueille une, debout sur le siège de la deux-chevaux et trouve le fruit succulent.

Autant pour moi, le gag a raté, mais ils sont curieux quand même ces Anglais !

On fait un grand tour du Maroc qui débute dans les montagnes sauvages du Riff où l'on cultive le Haschish, mais nous ne sommes pas tentés et personne ne nous en propose. La ville de Chefchaouen a grandi en quelques années, mais a conservé son caractère unique. Les maisons sont peintes à la chaux dans laquelle une teinte bleu azur a été mixée. La peinture se poursuit sur les bords de la rue et les portes et fenêtres sont peintes en bleu foncé, donnant une impression de fraîcheur.

Nous continuons dans les montagnes du Rif et prenons une piste très abrupte dans une magnifique forêt de cèdres centenaires à la recherche d'un coin pour camper. La piste est tellement abrupte que je dois la finir en marche arrière. En faisant demi-tour, je manque d'écraser Angela. Les vacances commencent bien !

Avant de faire l'ascension, nous avons acheté quelques produits dans une épicerie d'un village très isolé. La boîte de sardines doit être largement périmée et nous nous réveillons dans la nuit avec une tourista mémorable. Nos menus sont simples sardines à l'huile dans un bout de pain, pâtes à la sauce tomate sur un camping gaz. Pas question de trouver un MacDo au coin de la route !

Le reste du voyage se passe bien, à part le vol du porte-monnaie d'Angela qui contient l'argent du voyage. Le budget est serré, mais on arrive quand même au bout du voyage avec plein de souvenirs. Nous aurons visité Chefchaouen, Fès, Meknès, Ifrane et ses chalets de ski, Tinerhir, Ouarzazate, et Marrakech avant de finir à Rabat et repartir vers la France à travers l'Espagne.

D'autres voyages ont suivi. En 1978, invités par mon frère André, nous faisons encore un bon périple dans le sud avec une R16 Renault. De Midelt, dans le Moyen Atlas, nous prenons la piste pour le cirque de Jaffar et le lac d'Imilchil. Comme il n'y a pas d'hôtel, nous demandons le gîte dans la maison du Caïd comme nous l'a conseillé le guide du routard. On nous offre une pièce sans fenêtres où nous pouvons dormir sur un lit de paille. Confort spartiate.

Le lendemain, sur une piste où il ne passe que quelques voitures par jour, la voiture crève deux pneus en l'espace de 10 minutes. Nous venons de traverser un village. Je laisse Angela au bord de la route et marche deux kilomètres en poussant la roue crevée. Les deux pneus réparés, nous poursuivons la piste vers Tineghir pour trouver qu'elle a été emportée par une crue. Nous finissons dans le lit de l'oued asséché en priant pour que les rochers du chemin ne traversent pas le carter d'huile. Heureusement, le loueur ne vérifiera pas le bas de caisse au retour de la voiture.

En 1996, nous y séjournons au départ de Paris dans un bel hôtel de Marrakech : le Tikida trouvé par Jeremy qui travaille dans le tourisme. Magnifique hôtel avec sa piscine gigantesque et un restaurant marocain fameux devenu inabordable pour nous aujourd'hui.

En septembre 2001, au lendemain du mariage d'Hélène, nous chargeons la Peugeot 206 CC décapotable, nouvellement livrée la veille du mariage. Avec deux petites valises et nos sacs de golf, nous partons traverser l'Espagne et rejoindre le Maroc.

En chemin, nous nous arrêtons quelques jours chez notre ami Frédéric F. dans sa ferme de cochons au sud de Madrid et nous assistons, interdits, au drame des tours jumelles de Manhattan.

En arrivant au Maroc les jours suivants, nous assistons à quelques manifestations anti-américaines qui suivent l'évènement. Les jeunes Marocains se félicitent de cette prouesse !

Rien de bien inquiétant pour nous et le voyage se passe à merveille. La 206 suscite l'admiration quand elle passe, décapotée, dans les villes ; c'est une des premières que l'on voit au Maroc. J'ai peur de la laisser dans les parkings des villes, mais, une fois la capote fermée, elle paraît semblable aux autres 206 et rien de fâcheux ne se passe. Sur la route entre Marrakech et Casablanca, la plaine de ben Guerir m'offre une ligne droite de 32 kilomètres. Belle opportunité pour monter le compteur à 200 km/h.

Exploit à ne pas renouveler, car, le lendemain, roulant à 130 pour 120 vers la frontière du retour, je suis arrêté par les gendarmes et dois négocier dur pour leur abandonner mes derniers Dirhams.

Discussion bon enfant et amende qui termine dans la poche du gendarme.

Les voyages des années 2000 nous conduisent plus vers l'Australie et l'Asie et ce n'est qu'en 2023 que nous referons un voyage en avion vers le Maroc en février. Arrivés à Marrakech en avion, nous découvrons un aéroport moderne gigantesque et prenons une voiture de location. Je passe sur le prix exorbitant de l'assurance payée en Euro et en espèces au loueur, mais il vaut mieux se prémunir. Un accident ou des dégâts sur la carrosserie peuvent vite se chiffrer en sommes astronomiques.

Nous découvrons des quartiers neufs à perte de vue et peinons à trouver nos repères.

La population qui était de 16 millions en 1960 est passée à 37 millions et cela nous fait un choc même si cela ne fait que vingt ans depuis notre dernier voyage.

Même en février, le tourisme à Marrakech et Essaouira est abondant et on entend parler anglais tout autour de nous. Les jeunes Marocains ont compris l'avantage de l'anglais et de ses débouchés et, dans notre premier Riad, nous conversons longuement en anglais avec deux étudiants qui gèrent l'établissement.

La médina de Marrakech grouille de monde et la balade est un peu gâchée par les motos qui circulent dans les ruelles, obligeant les passants à se réfugier dans les boutiques.

À noter une magnifique route de montagne entre Agadir et Taffraout avec un spectacle magnifique d'amandiers en fleurs malgré le frisson dû à l'étroitesse de la route qui ne permet pas toujours le croisement de deux voitures et dont les bords sont fortement à pic.

Nous avons aussi aimé la médina de Taroudannt beaucoup moins touristique que Marrakech. Nous y avons mangé le magnifique tagine poulet citron avec salade en entrée et pomme banane en dessert pour moins de deux euros chacun.

Chaque voyage nous laisse un excellent souvenir des endroits visités et de la gentillesse des Marocains avec lesquels nous avons le plaisir de discuter et qui apprécient de pouvoir parler à un ancien qui a vécu la période du protectorat.

Chapitre 2
La France, années 50

La France, c'est la destination des vacances. On quitte le Maroc valises sur le toit et on traverse l'Espagne en voiture et en grand nombre. Les six enfants ne sont pas tous du voyage, car André est marié et Bernadette fait des études à la Sorbonne, mais la Citroën n'a que cinq places pour 7 passagers et les petits voyagent sur les genoux des aînés. Pour un voyage, mon père a même embarqué Aomar, le cuisinier marocain qui aidera en cuisine une fois arrivé dans la maison de famille à Allouis où vivent mes grands-parents Cadol. Il fera aussi des ravages chez les jeunes paysannes du coin auxquelles il se présente comme un riche propriétaire terrien du Maroc afin de gagner leurs faveurs.

Comme on ne croise pas souvent des voitures, on klaxonne dès qu'on aperçoit une plaque du Maroc, et on fait de grands signes d'amitié ; ça rompt la monotonie du voyage qui dure au moins cinq jours sans oublier la sieste maternelle sous un arbre avant de reprendre la route qui fait baisser la moyenne. Il fait très chaud dans l'intérieur de l'Espagne, la voiture empeste l'essence et nous sommes souvent pris de fortes nausées. Mon père choisit avec soin les hôtels et les restaurants avec son guide Michelin qui ne le quitte pas. Il lui arrive même de leur envoyer des commentaires quand il n'accepte pas leur jugement.

La France, c'est Allouis où vivent mes grands-parents maternels. La maison est gigantesque, au moins douze chambres et un immense parc de cinq hectares. Chaque année, les grands-parents passent l'hiver au Maroc et ne reviennent à Allouis qu'à la belle saison.

Le grand-père Cadol, né dans les années 1870 a été médecin, mais une maladie des maxillaires lui empêche d'exercer la médecine et, à partir de la fin de la guerre de 1914, il vit sur la fortune de sa femme sans avoir besoin de travailler.

Apparemment la fortune est copieuse et il vend des terres de ferme quand le besoin d'argent se fait sentir. Ayant décidé d'acheter une voiture, il vend les diamants du collier de sa femme et les remplace par des faux sans l'en avertir. La voiture deviendra « la fameuse Panhard », car la supercherie sera vite découverte.

Dans cette grande maison qu'on appelle le château, il est vrai que le confort est limité : on puise l'eau à la main, à la fontaine située devant la maison, on la transporte dans des brocs jusqu'à la cuisine où on la fait chauffer sur la cuisinière à bois qui sert aussi à faire la cuisine, pour pouvoir se laver. On se lave dans des cuvettes en porcelaine et parfois dans une baignoire sabot en zinc.

Pour le potager un âne fait tourner une noria qui remonte l'eau du puits. Les toilettes sont très sommaires et situées à l'extérieur de la maison. Pour s'y rendre, on doit longer la maison sur au moins vingt mètres et la nuit, c'est terrifiant. On imagine des araignées géantes tapies dans l'ombre, d'autant qu'elles pullulent dans les toilettes. Le plus ancien cabinet dispose d'une grande planche trouée qui sert de siège directement au-dessus de la fosse. L'odeur n'est pas alléchante et pour l'hygiène des petits carrés de papier journal sont posés sur la planche. L'autre cabinet dispose d'une lunette en bois et d'un levier à bascule. Il faut chercher l'eau au puits pour nettoyer.

Ces petits inconforts ne gâchent pas les vacances, et les bons souvenirs demeurent. Derrière la maison se trouve la ferme qui produit un revenu à nos grands-parents. Nous y passons beaucoup de temps et apprenons tout ce qui nous paraît si mystérieux dans la vie d'une ferme. Ramasser les œufs, traire les vaches. On se fait même servir un petit coup de rouge, on est bien trop jeunes, mais le fermier y met de l'eau. C'est une infâme piquette de 7 ou 8 degrés. Il paraît que les ouvriers agricoles en boivent 10 litres par jour pendant le travail des moissons.

On va à la ferme avec nos bidons en fer blanc pour chercher le lait, à l'heure de la traite des vaches. On s'est entraîné à traire ; il faut une bonne poigne et éviter le coup de sabot, surtout celui qui renverse le seau plain de lait. La trayeuse électrique viendra plus tard. La fermière nous sert à partir d'un grand bidon de 20 litres du lait encore tiède avec la mousse et la crème. Rentrés à la maison, on doit le faire bouillir dans une marmite avec une drôle de petite capsule qui doit l'empêcher de monter au moment de l'ébullition. On achète aussi de délicieux fromages de chèvre.

Une année 1947 ou 48, les cousins d'Amérique sont venus passer l'été à Allouis. Ce sont de grands gaillards de 10 ans, mes aînés et je suis fasciné. Nous faisons des promenades en charrette tirée par l'âne qui dans une bonne famille de latinistes s'appelle Asinus.

Les traditions sont respectées et cela ajoute au charme de ces grandes réunions familiales. Un colonel au cours d'un repas avec ses officiers s'est écrié avant que les autres ne se servent : « C'est excellent, j'en reprendrai ». Les officiers n'osèrent pas en prendre trop. Chez nous, « Excellent » a gardé toute sa signification, on doit se servir avec modération.

L'appel aux repas se fait à l'aide d'une cloche que l'on secoue avec vigueur.

Le dernier arrivé à table après que la fameuse cloche ait sonné l'appel, se voit chanter par tous les autres :

Voilà l' bel alcendor, voilà l'beau picador,
Voilà l'beau pipi, voilà l'beau caca,
Voilà l'beau picador

Je ne saurai jamais ce qu'est un alcendor, mais je suis terrifié à l'idée d'arriver un jour le dernier à table.

Pendant les repas, s'il y a de la tarte, on commence toujours par les bords pour finir au milieu, plus moelleux.

Il y a, bien sûr, le pâtissier Huet, au village, dont les éclairs, les galettes feuilletées ou de pomme de terre que l'on déguste avec les petits fromages de chèvre de la fermière, et enfin, le gâteau Paris Brest lui ont fait une réputation régionale et la dégustation est souvent précédée d'un moment de silence approbateur. Et d'une petite ronde où l'on chante : « Ami, ami, ami… »

En été, les pêches sont délicieuses ; dans le verre où l'on a laissé du vin rouge, on épluche sa pêche, on la coupe en morceaux, on rajoute du sucre et ça devient un « mignapouf », appellation toute personnelle à la famille et dont j'ignore l'origine.

Mon frère Jacques adore la trompe de chasse, instrument réservé aux réunions de chasse à courre où chaque phase de la chasse est ponctuée par un air de fanfare différent. Le répertoire est assez limité, mais il joue bien et, du fond du parc, cela procure une étrange mélodie un peu désuète.

Près de la propriété qui s'appelle le château, et sur des terres qui appartenaient autrefois à la grand-mère, l'office de radio national a développé des installations d'émission radio et construit un pylône haut de plus de trois cents mètres. Nous en sommes très fiers et on peut repérer la maison de très loin. Pas de problème non plus pour écouter France inter.

La France, c'est aussi l'appartement de ma grand-mère paternelle à Paris dans le 17e arrondissement. Elle s'appelle Blanche, son mari, Paul est mort en 1935 d'une pneumonie, quelques semaines seulement après avoir pris sa retraite de fonctionnaire.

Il nous arrive de passer une semaine l'été chez cette grand-mère parisienne avec mon frère François. C'est le maximum supportable pour la grand-mère. De la fenêtre, on regarde la circulation déjà dense à Paris, rien à voir avec le Maroc. À cette époque on klaxonne pour n'importe quelle raison et il en résulte un grand tintamarre qui ne cesse que tard dans la soirée.

Petits, on va voir passer les trains à vapeur du haut du pont Cardinet. Elle nous emmène au zoo de Vincennes, au jardin des plantes, au musée Grévin avec ses personnages en cire et les glaces déformantes qui nous font rire. Il y a le tour en bateau à rames du bois de Boulogne et les petits voiliers qu'on lance dans le bassin des Tuileries et qui finissent par se coincer sous la fontaine centrale.

De retour dans l'appartement, on se chamaille entre frères et la grand-mère a du mal à restaurer le calme malgré le fameux train électrique de notre père conservé religieusement au fil des années.

La vie en France quelques années après la Deuxième Guerre mondiale est encore imprégnée de cette période de privations qui a marqué tous les Français. Le Maroc n'a pas subi les mêmes privations et nous avons le sentiment d'être privilégiés.

Au Maroc, l'essence est très bon marché et l'importation des grosses voitures américaines qui sont des gouffres de consommation, mais ont une allure folle, est normale. Mon père, fidèle à Citroën n'a pas succombé à la tentation.

Les résidents du Maroc passent, aux yeux des Français pour des nababs colonisateurs et cela crée un malaise de jalousie.

Nous sommes ravis de notre situation d'autant que pour nous, les classes se terminent début juin et ne reprennent qu'en octobre, ce qui n'est pas le cas en France.

Nous retrouverons la France définitivement en 1960, date de passage des examens du Bac et nous vivrons les évènements issus de la guerre d'Algérie qui ont divisé la France. Le tronc de figuier va faire pleinement connaissance avec la mère patrie.

Chapitre 3
L'Espagne

Si on veut aller du Maroc en France en voiture, l'Espagne est incontournable. Mon père est un inconditionnel de Citroën. C'est en 1947 avec une magnifique C6 qu'il tente la première traversée.

Plus tard, c'est la fameuse 15 CV Citroën que l'on voit dans tous les films relatant la Deuxième Guerre mondiale que nous attaquons le voyage. Il a réussi à se faire livrer la première vendue au Maroc et il en est très fier.

Avec ma mère, cinq enfants et le cuisinier marocain, nous nous entassons, les petits sur les genoux des plus grands, François et moi nous disputons la place devant surtout que les odeurs d'essence dans la voiture surchauffée rendent nos estomacs fragiles.

Peu de souvenirs non racontés en ce qui me concerne. L'Espagne de Franco est très pauvre, on voit les ouvriers en loques s'épuiser sur les routes dont l'entretien a été négligé depuis longtemps. La voiture heurte des nids de poule et les crevaisons sont fréquentes. Certaines côtes sont tellement abruptes que tous les passagers doivent descendre, certains avec leur valise pour que la voiture atteigne le sommet.

Dans les villes, on doit utiliser le plan du guide Michelin pour repérer l'unique station-service. Rappelons que la pompe est manuelle et que l'employé doit agiter le manche au moins dix fois pour faire monter 5 litres d'essence qui s'appelle Gasolina. Les camions de marque Pegaso se traînent sur les routes avec des chargements énormes qui ne seraient pas tolérés aujourd'hui.

Tous les deux ans, nous referons le voyage. Les routes s'améliorent. Les panneaux « Precaucion obras » (attention travaux) sont toujours là. On ne verra les autoroutes que dans les années 60. Déjà, à cette époque, sur les collines sont érigés d'immenses panneaux publicitaires montrant un Taureau ou une bouteille de Xérès, Tio Pepe ou Cognac Veterano Osborne.

Une nuit d'hôtel par une chaleur torride, notre père est réveillé par le moteur d'une voiture qui démarre et cale quelques secondes après. Le moteur redémarre puis cale à nouveau. À la dixième fois, mon père, décidé à montrer à cet imbécile comment démarrer une voiture se penche à la fenêtre pour voir que l'hôtel donne sur une station de taxis que le chauffeur sort l'un après l'autre pour les garer dans la rue sous nos fenêtres. Le ballet dure plus d'une heure.

Dans les hôtels de bon standing où nous descendons pour que ma mère ait un bon repos, la nourriture très typique du coin, c'est-à-dire différente de la nôtre. La sopa est un liquide clair et huileux avec une forte odeur d'ail. Dans le café au lait du matin, on voit des bulles d'huile d'olive. C'est un bon départ pour le mal de voiture.

Nous découvrons toutefois le gaspacho andalou et les œufs au chorizo qui resteront les favoris de nos menus futurs.

Dans les rues, le soir, on se plie à la tradition du paseo, car il n'est pas question de se mettre à table avant 22 heures 30. Les familles ont endossé leurs beaux habits. Les jeunes filles portent des robes de couleur vert pomme qui leur couvrent largement les genoux. Les garçons nous suivent en criant « pantalones » en voyant mes sœurs, car les filles, chez eux, ne se promènent pas en pantalon.

Sur la côte Méditerranéenne, aux abords de Malaga on dort dans un hôtel au bord de la route nationale.

De l'autre côté de la route, la plage s'étend, déserte, mais sale. Pas un baigneur en vue, le village est à trois kilomètres à l'intérieur : c'est Marbella. Aujourd'hui, il n'existe plus un kilomètre de littoral sans construction en Espagne.

On en profite pour visiter les merveilles de l'architecture hispano-mauresque. La Mesquita de Cordoba, Palais de l'Alhambra à Grenade. Les Espagnols nous paraissent aussi typés que nos Marocains. Mon père dit que c'est normal, ils ont eu les Arabes sur le dos pendant sept siècles.

Plus tard un voyage au Maroc ou une escapade touristique nous ramèneront fréquemment en Espagne.

Au début des années 60 avec mon frère François qui conduit la deux chevaux de notre mère, nous traversons souvent l'Espagne en moins de 48 heures pour qu'il puisse retrouver Brigitte, sa fiancée, dont les parents refusent qu'elle parte en France pour ses études. Traversées souvent épiques comme cette nationale 1 reliant Victoria à Burgos, la semaine avant Noël, où les congères de neige formées par les camions sont si épaisses et hautes que les roues de la 2CV patinent ; nous devons nous asseoir à deux sur les ailes avant pour faire adhérer les roues.

En 1966, nous partons à 6 pour un mois au Maroc avec des amis de Lycée ; Angela est du voyage. On campe à la dure, mais on exècre les campings publics. Une fois, bien endormis sur une plage, on est réveillés par les carabiniers de la guardia civil qui nous prennent pour des contrebandiers. Nous évitons le poste de police de justesse.

Par la suite, nous retournerons maintes fois en Espagne où nous apprécions toujours la qualité de vie, les coutumes et les paysages sauvages de certaines régions.

Nous adorons une petite ferme auberge dans les Pyrénées espagnoles qui s'appelle le Mas Casanova, pas pour la beauté du fermier, mais dont la qualité de l'accueil et l'abondance de nourriture dans les assiettes est l'image d'un temps révolu.

On y fait de belles balades à pied dans les montagnes qui jouxtent la frontière française. On y voit des mouflons en liberté. L'air est pur et les paysages fantastiques.

Dans cette région des Pyrénées espagnoles, il nous est arrivé de nous retrouver seuls dans un hôtel en plein mois d'août.

Nous avons aimé Madrid, le musée du Prado, le paseo dans la gran' via, la plazza Mayor, les bars à Jambon. Nous avons aimé Saragoza et Pamplona pour des balades à pied dans la vieille ville. Séville et Grenade sont inoubliables avec en prime des spectacles de Flamenco.

Barcelone et ses ramblas. Nous avons eu la chance de suivre une visite guidée qui, après le musée Dali, nous a conduits dans les rues pour découvrir l'architecture de Gaudi et la « sagrada familia », église imaginée par Gaudi à l'architecture unique au monde dans sa conception et dont la construction a duré plusieurs décennies et continue aujourd'hui. Il faut s'inscrire très à l'avance pour la visiter.

Nous revenons souvent à l'Escala, où habitent nos amis Christiane et Louis pour des sorties en bateau et le calme d'une ville de bord de mer en dehors de la période estivale.

Lors d'un voyage en 2001, nous avons retrouvé un ancien copain de classe de Rabat, Federico Fernandez, de parents espagnols, qui a hérité d'une terre désertique de 400 hectares à 200 Kilomètres au sud de Madrid.

Il a pu obtenir de l'eau à volonté grâce à un barrage qui a inondé une partie de ses terres et a installé une ferme à cochons ibériques.

L'installation est à la fois grandiose et écologique, il y a maintenu 15 000 cochons à la fois et en vendait mille par mois. Je ne parle pas de l'odeur qui vous prend à la gorge quand vous arrivez.

Il a dû revendre sa ferme, car ses enfants ne s'y sont pas intéressés.

L'Espagne reste pour nous une destination favorite de par sa proximité, la qualité de vie sans oublier qu'au moment du retour vers la France, nous dévalisons le supermercado pour remplir le coffre de produits typiques que nous aimons et qui se vendent 20 % moins cher que chez nous.

Chapitre 4
L'Angleterre, premier contact

Été 1959

En 1959 j'ai quinze ans ; un copain qui a déjà fait un séjour en Angleterre m'en vante les mérites et notamment l'attitude très accueillante des jeunes Anglaises à l'égard des garçons français.

Enthousiaste, je réussis à convaincre mes parents du bien-fondé d'un tel séjour pour parfaire mes connaissances linguistiques. Et me voilà parti pour sept semaines vers cette terre inconnue. Cinq ou six cents jeunes français, garçons et filles s'entassent sur le pont d'un bateau, le Normania qui relie Le Havre à Southampton en une traversée qui dure toute la nuit. Nuit blanche pleine de rencontres et souvenirs très exotiques pour moi.

Au matin, on nous répartit dans des trains qui partent vers la destination finale. Le train s'arrête à toutes les gares et même entre les gares ; c'est interminable et nous arrivons fourbus en fin d'après-midi à Paignton dans le Devon qui est la Riviera anglaise où nous attendent nos familles d'accueil après un voyage de 250 kilomètres.

Je m'aperçois aux premières phrases que je ne comprends rien à ce que l'on me dit. On me demande si je veux du savon, je crois qu'on me propose une soupe Soap ou soup, une fois prononcés se confondent. C'est très déroutant après cinq ans d'enseignement dans cette langue. Il faut dire que je n'étais pas le meilleur de ma classe en anglais.

Les choses vont s'améliorer dans les prochains jours. Le matin, après les œufs au bacon très appréciés, on retrouve les autres Français au cours d'anglais obligatoire, puis on erre dans les rues, sur le pier (jetée au-dessus de la mer couverte de salles de jeux et de restaurants), où on découvre les machines à sous. On est fana de musique pop que nos parents appellent yéyé. On suit de près le classement au top twenty et on passe beaucoup de temps chez les disquaires où l'on peut écouter tous les disques que l'on choisit sans obligation d'achat. J'en ramènerai quelques-uns qui ne sont pas encore en vente au Maroc, ce qui épatera les copains.

Les petites Anglaises ne sont pas farouches. Déjà en 1959, la notion de boy-friend et girl-friend est acceptée dans les familles. Il faut parfois payer la place de ciné pour avoir les faveurs de la demoiselle. Malgré ma petite taille, je ne me débrouille pas trop mal.

En ville, il y a les teddy boys en jeans et blouson noirs avec des chaussures pointues qui paraissent démesurées. Ils nous regardent avec hostilité et n'apprécient pas l'empiétement de leur territoire et nous faisons tout pour éviter les affrontements.

La nourriture laisse un peu à désirer ; on vit dans des familles modestes pour lesquelles l'accueil de jeunes Français est une source de revenus.

À midi, il y a de la viande, mais elle cuit dans une graisse animale qui provient de la récupération des cuissons précédentes de toutes origines. L'odeur est assez écœurante.

Le high-tea servi à 17 heures est bon, mais si on n'est pas rentré à l'heure, on trouve sur la table de chevet un biscuit au chocolat avec un verre de squash. On se couche alors avec les crocs.

L'été 1959 est le plus chaud après 1947 qui est une légende. Avec mon copain Bernard, nous avons apporté nos fusils sous-marins dans nos valises et nous attrapons des soles qui forment des petits monticules dans le sable à moins de deux mètres de profondeur. Nous obtenons notre petit succès. Sous le pier, on voit de plus gros poissons et des crabes araignées géants qu'on n'ose pas approcher.

Le séjour se passe à merveille. Un jour, je perds un billet de 50 francs que j'avais dans la poche ; c'est grave, car ça représente plus de 3 semaines d'argent de poche. Adieu les petites anglaises. Je le cherche partout. En rentrant chez mon logeur, je lui raconte ma perte. Il me dit qu'il le sait et que la police lui a téléphoné. Comment m'ont-ils identifié ? Mystère…

Huit jours après, c'est mon portefeuille qui se perd. Je le retrouve de même au commissariat. Au Maroc c'est impensable ! le commissaire me conseille plus de rigueur.

La chaleur est impressionnante, on voit que le goudron fond dans les rues sous le soleil de plomb.

À Torquay, ville voisine, les Shadows, groupe de rock mythique de Cliff Richard, se produisent au théâtre. Grâce à mes 50 francs, je peux m'offrir la place et je suis transporté. C'est mon premier spectacle de musique rock. Les Anglaises hurlent, mais personne ne casse les fauteuils comme ce sera le cas dans d'autres spectacles, notamment en France aux débuts de Johnny Halliday.

Derrière chaque fauteuil du théâtre, il y a une paire de jumelles qu'on peut dégager avec une pièce de monnaie. Je suis surpris de constater que les gens les remettent en place après usage.

On prend son journal dans la rue et on met l'argent dans la boîte. Pas besoin de vendeur ! Cela arrive encore aujourd'hui. C'est fabuleux l'honnêteté !

Deux ans plus tard, à la fin de ma classe de première, je reviens à Paignton dans la même famille avec un copain de classe, Jean Jacques qui sera plus tard mon témoin de mariage.

Ce séjour se passe sans rien de particulier. Je suis plus sérieux et me contente d'une petite copine avec laquelle je correspondrai pendant deux ans.

Résultat je suis devenu meilleur en anglais et me tiens en tête de classe dans cette matière. Je crois avoir bien fait, cela me servira plus tard.

L'Angleterre d'après-guerre a souffert de restrictions plus longtemps que la France et il en reste encore des séquelles en 1959. Heureusement la ville que je visite correspond à Côte d'Azur anglaise et le niveau de vie y est confortable. Je n'ai pas l'occasion d'aller à Londres.

Chapitre 5
La France, 2e période : les études 1960 – 66

En 1960, mon père, alors directeur des eaux et forêts du Maroc, voit son espace professionnel rongé. On lui reprend sa secrétaire, puis son téléphone et on lui annonce qu'il devra céder la villa de fonction.

C'est une belle maison dans la pépinière des eaux et forêts de Rabat avec un tennis et une piscine. Pour nous, adolescents, c'est une merveille. Les copains sont nombreux et nous en profitons au maximum.

Les copains de plus de 16 ans roulent en scooter et on les envie beaucoup, car, pour nous c'est toujours le vélo.

L'été au Maroc commence début juin, période à laquelle les élèves sèchent les cours pour profiter de la plage.

C'est l'époque des jeunes amours, pas très facile à gérer, car les parents veillent. François a passé son permis de conduire et nous rentrons en France tous les deux en traversant l'Espagne avec la 2CV maternelle.

Savoir que notre père a décidé le retour définitif en France est pour nous un déchirement.

Me voilà donc inscrit dans un lycée du douzième arrondissement de Paris. Je suis un peu perdu. Il faut apprendre le plan de métro, les horaires de bus, et s'accoutumer à cette vie trépidante des Parisiens pressés et toujours l'air hargneux, le temps maussade, la nuit qui tombe trop tôt et le jour qui ne se lève qu'une fois que l'on arrive au Lycée.

Le lycée est moderne, récent et mixte ; l'ambiance est bon enfant. Une fille me dit : « Tu as un drôle d'accent, toi, tu es arabe ? » Le coup est dur, il va falloir se noyer dans la masse et réviser sa manière de parler, ne pas raconter ses souvenirs et découvrir la politique.

Je me fais de bons copains et copines, et découvre les bons côtés de Paris. On va de temps en temps dans des clubs de jazz. Un spectacle de Memphis Slim aux Trois Maillets me convertit au blues. Ce pianiste a des phalanges aussi longues que mes doigts et se tape trois grands Whiskies secs en une heure de show.

J'aurai la chance de voir en spectacle Ray Charles puis Fats Domino et Jimmy Smith (vibraphone).

Les retours de week-end sont déprimants dans la nuit mouillée et sale avec le travail scolaire en retard pour le lendemain. Je ne suis pas passionné par mes études. Je les poursuis sans les rattraper. Je passe de justesse le premier bac.

L'année suivante, je dois changer de lycée, car il n'y a pas de place dans la terminale que je veux suivre. Je pars donc pour le lycée Michelet à Vanves et il me faut plus d'une heure de métro le matin pour y accéder.

La classe est un ramassis de garçons qui n'avaient pas trouvé de place en classe terminale à Paris. Il y a 25 redoublants sur 32 élèves et une bonne majorité de Pieds-noirs. L'ambiance est tout sauf studieuse et l'année se termine en un échec cuisant au bac. Le matin, après une heure de métro, il m'arrive de m'arrêter dans un bistrot pour boire un café. Autour de moi, avant 8 heures du matin, les hommes boivent plutôt du vin blanc ou rouge dont le verre coûte moins cher qu'un Coca ! C'est ainsi que je découvre que Beaujolais et Muscadet sont les vedettes de bistrots parisiens, car ce sont les entrées de gammes de vins bouchés au bouchon de liège et non à la capsule.

Après les cours, on se retrouve dans un café pour jouer au flipper, plus moderne que le baby-foot et écouter des 45 tours au Juke-box. On trouve quelques titres américains, mais les préférés des jeunes Français sont Johnny Halliday, Sylvie Vartan Eddy Mitchell et son groupe des chaussettes noires. Sur mon transistor, j'ai repéré une radio anglaise qui passe la musique que j'aime et qui diffuse chaque semaine les airs les mieux classés : les top twenty.

Je les écoute dans ma chambre, mais mes parents trouvent que c'est idiot de travailler en écoutant la musique. Ils ont raison, mais je le fais quand même.

J'ai beaucoup de mal à me faire à la vie à Paris ; la mentalité des gens est tellement différente et on ressent clairement le clivage entre les différentes classes sociales.

Au cinéma, c'est la sortie des films nouvelle vague, dont le premier : les tricheurs, commence par un vol de disque dans un magasin. Il paraît qu'après la sortie du film les vols de disques auront doublé !

À Paris, les salles de cinéma projettent des films en exclusivité. Vous ne pouvez voir le film que dans une seule salle. West side story, comédie musicale reprenant l'histoire de Roméo et Juliette dans le Bronx, restera deux ans dans une salle des Champs-Élysées. On a institué le cinéma permanent ; on peut y entrer à n'importe quel moment et revoir le film plusieurs fois si on le souhaite.

Depuis quelques mois je me suis mis à la guitare, je braille les chansons que je peux transcrire de mon électrophone en jouant sur trois accords. Des copains du quartier me proposent de créer un groupe avec deux guitares, un chanteur et une batterie. J'achète ma première guitare électrique et un vieil ampli. On se produit dans une salle prêtée par le curé de la paroisse. Rien de glorieux, mais on s'amuse.

Politiquement c'est la période du Général de Gaulle qui a pris le pouvoir et créé la cinquième république. Une grande opposition vient de l'Algérie où les Français comprennent qu'ils ont été lâchés par le gouvernement et que l'Algérie s'avance vers l'indépendance.

L'extrême droite est violente et des attentats sont perpétrés dans Paris. Il y a même une tentative d'assassinat du Général de Gaulle. Un de mes camarades de classe est arrêté par la police et emprisonné après avoir fait partie d'un groupe de l'organisation de l'armée secrète qui a posé une bombe sur l'immeuble où habite le ministre André Malraux.

Un putsch des généraux d'Algérie manque de plonger la France dans la guerre civile. Les Français qui se rappellent la dernière guerre se précipitent dans les épiceries pour rafler les stocks d'huile et de sucre. On découvre les pénuries dues à ce comportement moutonnier des Français.

Pour ma troisième année de lycée à Paris, je change d'établissement pour le lycée Voltaire, dont les élèves sont très politisés à gauche. Ce n'est pas ma tasse de thé, mais je ne m'investis pas dans l'opposition.

Je passe encore une année à courir derrière les programmes sans conviction et je décroche le bac in extremis à la session de rattrapage. À soixante-dix ans, il m'arrive encore de rêver que j'ai raté ce foutu bac faute d'assister aux cours.

Au cours de l'été, je décide de m'inscrire à une préparation d'été à Sup de Co Paris pour un concours supplémentaire en septembre. Je bosse comme un forcené pendant 5 semaines et attaque dans la foulée, et sans vacances une préparation HEC au lycée Michelet. Là aussi, c'est très dur, je suis pensionnaire dans ce lycée froid et triste. La seule fois qu'on a besoin de mettre le nez dehors c'est pour la douche hebdomadaire commune.

Je suis délivré quand j'apprends que je suis reçu à l'école supérieure de commerce de Marseille et que je peux quitter cette prépa. Sur 52 élèves, un seul intégrera HEC. Je n'avais aucune chance d'y parvenir.

Je quitte Paris sans regret sauf de laisser derrière ma copine Pierrette à laquelle j'écrirai tous les jours pendant un an.

À Marseille, je trouve une chambre chez l'habitant, appartement vieillot chez un couple âgé, promiscuité désagréable et toilettes sur le palier. Je recherche mieux et trouve une chambre de bonne indépendante sans salle de bains. À cet âge, je ne me lave pas beaucoup et je vais de temps en temps aux douches publiques.

Ma sœur Marie Jeanne habite dans la banlieue de Marseille ; j'y vais souvent pour laver le linge et profiter des trois enfants qui sont très mignons.

Les études à l'école de commerce ne sont pas compliquées, l'enseignement reste très scolaire avec des compositions trimestrielles et un examen annuel avec classement général. Je ne fais pas la course en tête, mais j'ai un rang honorable.

Juste avant la rentrée scolaire de 1964, mon père meurt des suites d'une appendicite négligée. Je suis un peu déboussolé, car, une fois éliminée la tension produite par mon manque d'enthousiasme aux études, les rapports avec lui étaient beaucoup plus chaleureux.

De retour à Marseille, je conserve la 2cv de ma mère. La qualité de la vie s'améliore ; tout devient plus simple sauf le budget, car il faut entretenir la voiture au minimum.

On part en week-end à Agay, petite ville de la côte à 100 kilomètres de Marseille où mon père a pu se faire attribuer une dépendance de maison forestière en pleine nature et à quelques kilomètres de la plage.

Pas d'électricité, mais de l'eau courante et une tranquillité totale. Cela deviendra le quartier général des Week-ends en attendant que je découvre le ski.

Pour couvrir les dépenses, car mon budget permet tout juste la subsistance, je cherche des petits boulots. Il m'arrive de partir au marché de gros vers 2 heures du matin pour décharger un camion. Il faut sauter sur le marchepied pour être le premier choisi. À la fin du boulot on gagne 15 francs et on est crevé. 15 Francs, c'est quand même une dizaine de repas au restaurant universitaire. Les cours du jour suivant ne sont pas très bien suivis.

Grâce à ma copine Jacqueline, celle qui dans quelques semaines me présentera Angela, je rencontre Joe. Qui en réalité s'appelle Daniel, mais tient son surnom d'une fameuse bande dessinée.

Il est connu pour sa traversée de la fac de sciences chaque matin avec une valise. La valise contient un chat qui sera livré au laboratoire d'expérimentation de la fac.de sciences.

J'offre le moyen de transport et une fructueuse collaboration s'amorce. On passe à la vitesse supérieure et il n'est pas rare de ramener quatre ou cinq chats en une soirée bien planqués dans des sacs de patates.

Chaque chat est acheté 15 francs par le CNRS qui ne peut pas en faire l'élevage. Pas de cruauté dans ce sordide commerce ; les chats sont étudiés par le laboratoire avec des électrodes au cerveau pour faire avancer les recherches. Le cerveau des chats adultes ne varie pas d'un animal à l'autre et cela a permis d'avancer dans la mise au point des électro-cardiogrammes. C'est donc une noble cause. En plus, c'est mieux que de décharger des camions. Les chats font leurs besoins dans la voiture qui ne tarde pas à dégager une odeur épouvantable. Je sèche souvent le cours du matin, livraison oblige !

L'histoire va se compliquer par un passage nocturne au commissariat d'Avignon où nous sommes retenus la nuit suite à une interpellation d'une patrouille de police. L'affaire se traduit par une inculpation pour vol qui fera la joie de certains journaux. Il nous faut un avocat pour nous défendre. La fac de sciences nous le fournit avec grâce, car dans cette affaire, ils sont receleurs. L'avocat a de l'humour, il demande le non-lieu en déclarant « qu'il n'y a pas de quoi fouetter un chat ».

Nous sommes relaxés, mais le ministère public fait appel. La SPA et la ligue contre la vivisection s'en mêlent et nous voilà en cour d'appel à Nîmes. L'affaire se termine bien et nous n'aurons pas de casier judiciaire.

Je découvre le ski grâce à Joe qui s'occupe aussi d'une association de la fac de science baptisée l'Assuski. Chaque samedi, en saison, on remplit un car de 50 places en faisant des permanences aux restos universitaires et on embarque nos étudiants à Vars, puis à Orcières Merlette à des tarifs très avantageux. L'association ne fait pas de profit et on gagne les séjours gratuits. Encore une occupation qui détourne un peu des études !

Aux vacances de Pâques 1964, la 2cv nous mène à Paris avec Jacqueline et mon copain Bernard, ancien camarade de classe de Rabat que j'ai retrouvé à l'école de commerce.

Jacqueline nous demande de l'aider à piloter sa copine anglaise de passage à Paris pour une semaine studieuse au lycée Michelet. Je découvre Angela, avec ses beaux yeux bleus qui papillonnent en permanence.

Elle ne parle pas encore beaucoup, mais cela viendra en son temps. Nous faisons deux sorties dans Paris dont une qui se termine vers une heure du matin, après une crevaison de roue en plein Paris. Les organisateurs du lycée sont aux abois. Ils ont cru à un enlèvement.

L'été suivant, Jacqueline ramènera Angela sur ma route avec toute sa famille qui arrive d'Angleterre en Camping-car et que j'installe dans le terrain d'Agay. Nous passons un super été et les relations deviennent plus intimes entre nous.

L'année suivante, en 1966, je passerai une semaine en Angleterre chez ses parents, et, convaincus de mon sérieux, ils nous autoriseront à organiser ensemble notre voyage au Maroc. Après cela, nos destins seront définitivement scellés.

Ma troisième année d'école se passe tranquillement et, afin d'éviter de perdre 16 mois comme simple Troufion d'une armée devenue inutile et dans une caserne de France à balayer les toilettes, je postule pour un poste de coopérant en Algérie.

Cette aventure marquera le début d'une longue expatriation.

Chapitre 6
Algérie 1966 – 68

Pendant toute mon enfance, la situation politique en Algérie est le sujet majeur des conversations entre adultes.

Les mouvements indépendantistes se sont multipliés dans les colonies depuis la capitulation des forces militaires françaises en Indochine devant le Viêt-Cong. Cette défaite militaire d'une grande puissance coloniale a montré que la nation dominante n'était pas invincible. En Algérie des années 50, la rébellion est bien organisée par le FLN, Front de libération nationale, et la guérilla s'installe.

Il y a les partisans de l'Algérie française, dont nos parents font partie. La France envoie des troupes en Algérie, surtout les jeunes appelés au service militaire obligatoire dont la durée va s'étendre jusqu'à trente mois.

Nous suivons les évènements à la radio, le discours du Général de Gaulle, le fameux « Je vous ai compris » de 1958 qui fait croire aux Français d'Algérie que la présence de la France restera intacte.

La guérilla s'intensifie ; beaucoup d'appelés du contingent, meurent au combat.

La résistance algérienne est farouche. On parle de massacres, de tortures…

La France est divisée. En Algérie, puis en France, l'OAS ou organisation de l'armée secrète commet des actions terroristes pour maintenir la situation de l'Algérie en départements français.

Le service militaire est obligatoire. En 1962, si on rate son bac, on est mobilisé pour l'Algérie à l'âge de 18 ans.

Finalement, en 1962, l'indépendance est accordée par la France. Il s'ensuit des massacres de français sur place et un exode massif des populations vers la France.

Je rate mon bac en juin 1962. Par chance, la guerre est finie et on me donne un sursis pour continuer mes études.

En 1966, j'ai terminé mes trois ans à l'école supérieure de commerce de Marseille et je postule pour la coopération en Afrique. C'est une période de deux ans de service civil dans les pays qu'on appelle encore sous-développés en remplacement du service militaire.

On m'offre un poste dans une coopérative agricole au Tchad. Il faut partir le 30 juin pour 24 mois. Cela me paraît un coin perdu et je tiens à mes dernières vacances d'été comme étudiant surtout qu'on a prévu un voyage en 2CV au Maroc avec Angela et quatre autres copains et copines. Pas question de rater ça !

Je refuse le poste du Tchad et afin de ne pas partir en caserne, je me présente aux affaires algériennes où les jeunes Français ne se pressent pas. L'Algérie fait peur.

J'obtiens un poste de professeur de maths au lycée de Tlemcen, ville sainte de l'Ouest algérien près de la frontière marocaine.

Traversée en bateau de Marseille à Oran, je rencontre mes futurs collègues du lycée. L'ambiance est bon enfant, on a l'impression d'aller faire du tourisme.

À la base militaire française de Mers el Kébir, un colonel nous fait le briefing d'usage et nous ordonne de nous tenir à l'écart de la femme algérienne. Certains ayant voulu céder à la tentation ont eu à le regretter amèrement. C'est dommage pour les célibataires ; on découvre sous les Haïks des visages charmants qui encouragent la conversation !

La durée du service civil est de 24 mois pour les enseignants afin de ne pas perturber l'année scolaire.

J'ai 22 ans, je me présente au lycée ; on m'a confié des classes de première et seconde en section économique. Maths, maths financières, géographie des produits marchands. Mes élèves dont l'éducation a souffert des évènements passés (l'indépendance date de 4 ans) paraissent plus âgés que moi. Je ne fais pas sérieux.

Au bout d'une semaine, le proviseur m'annonce à 8 heures du matin que je n'enseigne plus aux classes de première, mais qu'une classe de quatrième m'attend, le professeur donne son cours, je dois le remplacer. C'est une organisation au jour le jour !

Je tape à la porte de la classe. Le prof me regarde entrer et me fait signe d'aller m'asseoir. Quand je lui dis que je viens le remplacer, cela déclenche un gros rire dans la classe ; il va falloir redresser la barre sans tarder.

Mes connaissances succinctes en arabe marocain et notamment les insultes courantes m'aident à éviter des situations propres à faire démarrer un chahut. J'ajoute quelques mots d'arabe dans mes démonstrations et les élèves ne sauront jamais quel est le niveau de mes connaissances. En fin de compte mes seize ans au Maroc me donnent un bon contact avec les élèves qui ne sont pas si éloignés de moi. Des collègues, venus de France qui ont voulu partager l'expérience socialiste de ce jeune pays, se font chahuter comme des ingénus.

Je ne serai jamais chahuté, mais je n'ai pas de disposition particulière pour le métier d'enseignant.

Pour le logement, avec deux autres collègues, l'un instituteur, l'autre professeur technique, nous trouvons un appartement de trois pièces dans un immeuble qui appartient à deux pieds noirs qui ont choisi de rester en Algérie pour sauver leur patrimoine. Les autres locataires sont algériens, la plupart fonctionnaires de police. L'hygiène laisse à désirer ; en gravissant l'escalier, on écrase un cafard à chaque pas. On a bien du mal à les garder hors du logement.

On fait la cuisine à tour de rôle, même à midi. L'un des copains, instituteur, a pu faire venir son fusil de chasse. Au commissariat de police, les permis de port d'armes sont fichés à côté des dossiers des prostituées. Il faut bien surveiller ce petit monde. Il chasse avec des pieds noirs restés sur place et on mange du sanglier deux repas sur trois. Inutile de dire que les locaux ne les chassent pas ; c'est Haram (péché en arabe) ! On devient experts de la marinade.

On a engagé une petite bonne qui nous fait les courses au marché et le ménage. Elle marche dans la rue voilée du Haïk blanc qui ne laisse apparaître qu'un œil. Si on la croise dans la rue, c'est à ses chaussures qu'on la reconnaît. Elle nous fait un petit signe discret de la main.

Des amis enseignants ont un petit garçon blond. Dans la rue, à Tlemcen, les enfants algériens le touchent du doigt pour s'assurer qu'il est vrai.

Je n'ai pas les moyens d'acheter une voiture ; elles sont très chères et en mauvais état, mais on trouve toujours une place avec un copain coopérant pour partir en balade.

L'ambiance entre coopérants français est sympa. Il y a des coopérants des pays soviétiques, mais on n'a aucun contact. Il y a même une petite prof de maths russe mignonne et qui parle un peu français. Elle nous dit qu'elle n'a pas l'autorisation de nous parler.

Au cours de mon séjour, l'éducation nationale décide de sélectionner les meilleurs élèves des classes de lycée qui ont toujours suivi un enseignement en français pour leur fournir un cursus en arabe classique, langue qui est aussi éloignée du dialecte algérien que le Latin est au français. Cela va beaucoup perturber les élèves d'autant que leurs professeurs égyptiens leur paraissent totalement incompétents.

En ville, les commerçants sont charmants avec nous. Un jour, je vais chez l'épicier du coin : il me demande tout de suite ce que je veux. Je désigne le groupe de mes voisins bulgares qui attendent dans la boutique ; il me dit : « ceux-là, ils ne sont pas pressés ». On s'aperçoit que, malgré des années de conflits, le français est encore le peuple le mieux toléré en Algérie.

Les maisons abandonnées par les Français en 1962 ne sont pas entretenues ; elles sont désignées « biens vacants », suite au départ des Français et occupées par les Algériens pour un loyer dérisoire. Parmi ces biens vacants, nous découvrons une maison sur la plage à 50 km de Tlemcen que nous prenons en location pour une somme ridicule.

Ce sera la résidence secondaire pendant deux ans. Les volets ont été volés et il n'y a aucun confort, mais c'est en bord de mer et que demander de plus ? Le service militaire ne s'avère pas trop pénible.

On boit du vin comme du petit lait. À notre première visite en septembre au domaine de Lismara, les cuves sont pleines du vin de l'année passée qui n'a pas été vendu. Ils ne savent pas où ils mettront la vendange de l'année. La France n'achète plus le vin algérien. Le prix est fixé par l'État, mais reste abordable. Les Algériens n'ont pas le droit de boire, mais le vin part quand même.

Pourtant, ce domaine vinicole est une vraie merveille : un château digne de ceux du Médoc, un village de maisons pour les ouvriers agricoles et même une église. On pense : quel gâchis d'avoir abandonné tout cela ! Il est vrai que chez les musulmans, faire du profit en vendant de l'alcool est « Haram ».

Au Maroc, avant l'indépendance, on avait constaté que la consommation de vin diminuait d'une manière significative pendant le ramadan et pourtant, le musulman ne boit pas.

L'incompétence des fonctionnaires est flagrante ; le départ des Français a été brutal et il a fallu boucher les trous. En plus on s'entraide en famille et la compétence n'est pas le critère de recrutement. À la poste, ils sont presque tous issus de la même famille ! c'est compliqué d'encaisser un chèque postal.

L'Algérie n'est pas tournée vers le tourisme et ne le sera jamais. Quand je peux monter dans la voiture d'un copain, on fait de bons périples, notamment dans le sud du pays où on trouve ces oasis aux noms prestigieux ; Colomb Bechar Taghit, Adrar, Timimoun, etc. Dans cette région si calme et archaïque, on a du mal à croire que la vie a changé depuis l'indépendance. Les villages et les marchés vivent de la même manière. On est quand même bien contrôlés par la police et les policiers se montrent un peu trop zélés à notre goût.

Au cours de l'été 1967, nous nous échappons sans permission en voiture à travers le Maroc et l'Espagne. Je vais à Allouis. Angela et sa famille nous rejoignent pour la cérémonie de nos fiançailles. C'est une drôle de réunion ou les deux langues ont un peu de mal à se mélanger.

Pour le menu du déjeuner de fête, mon beau-frère a choisi de servir des ris de veau financière, met qui semble peu connu ou consommé de l'autre côté du Channel, mais qui passe bien et que tout le monde aura apprécié.

En principe, on ne sert pas d'abats à un dîner hors de la famille. Le fameux Paris Brest du pâtissier Huet clôture parfaitement le festin.

Le lendemain, un télégramme me rappelle d'urgence à Tlemcen pour donner des cours de rattrapage pendant le mois d'août. Quelle déception, mais le risque d'être pris en défaut pendant mon service militaire et de me retrouver en caserne est trop grand.

Je prends l'avion seul, les parents d'Angela pensent qu'il est dangereux de la laisser partir en Algérie. Nous sommes en 1967, au lendemain de la guerre des 6 jours qui a opposé Israël à l'Égypte et à d'autres pays arabes. La Grande-Bretagne s'est prononcée en faveur d'Israël et l'ambassade britannique à Alger a fait l'objet d'attaques hostiles de manifestants.

La situation se calme au cours de l'été et Angela viendra me voir pour les vacances de Noël.

En rentrant en Algérie, cet été 1967, je passe une nuit dans un hôtel à Oran, je l'ai choisi en passant devant. Dans le bidet, il y a un étron. Qui sait à quoi sert un bidet ? Au milieu de la nuit, je me réveille pris de démangeaisons, le lit est plein de puces. Je quitte l'hôtel immédiatement.

Au matin, je prends un autocar pour Tlemcen. La chaleur est écrasante ; le car n'est pas aéré (ne parlons pas de climatisation, elle apparaîtra dans les voitures à la fin des années 70). Ma voisine est malade et nous arrose copieusement. J'ai du mal à finir le voyage sans faire de même. On dit que ça forme la jeunesse !

Pour Noël, Angela vient, bonne surprise, à son arrivée, il neige, ce qui n'est pas fréquent à Tlemcen, c'est drôle de voir les palmiers couverts de neige. Les fêtes de fin d'année se passent bien dans une bonne ambiance de copains. On a trouvé de l'Emmental chez un épicier et on fait des fondues comme en Savoie.

Angela revient à Pâques ; il fait très beau et nous pouvons faire un voyage dans le sud avec des amis enseignants et leur fils de trois ans. Belle balade dans le désert, Colomb Béchar, Taghit où l'on découvre les premières dunes du grand Erg occidental, l'ermitage du père de Foucauld, Adrar et Timimoun, belle ville désertique en pisée et superbe oasis de palmeraie. L'irrigation ici est répartie entre les agriculteurs par un système de norias et de peignes qui fonctionnent au chronomètre afin que chacun ait sa part. Nous campons à la belle étoile, car il fait déjà bon et c'est ici que sera donné le coup d'envoi du futur Thierry. On félicite toujours la maman pour la naissance, mais jamais le papa pour le coup d'envoi.

C'est un peu tôt et le mariage devra s'organiser rapidement !

Le séjour se termine par les grèves en France de Mai 1968. On ne se rend pas très bien compte, car on ne voit que les actualités algériennes dans la salle unique de cinéma de Tlemcen. On sait que l'on continue à travailler normalement. Ici pas question de faire grève, mais la paye qui est organisée en France n'arrive pas. Heureusement, la situation se débloque en juin juste avant la fin des classes et on parvient à faire transférer vers la France le salaire des congés d'été bien mérités que l'on aurait dû abandonner sur place s'ils n'étaient pas arrivés avant notre départ définitif.

Cela me permettra d'acheter ma première voiture, la Simca 1000 d'occasion que je conduirai jusqu'en Angleterre pour notre mariage.

Chapitre 7
L'Afrique : la Côte d'Ivoire

30 juin 1969

J'ai fini mon stage à la BIAO Paris et ce n'est pas trop tôt, car l'installation chez mon frère Jacques n'est pas des plus confortables. Thierry a 5 mois. Nous dormons à 3 dans une chambre avec un lit de 90 centimètres et le panier de Thierry au sol. Angela n'a pas d'amis alentour et passe ses journées à s'occuper de Thierry. Les finances sont un peu serrées, car j'ai décidé d'expédier notre voiture, une Simca 1000 d'occasion pas très fraîche par bateau vers Abidjan. Le coût du transport a vidé le compte.

Heureusement c'est la dernière fois que nous serons fauchés. Les salaires d'expatriés sont plus confortables.

Abidjan, on en parle depuis des années avec des copains qui y ont vécu et c'est, pour nous, comme un eldorado inaccessible. En juin, c'est la pleine saison des pluies. Il plane sur la ville une odeur de pourriture végétale et de moisi qui nous prend à la gorge.

La plupart des familles françaises quittent le pays dès la fin de l'année scolaire pour fuir les pluies et passer les vacances en France.

Notre appartement est situé en centre-ville dans une « concession » (en Afrique, les terrains n'étaient pas vendus aux sociétés, mais concédés pour une longue période). C'est un ensemble immobilier de plusieurs bâtiments où sont logés une quinzaine d'expatriés de la banque. Il a été construit au cours des années 50 et sa particularité est d'avoir été le premier immeuble élevé à Abidjan avec des vitres.

Ces fenêtres vitrées sont des « châssis-naco », ensemble de carreaux montés sur une structure métallique qui pivotent horizontalement pour s'ouvrir afin d'obtenir de l'aération. L'air est étouffant, on se demande comment on peut respirer normalement. La chambre unique est climatisée et le moteur du compresseur fait vibrer toutes les vitres dans leur châssis de métal. Va-t-on pouvoir fermer l'œil ? On ne mettra pas longtemps à s'y habituer ! Par la suite, c'est l'absence de ronronnement du climatiseur qui nous empêchera de dormir. L'humidité est telle que la salière est liquide ; on y rajoute des grains de riz pour pomper l'eau.

Le soir, le ciel se couvre de grosses chauve-souris qui passent au-dessus de nous avec des cris stridents. Ce sont des roussettes et on finit par s'y habituer ainsi que l'incontournable odeur de moisi.

Thierry est un beau bébé, il est très calme et sourit à tous ceux qui s'intéressent à lui. Notre cuisinier, le Boy comme on les appelle, se nomme Jean Pierre. Il a travaillé longtemps pour mon frère François et on peut lui laisser la garde du bébé sans crainte.

D'horribles histoires probablement fausses circulent parmi les expatriés : avant de sortir le soir, la dame dit à la bonne : « Quand le bébé aura bu son biberon, tu le remettras dans le frigo. Plus tard on retrouve le bébé dans le frigo. Brrr !

Une autre histoire est le menu « tête de veau ». La dame dit au boy : « Avant de servir la tête de veau, tu lui mettras du persil dans les narines » ; on devine la suite.

Le centre-ville s'appelle le « plateau ». Sous les arbres immenses, dont les feuilles pourries jonchent le sol, il y a un marché quotidien d'artisanat où nous découvrons l'art africain. Ensemble de statuettes, masques aux allures fantastiques, tissages et pagnes multicolores que nous marchandons vaillamment avec la certitude de s'être fait rouler en fin de discussion malgré les ruses et les faux départs…

Le marché de Treichville, quartier périphérique d'Abidjan, est fascinant. Tout est présenté par terre, sur des bâches ou en cuvettes émaillées ; on peut acheter tous les fruits exotiques dont beaucoup nous sont totalement inconnus. Mon frère François qui s'est installé à Abidjan depuis deux ans déjà prétend que si ces fruits étaient aussi bons que les bananes, on les connaîtrait déjà. Je découvre l'avocat dont la consistance doucereuse rappelle le saindoux et la mangue avec son parfum de térébenthine. Oranges et mandarines mûres sont de couleur verte, humidité oblige.

On peut acheter des escargots géants qui font quatre fois la taille de nos gros Bourgognes. Ils sont vivants et tentent de s'échapper de l'étalage. La vendeuse les ramène en permanence. Nous ne serons pas tentés par ce délice africain.

À part ces éléments typiques, Abidjan est une ville de blancs, faite pour les blancs et abstraction faite de l'odeur de moisi, on pourrait se croire chez nous !

On achète « local » ou « de France ». La blague suivante circule : une Ivoirienne doit se faire opérer au centre médical. Le médecin la rassure ; « Ce n'est rien, Madame, vous ne souffrirez pas, je vais vous faire une anesthésie locale », « S'il vous plaît Docteur, dit la femme, faites-moi plutôt une anesthésie de France ».

Au supermarché, on voit même une femme française qui demande du foie de veau de France pour son chien. C'est presque aussi cher que le caviar.

La banque est une grosse organisation avec 50 expatriés. Les Ivoiriens n'ont pas encore de responsabilités. L'indépendance leur a été donnée il y a moins de dix ans et un Ivoirien diplômé d'une grande école française a toutes les chances de devenir ministre.

On me confie un service de compensation des chèques et effets de banque et je fais mes premières armes de chef de service. Le travail n'est pas très compliqué, mais les horaires sont longs.

Les collègues expatriés sont âgés par rapport aux nouveaux que nous sommes et montrent une jalousie en face de nos diplômes universitaires qu'ils n'ont pas et de la facilité de la vie qu'ils n'avaient pas à notre âge. Ils nous baptisent « les littéraires climatisés », mais après quelques mois nous sommes acceptés comme collègues et amis et sommes invités à partager leurs soirées bien arrosées.

François nous présente ses amis français, déjà installés depuis plusieurs années et nous profitons de leur expérience et passons avec eux des soirées et des week-ends très agréables.

À Abidjan, très peu de couleur locale, à part le personnel de maison auquel Angela doit s'habituer à donner des ordres sans avoir à se justifier. « Si tu dois expliquer tes ordres, c'est que tu es faible », dit le proverbe africain.

Un jour on s'aperçoit que Jean Pierre, le boy, a consommé toute la boîte de café soluble. Magnanimes, nous lui disons que nous l'avions remarqué, car nous n'en buvons pas, qu'il ne doit pas se cacher et que, s'il le désire, il peut prendre son petit déjeuner dans l'appartement.

La semaine suivante, une amie qui passe devant la cuisine le retrouve attablé avec trois autres boys de l'immeuble pour un breakfast convivial. On apprend vite !

Malgré ces petits inconvénients, Jean Pierre est efficace et s'occupe de Thierry à merveille quand c'est nécessaire. Il fait le baby-sitter le soir, car notre vie sociale se développe. Thierry supporte bien le climat et sa santé ne nous pose pas de problème. Il fera ses premiers pas dans l'appartement.

Le week-end, on va au bord de mer, où les villageois construisent des paillotes en branches de cocotier dont les toits sont faits en palmes.

Le bord de mer est magnifique : une immense plage de sable bordée de cocotiers. C'est la plage de Grand-Bassam et, plus loin, celle d'Assinie où sera construit le premier Club Med africain connu depuis par le film les Bronzés. Les noix de coco mûres tombent au sol d'une hauteur de six mètres et on se félicite de ne pas les prendre sur la tête.

La mer est terriblement dangereuse et une grosse vague casse brutalement en approchant le rivage et risque de vous noyer si on s'y laisse attirer. C'est « la barre » et seuls les très bons nageurs la passent pour en revenir en surf : le grand frisson !

Angela, renversée par une vague, y perdra sa bague de fiançailles.

Notre valeureuse Simca 1000 qui tombe régulièrement en panne, surtout le week-end, nous permettra de faire un peu de tourisme dans l'intérieur du pays et nous allons même jusqu'à Man, village de cases en pisé dans une magnifique région montagneuse.

En passant, nous visitons la manufacture textile de Bouaké, ville du centre du pays qui fabrique des tissus pour ameublement, nappes, serviettes, etc. Elles sont d'une telle qualité que, cinquante ans après, nous utilisons toujours ces nappes. En visitant l'usine, le directeur nous montre une petite machine qui lui rapporte beaucoup d'argent ; elle enduit un fil avec du goudron et ce fil est utilisé pour fabriquer les petites nattes que toutes les Ivoiriennes et même les Africaines en général achètent pour tresser leurs cheveux crépus. Cette mode s'est par la suite étendue aux femmes européennes.

Angela est enceinte de Jeremy qui reste bien accroché malgré la mauvaise qualité des pistes.

La pauvre Simca, elle, mérite ensuite une solide révision, car la suspension a sérieusement souffert.

Nous allons aux quelques cocktails de la banque et je me convertis au whisky soda. Certains employés gradés ivoiriens y sont invités. L'un d'entre eux n'est pas venu. Quand je m'étonne de ce qu'il n'ait pas profité de l'aubaine, il confesse qu'il n'a pas pu enfiler ses chaussures de ville. Ses pieds, habitués aux savates, étaient trop larges.

Les policiers en ville cherchent le bakchich. Gare à celui qui n'a pas mis son clignotant avant de tourner, même si la rue est déserte. La négociation est longue et pénible. En cas d'échec, il faudra aller récupérer le permis de conduire qui a été confisqué au commissariat. La banque a un employé spécialisé dans la récupération des permis de conduire chez la police. Le plus souvent le litige se règle avec un billet.

On ne travaille pas le samedi, mais il est bon de s'y faire voir. Les anciens expats parlent de leur retraite qui est proche, car on peut la prendre à 50 ans. Pour nous, à 25 ans, cela ne constitue pas un sujet de conversation.

Certains ont commencé leur carrière pendant la guerre et n'ont pas pu rentrer en France pendant les cinq ans du conflit.

Ils nous racontent qu'ils ne pouvaient se déplacer à l'extérieur de la banque sans porter le casque colonial et nous rappellent la lenteur des échanges quand le courrier était acheminé par bateau. Il fallait alors compter deux mois pour avoir la réponse à un courrier.

Avec nos collègues expatriés de la nouvelle génération, on s'amuse de voir un sous-directeur déambuler dans nos services en serrant les mains de tous les employés. Avoir le grade de sous-directeur et ne rien faire nous semble un idéal inaccessible !

Le meilleur arrive quand un cadre partant à la retraite se voit offrir un nécessaire de bureau par l'ensemble des collègues. On souhaite ne pas en arriver là.

Mon premier contrat d'expatriés est de 30 mois, soit deux ans et demi sans même une semaine de congé.

Angela profite de la saison des pluies pour s'envoler vers l'Angleterre et donnera naissance à Jeremy le 8 septembre 1970. Je reçois un télégramme qui annonce la naissance et une petite photo sous forme de faire part où il ressemble à une petite souris. Les communications téléphoniques sont quasi impossibles avec l'Angleterre.

À ce moment, une lettre de la direction parisienne m'annonce que, du fait de ma parfaite connaissance de l'anglais (s'il vous plaît), je suis muté à leur filiale de Lagos au Nigéria.

On ne peut pas refuser la mutation en recevant un tel compliment. Pourtant c'est une destination que la grande majorité des expatriés de la banque refuse d'accepter. À ce stade, je n'ai aucune idée de ce qui nous attend.

Chapitre 8
Le Nigéria 1970 – 76

Novembre 1970. La guerre du Biafra qui a opposé pendant sept ans les Ibos, tribus de l'est du Nigéria, riche en pétrole au reste du pays peuplé des tribus haoussas au nord et Yoruba au sud, s'est achevée en mars dernier. Elle fut particulièrement sauvage et laisse beaucoup de séquelles dans l'infrastructure du pays et l'économie est exsangue. Les armes de guerre récupérées après les combats sanglants sont disséminées dans le pays et l'insécurité règne, particulièrement sur les routes.

Les importations sont très contingentées et on manque de tout. Le beurre se vend en conserve ; il vient du Danemark. Aucun produit frais n'est importé. Inutile d'espérer trouver un camembert. On s'en passera volontiers et on fera la fête quand on trouvera le premier au magasin français de la ville. Amené par bateau, il est fait à cœur !

La viande est locale. C'est du zébu au goût assez fort. On n'achète que le filet. On s'habitue au goût, mais on sera content de retrouver le bœuf en rentrant en France.

Le plus dur est l'absence de voitures sur le marché. Les occasions sont vétustes et très chères. Je finirai par racheter la vielle Renault 4 d'un collègue plus fortuné. L'autre pénurie est celle des logements.

Le directeur de la Banque est un vieux grippe-sou près de la retraite. Il a été longtemps directeur des succursales du Niger au point qu'il avait été baptisé « le roi du Niger ». Il considère son affectation au Nigéria comme une brimade et nous le fait sentir. Il vit seul dans la grande villa de direction entourée d'un grand parc.

Il nous invite à dîner le deuxième soir et décide que le dîner se fera en anglais. Les conversations restent très basiques.

Premier soir un peu morose. Après le dîner, il nous commande un taxi. Je règle une note assez salée, n'ayant pas négocié le prix de la course à l'avance. Le lendemain le patron me dit qu'il avait déjà payé et que j'aurais dû m'en douter. Il a fait exprès de ne pas m'avertir.

Une chance que le taxi ne nous ait pas abandonnés au milieu d'un quartier populaire avec une demande de rançon pour continuer la route. Apparemment, le coup est fréquent pour les nouveaux arrivés.

Dans les rues règne un embouteillage permanent, cela s'appelle les go-slow. Le plus fameux est celui d'Agege Motor Road qui mène du centre-ville à l'aéroport d'Ikeja. C'est un chaos total et on peut mettre trois heures pour parcourir 20 kilomètres.

Le pays compte déjà 80 millions d'habitants, il en a plus de 200 millions aujourd'hui.

Les Occidentaux ne représentent qu'une infime colonie noyée dans la masse, mais très influente dans l'économie du pays. La corruption est une institution nationale.

Pour obtenir quoi que ce soit, il faut donner un « dash ». À l'aéroport la fouille des bagages est systématique, et cela dure longtemps jusqu'à ce que la main au portefeuille arrange soudain les choses. La banque finira par engager un employé dont la seule occupation sera de nous faire entrer et sortir de l'aéroport.

En ville les policiers s'approchent de votre voiture, s'installent à l'arrière et menacent de vous conduire au commissariat sauf paiement du dash. On croyait avoir tout vu en Côte d'Ivoire, mais ici, c'est du grand art ! Et quand on leur reproche cette pratique malhonnête, ils répondent que c'est nous, les colonisateurs, qui le leur avons appris. Ce n'est peut-être pas tout à fait inexact.

Les premières semaines, nous dormons à l'hôtel. Je travaille toute la journée. Angela se morfond dans la chambre avec les deux enfants, Thierry 22 mois, Jeremy 2 mois seulement. Rien à faire à l'extérieur de l'hôtel et pas encore d'amis. Plus tard, nous occupons l'appartement minuscule d'un croupier du casino parti en vacances pour deux mois. Une seule chambre vaguement climatisée où nous dormons à quatre. Les débuts ne sont pas très brillants. Angela a pu retrouver une copine de classe mariée à un ingénieur italien. Ce sera un grand réconfort pour elle.

Les choses s'améliorent toutefois rapidement. On nous prête un appartement de passage d'une société commerciale et, comme la communauté française est très réduite, on se fait vite des copains. Un ami qui travaille pour la compagnie aérienne UTA nous régale de temps en temps avec des produits rapportés par les hôtesses.

Au moment des fêtes de fin d'année, nous rencontrons Alain et Jacqueline H. qui vivent à Ibadan. On ne se quittera plus.

Ibadan est une ville de plus d'un million d'habitants, entièrement noire. C'est une mer de toits en tôle ondulée rouillés à perte de vue que l'on découvre en approchant.

Sur la route qui y mène depuis Lagos, très chargée en trafic, on voit de temps en temps des cadavres que personne ne ramasse. Il paraît que celui qui s'en occupe doit payer les funérailles. Cela nous paraît douteux, mais on ne sait jamais ! Et pas question de s'arrêter sur le bord de la route, c'est trop dangereux.

J'ai dû me familiariser avec le jargon bancaire en anglais, ainsi qu'au pidgin english parlé par les locaux. On dit : « bring am » au lieu de « bring it to me. Et chaque phrase se termine par « O ».

À la banque quand on demande « Where is John ? », on s'entend répondre « He is not on seat », c'est frustrant.

Encore quelques semaines et notre futur appartement est fini de construire. Il y a une telle pénurie que les propriétaires réclament le paiement de cinq ans de loyer d'avance. Avec une telle somme, ils peuvent se faire construire une autre maison immédiatement. Les étrangers n'ont pas le droit d'acheter de biens immobiliers.

Le logement n'est pas meublé. Le directeur, toujours pingre, me donne le choix de meubles entre un salon, une salle à manger ou une chambre à coucher. Avec notre maigre budget, nous parvenons à faire fabriquer quelques meubles par un menuisier local. C'est plutôt rustique, mais on est content d'être chez nous.

Jeremy est un peu fragile et les médecins locaux pas trop compétents. L'un est grec, on l'a surpris un jour en train de fouiller dans les boîtes de conserve abîmées que le supermarché vendait au rabais.

L'autre est libanais. Jeremy, à six mois, souffre de difficultés gastriques permanentes. Pour le soigner, on reprend la nourriture au biberon et au lait premier âge.

Nous n'avons comme effets personnels que ce qui tenait dans nos valises. Les caisses que nous avions expédiées depuis Abidjan ne sont jamais parvenues, probablement pillées au port de Lagos. C'est dommage, car nous avions emporté quelques cadeaux de mariage et des souvenirs. Et les magasins sont désespérément vides.

Le Nigéria est très différent des pays d'Afrique francophone déjà par l'importance de sa population et la diversité de ses ethnies. Celles-ci se sont sauvagement affrontées durant la guerre du Biafra qui aura duré 7 ans. Les Anglais ont installé des universités dans chaque état de la fédération et il en résulte une grande quantité de diplômés qui forment un premier encadrement primaire pour les sociétés étrangères implantées. Ce tissu n'existe pas dans les pays francophones. Par contre les hôpitaux et dispensaires font défaut et le réseau routier laisse à désirer.

Pendant notre séjour, le pouvoir est aux mains du général Yakubu Gowon qui tient le pays d'une main de fer avec l'armée et la police.

Les condamnations à mort pleuvent et se terminent par des exécutions publiques au fusil pratiquées sur la plage de Lagos. Une foule de badauds, femmes et enfants compris s'y précipitent et, pour les Européens, il vaut mieux ne pas se montrer. La vue du sang déclenche souvent des réactions en chaîne violentes. J'ai vu une foule déchaînée poursuivre un voleur qui s'était échappé du marché avec son maigre butin et le lapider dans un coin de rue.

Un jour, un collègue me propose d'aller avec lui à Cotonou, capitale du Dahomey, pays voisin, aujourd'hui rebaptisé le Bénin pour faire des courses.

Il lui faut des produits de nécessité pour son bébé qui vient de naître.

Sur place, on se régale ! C'est la France avec boulangeries, charcuteries et terrasses de café. On fait des provisions.

Sur la route du retour, six barrages de police et d'armée nous arrêtent. Les militaires sont ivres de bière et comme ils tiennent une arme à la main, il vaut mieux ne pas les contrarier, la gâchette est sensible !

En trouvant les boîtes d'eau d'Évian, achetées pour le bébé, un soldat demande « what is this? » On lui répond : « water ». Il crie : « it's not water, it's source : Source Évian ». Cela coûte un dash supplémentaire. On n'obtient rien sans mettre la main à la poche.

Nous avons trouvé une plage sur Lagos Island où nous sommes tranquilles. Pour y parvenir, il faut traverser une grande lande sableuse et dégonfler les pneus de la voiture pour éviter de s'ensabler. On est quasiment seuls sur la plage. Les Nigérians n'en profitent pas.

On y va le week-end. Les enfants attrapent des coups de soleil terribles. On est très inconscients de la protection du soleil.

La meilleure attraction des expatriés est d'avoir un bateau. Nous achetons un bateau en bois vernis avec un moteur hors-bord Chrysler qui tombera souvent en panne et profitons de plages mieux accessibles.

La plus proche exige que nous prenions le chenal du port utilisé par les gros cargos, c'est souvent impressionnant de se trouver si près de ces monstres.

Plus tard, nous nous ferons construire une paillote à 45 minutes de navigation de la ville, sur une bande de terre située entre la lagune et la mer. Là, une horde de gamins nous attendent et portent nos affaires sur la tête. Nous y passons des journées agréables avec nos amis. On fait des grillades de poissons et l'alcool coule à flots. Les après-midi on fait une bonne sieste sous les cocotiers.

Comme le voyage de retour est long, on fait du ski nautique sur la lagune. On devient assez bons.

La mer est moins dangereuse qu'en Côte d'Ivoire, mais les courants sont très forts et on ne s'éloigne pas du bord.

Après 10 mois de séjour au Nigéria, ajoutés aux 14 mois de Côte d'Ivoire, on me permet enfin de prendre mes premiers congés. Nous partons en novembre 1971 pour cinq mois de vacances !

En arrivant à Nice, nous nous sentons complètement dépaysés. Comme si, en 28 mois, nous avions perdu tout contact avec la civilisation d'Europe.

Les vacances seront bonnes, partagées entre l'Angleterre, le midi de la France où vit ma mère et, bien entendu, nous avons réservé une maison familiale pour skier à Valloire en Haute-Savoie pendant un mois complet.

De retour au Nigéria, les choses ont changé. Un nouveau patron, jeune et dynamique qui arrive des USA a pris la place du vieux grigou.

Je suis envoyé dans l'est du pays, à Port Harcourt, ville du pétrole, pour remplacer le directeur qui part en vacances pour quatre mois. J'ai 26 ans et c'est mon premier poste de directeur d'agence. Je suis assez fier de cette nouvelle responsabilité et l'intérim se passe relativement bien.

Les liaisons téléphoniques sont inexistantes et on est obligé de se débrouiller sans les instructions du siège. Je dois aller chaque semaine à l'agence d'Aba, énorme ville située à 60 km de Port Harcourt. C'est la capitale du pays Ibo, ex-Biafra, ennemi des tribus Rivers de Port Harcourt. Ici la guerre a fait beaucoup de ravages. La ville d'Aba comprend deux énormes marchés de 50 000 personnes chacun où les gens vivent et dorment sur place ; on dit qu'on y trouve de la viande humaine en vente. C'est assez terrifiant. Les sacrifices humains se sont perpétués pendant les années de guerre, probablement pour conjurer le mauvais sort.

La route entre les deux villes est complètement détruite. On a l'impression de passer dans des cratères d'obus qui ont été creusés davantage par les camions et dégradés par les pluies incessantes.

Je décide de prendre la route en film et je repère une Volkswagen Beatle qui disparaît dans les trous et réapparaît ensuite. De la voiture, arrivée à mon niveau, sort un diable fou, militaire en uniforme qui essaye de m'arracher la caméra des mains. J'arrive à l'apaiser et il repart furieux. Difficile de dire s'il était lucide ou complètement saoul.

Je raconte l'histoire à mon adjoint nigérian. Trois jours après, à 7 heures du matin, des policiers en civil perquisitionnent le logement et m'embarquent au poste de police avec ma caméra et les films qu'ils ont pu trouver. Heureusement que le dernier n'a pas encore été développé. Je suis accusé de prendre des photos qui tendent à ridiculiser le Nigéria à l'étranger. Je dois leur visionner tous les films, y compris ceux pris à la neige l'hiver précédent. Ils n'ont jamais vu ça et ils s'amusent beaucoup.

J'en suis pour une journée perdue au poste, mais j'ai compris que mon adjoint ne me porte pas dans son cœur. J'aurai l'occasion, par la suite, de le prendre en défaut professionnel pour lui rendre la monnaie et serai content de quitter cette agence.

Le mois suivant, je vais faire l'intérim du directeur de l'agence d'Aba qui n'a pas pris de vacances depuis 5 ans, du fait de la guerre.

Pendant cette période trouble, il conduisait une camionnette et récupérait les fonds dans les villages. Une vraie banque mobile. Que pensaient les clients qui voyaient partir leur argent sur la route ?

Et la comptabilité était-elle conforme à la réalité ? Nul ne saura ! Le directeur en poste semble avoir une vie confortable.

Je vérifie les comptes. Cela me semble en ordre et il n'y a pas plus de créances douteuses que dans les autres agences.

La créance douteuse, c'est comme le bakchich, c'est une institution et comme la justice est aussi inefficace qu'inexistante on doit s'en accommoder. Par chance, les commissions et les taux d'intérêt usuriers que nous pratiquons permettent de provisionner tous les mauvais crédits sans attendre.

Je suis arrivé à l'agence avec du matériel comptable neuf qui vient de la capitale. Et je suis accueilli comme un demi-dieu.

Ce sont des calculatrices à 4 opérations qui fonctionnent avec un levier pour remplacer l'électricité qui fait souvent défaut. Ces machines sont complexes, car la monnaie est en Livres, shillings et pence (20 shillings pour une livre, 12 pence pour 1 shilling).

Une nouvelle machine comptable a été livrée et je dois organiser la position comptable, c'est-à-dire la gestion des comptes de clients, heureusement fort simple. Cette machine fonctionne à l'électricité et, à chaque coupure souvent généralisée pour toute la ville, on ignore quand reviendra la lumière.

Quand cela arrive le soir, chacun rentre chez soi et reprend le chemin de la banque dès que la lumière revient afin de pouvoir servir les clients dès l'ouverture.

Je couche dans un hôtel local, car la route est longue et dangereuse.

Pendant deux mois je n'ai pas vu un blanc dans la ville !

Je rentre à Port Harcourt le week-end où on peut faire la fête avec nos nouveaux amis.

L'environnement est assez hostile, on voit des hommes se faire tabasser par des militaires sur le bord des rues, et il vaut mieux se faire discrets.

Ce séjour dans l'est du Nigéria ne dure que 4 mois, mais je suis content qu'il s'achève.

Nous repartons vers Lagos où je prends la direction de l'agence d'Apapa, port de Lagos.

Nous retrouvons nos amis, le bateau et les soirées de fête. Une vie un peu décousue avec de nombreuses gueules de bois matinales.

Nous avons un cuisinier dahoméen (pays voisin francophone devenu depuis le Bénin).

Il s'appelle Marcelin et cuisine à merveille et nos dîners ont du succès. Avec notre accord, il a pris un apprenti, Sébastien qu'il corvée à merci et qui s'occupe de garder les garçons le soir quand on en a besoin, ce qui est assez fréquent. En Afrique, avoir du personnel de maison n'est pas considéré comme un acte de colonisateur. Cela permet de faire vivre des familles. La banque fournit donc un jardinier, un gardien pour le jour et un autre pour la nuit. On nous dit qu'ils cotisent au syndicat des voleurs afin que la villa du patron ne soit pas cambriolée.

Un collègue de la banque a un cuisinier venant du Dahomey également et parlant français. Un soir, au cours d'un dîner de 8 personnes, voyant son patron se servir généreusement de sauce pimentée, il lui dit : « Patron, demain quand tu voudras chier, tu vas pleurer trop ! » Hilarité autour de la table.

Un client de la banque, de nationalité espagnole a une flotte de chalutiers qui ramènent énormément de poissons. Il a organisé un marché à la criée. Comme souvent en Afrique, le commerce est aux mains des femmes que l'on appelle Mamas.

Dans son organisation, chaque « Mamma » a sa place. Les plus anciennes ont le premier choix et les plus grandes quantités de poisson. Elles peuvent ensuite le revendre plus cher aux suivantes qui y trouvent également leur profit. Les mamas du bas de l'échelle partent dans les rues avec leur cuvette sur la tête pour vendre au détail.

L'espagnol a toujours eu le soutien de la banque. Il nous en remercie par une livraison hebdomadaire de crevettes et poisson frais. On se régale.

Les enfants grandissent bien. Premier jour d'école pour Thierry ; on en a beaucoup parlé à l'avance, craignant un drame et des pleurs au départ de la Maman. Quand Angela le dépose, il lui dit « Goodbye Mummy, go away » !

1973, c'est le choc pétrolier. Le prix du pétrole grimpe, le pays devient riche, les crédits explosent. Les importations se libèrent, on construit partout. Le pays a commandé tellement de ciment que les bateaux attendent 6 mois en mer, au large de Lagos, avant de pouvoir décharger. Les armateurs grecs ont compris la combine. Ils en profitent et encaissent des surestaries payées par le port pour le délai d'attente.

La flotte au large ressemble à une énorme ville illuminée la nuit.

On peut enfin s'acheter une voiture décente et faire quelques balades dans l'intérieur du pays.

Les week-ends en bateau demeurent la tradition.

Un jour, nous décidons de profiter d'un long week-end pour rejoindre le Dahomey en bateau par la lagune. C'est un voyage de 100 kilomètres que nous entreprenons à deux bateaux avec Alain et Jacqueline et nos deux garçons. Notre bateau fait 4 mètres de long, en bois vernis et est équipé d'un nouveau moteur Mercury de 60 chevaux suffisant pour le ski nautique que nous pratiquons chaque week-end. Au fil des méandres de la lagune, il faut faire très attention à ne pas s'enliser dans la vase, car les villageois locaux sont à l'affût et nous rançonnent s'ils parviennent à nous rejoindre pour nous sortir du pétrin. Escale à Porto Novo, ancienne capitale du Dahomey abandonnée depuis longtemps et réduite à un ensemble disparate de cases et de maisons de pêcheurs pour remplir les réservoirs d'essence.

En route vers Cotonou, nous visitons le village lacustre de Ganvié, accessible uniquement par l'eau. On l'a surnommée la Venise de l'Afrique. C'est un peu exagéré, mais elle a été inscrite par la suite à la liste de l'UNESCO. C'est un vaste marécage. Il n'y a pas de fond et on voit les cochons patauger dans la boue sous les cases en pilotis. C'est toutefois un des derniers villages lacustres connus.

À Cotonou, après une courte visite à un ancien copain d'Algérie qui dirige la brasserie, nous louons une voiture et partons visiter Lomé au Togo.

Nous n'avons pas accompli les formalités compliquées pour sortir du Nigéria et y rentrer ; il aurait fallu demander des visas d'entrée et de sortie et faire compléter un livret d'étranger avant de partir et au retour.

On sait qu'au poste-frontière ils ne disposent que d'un bateau moins rapide que les nôtres. À l'aller, on leur fait bonjour de la main, au retour, on se rachète en leur offrant une bouteille de Gin chacun.

D'autres occasions nous permettront de visiter le Nigéria. Nous allons retrouver nos amis Alain et Joelle T. de la Banque pour les fêtes de Noël. Directeur à Kano, capitale du Nord, il a reçu 18 dindes vivantes de ses clients en cadeau. Cela fait du pétard dans le jardin.

De là, nous partons visiter notre première réserve d'animaux d'Afrique à Yankari. Le campement est bien tenu et il y a même une source chaude à 38 degrés où nous nous délectons le soir en dégustant une bonne bière en regardant les singes qui gambadent autour de nous.

La vie s'est bien organisée. Le marché noir nous fournit alcool et cigarettes et chaque week-end donne l'occasion de faire la fête avec les copains, énormes buffets et danses jusqu'au matin.

Les années passent. Nous serons restés 5 ans au Nigéria. Les deux dernières années, je suis devenu contrôleur général de la banque, un titre pompeux pour contrôler 6 agences et s'assurer qu'il n'y a pas de détournements de fonds. Dans la banque c'est tentant et j'en découvre plusieurs.

Angela n'a pas pu trouver de travail fixe au Nigéria. Mais la banque lui a donné l'opportunité de donner des cours de français à certains cadres locaux et des cours d'anglais au nouveau directeur français qui en avait bien besoin.

Durant notre séjour nous assisterons à deux évènements majeurs :

Le premier c'est le passage à la conduite à droite pour les voitures. La date du changement est précédée d'une gigantesque campagne de presse, radio et télévision.

Au cinéma, sur l'écran, un énorme doigt est pointé vers le public et prévient :

« You and you and you are driving on the right ».

Le jour J, les premières voitures sont applaudies par la foule massée sur les trottoirs dès 6 heures du matin. Le trafic avait été interrompu à minuit. Les accidents sont vite évacués et tout se passe finalement bien. On rencontrera de temps en temps des chauffeurs qui ont conservé les anciens réflexes. Très dangereux !

La plaisanterie courait que les camions passeraient à droite un jour avant les voitures !

Le deuxième changement important est celui de la monnaie. On passe de la Livre, ses shillings et ses pence au Naira qui vaut une demi-livre et est décimalisé. Il faut convertir tous les comptes des clients en un week-end et on va travailler pendant quelques mois avec deux monnaies. Le gouvernement est content de se débarrasser de la Livre dont l'exportation était interdite, mais dont le stock à l'étranger était colossal.

On dit que des sacs de billets sont parachutés près de la frontière du Nord pour pouvoir être échangés contre les nouvelles coupures dans les courts délais imposés par le gouvernement. Pour la Banque Centrale, tout billet non restitué est un bénéfice net.

À Lagos, la Banque centrale est située sur une place nommée Tinubu Square. Qui est Tinubu ?

Après enquête, c'est une forte femme qui au 19e siècle s'est opposée par la force aux Anglais. Cette action héroïque était motivée par le fait que les Anglais voulaient empêcher les habitants du Nigéria de vendre leurs frères comme esclaves ! On oublie souvent que la traite des esclaves commençait toujours par un trafic humain local.

La banque gagne beaucoup d'argent grâce au boom du pétrole, les commissions et les intérêts tombent à merveille sans concurrence ni contestation. Les promotions et les augmentations de salaire sont fréquentes et bienvenues. Malgré des salaires et avantages supérieurs au Nigéria, les expatriés des pays francophones n'ont pas très envie de nous remplacer.

Cela me permet de monter en grade et de pouvoir briguer des postes plus importants pour la suite.

Au bout de 5 ans, mon temps est révolu et j'obtiens une mutation pour Lomé, capitale du Togo éloignée de Lagos de seulement deux cents kilomètres. Cela permettra à nos bons amis de venir nous rendre visite.

Nous quittons le pays après les fêtes de fin d'année. Angela est enceinte de cinq mois.

Elle donnera naissance à notre petite Hélène à Lomé.

Chapitre 9
Togo, Dahomey, Ghana, Niger 1976

Le Togo

Après plus de 5 ans en poste au Nigéria, on m'offre une porte de sortie comme adjoint au directeur du Togo. L'adjoint actuel doit me remplacer à mon poste au Nigéria. Il n'est pas très enthousiaste, d'autant qu'il a presque l'âge de la retraite. En fait, il s'arrangera pour ne jamais y aller, prétextant que ses enfants doivent finir leur année scolaire au Togo.

C'est le début du mois de janvier 1976. Nous célébrons joyeusement le départ avec nos amis de Lagos.

Angela est enceinte de 5 mois et, en attendant de nous installer dans la villa du collègue, nous sommes logés dans une petite villa qui est une annexe de l'hôtel de la paix, bâtiment moderne mis en service récemment à l'occasion de la réunion des chefs d'état de l'OUA (Organisation de l'unité africaine), vaste utopie qui remuera beaucoup de vent sans produire de résultats. C'est confortable, au bord de la mer avec une grande piscine et les facilités de l'hôtel. Jeremy aime particulièrement les tartes au citron du chef. Sur la plage, on voit arriver les pêcheurs et partir les contrebandiers vers le Nigéria tout proche.

Le Togo a décidé de baisser au minimum les droits de douane sur l'alcool, le tabac, la friperie et le stockfisch (morue desséchée qui arrive des pays nordiques en sacs qui dégagent une puanteur atroce, chaleur oblige), mais qui est la base d'alimentation des populations de la côte africaine, car elle se conserve mieux que la viande.

En ville, je paye mon paquet de gitanes ou la bouteille de whisky moins cher que dans n'importe quel duty free shop des pays voisins.

Du coup les Togolais sont les artistes de la contrebande avec le Nigéria où tous ces produits, fabriqués localement, mais d'une qualité lamentable, sont interdits à l'importation. À la banque, on ouvre énormément de crédits documentaires import d'alcool et de tabac. C'est une activité lucrative.

Le commerce de détail est aux mains de fortes femmes grossistes qui ont des moyens financiers importants et la faveur des banques, car seul le commerce rapporte de l'argent au Togo. On les appelle les Mamma Benz à cause de leurs Mercedes, signe évident de prospérité. Elles sont effectivement très volumineuses. Je constate que leurs bras sont plus gros que mes cuisses !

À la tête du pays, le général Nyassimbe Eyadema, Président depuis de nombreuses années, règne en maître absolu avec l'aide de la police et de l'armée comme tous les dictateurs africains. Le pays est pauvre et les mieux lotis sont les fonctionnaires.

Le parti a fait fabriquer une montre à l'effigie du président dont le visage forme le fond du cadran. La trotteuse est une membrane polarisée qui fait apparaître et disparaître le visage du président. Tout fonctionnaire doit en porter une et son coût représente un quart de salaire mensuel. J'en ai acheté une qui a disparu mystérieusement.

Eyadema est surnommé le miraculé, car il est sorti indemne d'un accident de son avion personnel au cours duquel tout le personnel de bord a péri, personnel français soit dit en passant. Il a marché un jour dans la brousse avant de rejoindre un village. Il prétend que c'est un coup de la France et nationalise les phosphates du Togo, seule ressource industrielle du pays, en représailles. Le fait qu'il soit resté le seul survivant en a fait un Dieu.

Lomé ressemble à une petite ville de province française. Tout est calme, on boit la bière à la terrasse des cafés dans des verres glacés.

Nous achetons un petit voilier à un copain qui quitte le pays. Je n'y connais rien, il m'apprend les premiers rudiments dans le port de Lomé. Ce n'est pas dangereux, car il y a très peu de trafic. Cela vaut mieux, car à ma première manœuvre, je balance mon instructeur à l'eau et suis bien ennuyé pour tenter de le récupérer. En lâchant tout, le voilier s'arrête. Je ferai des progrès, mais ne serai jamais un voileux.

La mer, par contre, est très dangereuse et j'ai failli perdre pied, emporté par le courant avec les deux garçons à bout de bras.

Thierry est inscrit dans l'école primaire française ; il ne s'y plaît pas et les débuts sont un peu durs.

La femme de mon collègue, toujours en poste, semble m'en vouloir de prendre la place de son mari et cherche à se venger. C'est une Espagnole farouche au sang chaud et quand le chauffeur de la banque ramasse les enfants à l'école, elle lui commande de ne pas prendre Thierry. C'est ennuyeux, car Angela n'a pas encore de voiture.

Quand mon collègue partira enfin, nous laissant la villa de fonction, sa femme arrachera toutes les plantes du jardin. Drôle de mentalité très différente de ce que nous avons connu ailleurs. Jeremy est au jardin d'enfants, petite école en plein air où il se régale.

Angela a trouvé un job dans une ONG qui est tenue par un américain. Elle traduit des textes et participe à des projets d'implantation de poulets pour aider au développement rural.

Angela accouche au mois d'avril. On l'a inscrite dans une clinique privée qui appartient à une jeune sage-femme togolaise charmante qui est la nièce du premier président du pays Olympio destitué par Eyadema.

Le médecin doit intervenir, car Angela a subi une opération de fibrome deux ans avant et on craint une complication.

C'est le week-end de Pâques, le médecin est parti en vacances. On le rencontrera dans la rue quinze jours après l'accouchement.

La nuit a été mauvaise. On arrive à la clinique à six heures du matin par une piste défoncée dont les cahots accélèrent le travail.

L'infirmière appelle la sage-femme au téléphone, mais le bébé s'impatiente et sort avant l'arrivée de la patronne. J'assiste à l'accouchement un peu inquiet. Comme le bébé ne crie pas, l'infirmière lui donne le « kiss of life » avec ses grosses lèvres et Hélène pousse son premier cri. Elle aura son premier rhume deux jours après. Nous sommes émerveillés, c'est un beau bébé bien rond, le plus gros de nos trois enfants.

Il y a d'autres nouveaux nés dans la clinique tous togolais et je suis étonné de voir leur couleur plutôt vieux rose à la naissance. Ensuite, ils noircissent vite.

Quelques jours après la naissance, nous nous installons dans la villa, drôle de maison ronde qui voudrait représenter un bateau. Toutes les pièces sont à l'étage et les chambres sont arrondies, pas commodes pour caser le mobilier. Chaque porte doit être enjambée comme une cabine de bateau. On s'y prend souvent les pieds.

La salle de séjour n'est pas climatisée et l'air de la mer toute proche procure une humidité constante. Les appareils métalliques rouillent rapidement.

Pendant le week-end de Pentecôte, les garçons se poursuivent dans l'escalier à claire-voie et Jeremy tombe du premier étage sur la tête. C'est impressionnant comme ça saigne. Il y a même une cavité sur le front produite par un galet. On se précipite à l'hôpital, affolés avec les deux autres enfants, mais, avant de passer en salle pour le recoudre, il faut aller payer une somme symbolique et on a du mal à trouver le caissier. On demande une radio, impossible, c'est férié, revenez demain. Heureusement, la blessure est légère et Jeremy s'en sort sans dégâts.

Le pays est tranquille ; beaucoup de togolais se sont expatrié dans les pays voisins où les chantiers sont plus importants, au Gabon et en Côte d'Ivoire notamment et envoient l'argent au pays pour nourrir leurs familles.

Le travail à la banque n'est pas trop prenant. Le personnel est efficace et les affaires sont rares. Quand je vais dans le bureau du patron, sa table est toujours très nette. Une bonne planque en attendant la retraite.

Notre vie est calme. Le dimanche, on fait un peu de voile et on déjeune au lac Togo, où les enfants se baignent en eau douce et un restaurant, façon guinguette, très province française nous sert de bonnes langoustes.

À peine installés dans notre maison, on m'annonce que je dois céder ma place à un expatrié qui s'est fait expulser de Côte d'Ivoire pour mœurs prohibées avec de jeunes garçons. Il va falloir refaire les valises, vendre les deux voitures et le voilier et même recharger le container de huit mètres cubes que nous avons fait venir de Lagos et qui nous suivra jusqu'au retour en France.

Pour me faire passer la pilule, on me mute à Dakar, ville prisée par les expatriés pour la qualité de la vie et le bon climat.

Nous n'aurons pas profité de ce petit pays, faute de temps. Un séjour de huit mois c'est vraiment trop court.

Le Ghana

J'aurai fait une petite incursion au Ghana, pour aller chercher ma belle-mère à l'aéroport d'Accra, mieux desservi que Lomé par les vols d'Angleterre. Elle est venue nous voir au moment de la naissance d'Hélène.

Le Ghana, c'est le pays des mines et notamment le diamant. Un de mes clients, trafiquant en tous genres, me procurera quelques pierres brutes sorties en fraude des mines et du pays. Les Ghanéens et les Togolais sont de la même origine ethnique. C'est le partage de l'ancienne colonie allemande qui en a fait deux États distincts récupérés par La France et l'Angleterre.

Les vieux Togolais se souviennent de la colonisation allemande. Ils disent qu'ils ne pouvaient pas apprendre la langue germanique qui était réservée aux Aryens et racontent qu'on fouettait ceux qui urinaient dans la rue.

Ils finissent leur commentaire en disant : ça, c'était des patrons !

Le Bénin

Le Bénin, situé entre le Nigéria énorme et le Togo, ne présente d'intérêt pour personne. Le président de l'époque, Mathieu Kerekou, est communiste ou le prétend. Le pays est pauvre et vit d'agriculture et des subventions de la France.

J'y ai fait un bref voyage shopping à partir du Nigéria et n'y suis retourné qu'une fois par la suite. Cotonou, capitale du pays, ne présente aucun signe de modernité et les Français y vivent comme en province.

Cette année-là, Noël et la fête musulmane Aïd-el-Kébir tombent en même temps et on dispose de 10 jours de congés d'affilée. Une bonne aubaine pour partir visiter le Niger où le Parrain de Jeremy, Didier, a pris un poste à la banque.

Nous traversons le pays au départ du Nigéria pour aller passer une semaine de tourisme au Niger et avons décidé de prendre la route du Dahomey, car les restrictions d'essence sont sévères au Nigéria (ce qui est curieux pour un des plus importants producteurs du monde, mais c'est peut-être une question de raffinage ou de simple organisation) et les files d'attente énormes devant les stations-service. Au Nigéria, pas facile de se faire servir si on est expatrié. Au moment d'y arriver, on vous dit qu'il n'y en a plus et cela coûte beaucoup plus cher.

À la deuxième frontière, pour sortir du pays vers le Niger, mon passeport dévoile ma profession de banquier. La veille, Mathieu Kerekou a annoncé la nationalisation des banques. On aurait pu choisir un meilleur jour, mais c'est la fatalité. Les douaniers fouillent la voiture de fond en comble en espérant trouver une fortune en billets. La fouille prend des heures.

Au retour, nous décidons de prendre la route directe du Nigéria et braver les files devant les stations-service.

Le Niger

Une fois la frontière passée douloureusement, nous roulons vers Niamey où nous retrouvons Didier. Il nous fait visiter la ville avec un beau marché ou on achète objets en cuir, cuivre et argent. Nous aimons cette ville du Sahel avec une forte chaleur dans la journée et des soirées sèches et fraîches sans l'humidité éternelle des villes de la côte.

Le Niger était un gros producteur d'arachides qui s'exportaient via le Nigéria qui disposait d'une voie ferrée de Kano, jusqu'à Lagos. En 1971, on pouvait voir à Kano des dizaines de pyramides d'arachides de mille tonnes chacune, qui venaient du Niger. Les grandes sécheresses des années1973 et suivantes ont tari cette production, plongeant les pays du sahel dans la misère.

De Niamey nous prenons la route du sud vers une belle réserve d'animaux sauvages, la réserve du W qui couvre plus de trois cent mille hectares sur trois pays. Belle balade, un peu trop courte, car nous n'avons pas le temps d'y séjourner.

Ce sera notre seule excursion au Niger où nous n'aurons pas l'occasion de revenir.

Une tentative de voyage au Tassili et dans l'Adrar, belles régions montagneuses désertiques avec des paysages fabuleux, à partir du Cameroun avortera faute de participants chez le voyagiste.

C'est aujourd'hui devenu impossible à cause du terrorisme.

Chapitre 10
Le Gabon 1976 – 78

Ayant quitté le Togo au début de l'été avec un goût de trop peu, car le séjour n'a duré que huit mois, nous prenons nos vacances entre l'Angleterre et à Allouis avec, en perspective, un prochain séjour au Sénégal qui nous tente assez pour le climat, les paysages et l'intérêt du travail, car je dois prendre la direction des crédits, poste le plus prestigieux de l'agence.

Cet été, nous organisons à Allouis le baptême d'Hélène avec la famille et plusieurs amis du Nigéria qui ont fait l'effort de nous rejoindre. C'est encore l'occasion d'une belle fête avec nos amis Alain et Jacqueline qui en profitent pour baptiser leurs deux filles. Virginia est ma filleule.

Dakar, nous y avons déjà des amis Jacqueline et Yves qui y enseignent depuis plusieurs années et connaissons bien le directeur de la banque, Christian, un ancien du Nigéria.

.

Pas de chance : au milieu des congés, on m'écrit que la prochaine affectation sera au Gabon.

Heureusement que le fameux container n'a pas été envoyé à Dakar, on n'aurait rien retrouvé.

Je pars seul pour Libreville sans illusions. Accueilli sans faste par une dame chargée des services administratifs, je ne suis pas impressionné par l'ambiance des expats. On ne m'a même pas invité à dîner les premiers jours.

Le travail au Gabon n'est pas drôle. Le Gabon n'est pas très peuplé. Les pygmées et autres tribus qui ont vécu de cueillette dans la forêt équatoriale sont très peu nombreux.

Le pays, totalement artificiel, est composé de nombreuses et minuscules ethnies qui ne s'entendent pas entre elles et dont la seule langue commune est le français.

Les Gabonais sont de petite taille et le Président Omar Bongo se fait confectionner des chaussures à talons démesurés pour être à la hauteur des autres chefs d'État.

On dit que les marchands d'esclaves du 18e siècle, dont le débarquement en bateau était facilité par le bel estuaire de Libreville, ont décimé les populations en sélectionnant les hommes les plus grands et les plus vigoureux (tribu bantoue).

Du coup ceux qui sont restés se sont retranchés dans la forêt et se sont croisés avec les pygmées. Qui ne croit pas à la théorie de l'évolution ?

Les autorités protègent le marché du travail et imposent un quota très élevé de Gabonais dans le personnel des sociétés commerciales. Pour construire des routes ou des voies ferrées, ils ne refusent pas les expatriés africains, plus courageux et travailleurs. Le fameux chemin de fer transgabonais a été construit principalement par des Togolais. À Libreville, les chauffeurs de taxi et les prostituées sont camerounais. Tout ce qui prend des responsabilités est français.

À la banque, la qualité du personnel est très médiocre. Les employés sont mal formés, pas ambitieux et savent que, s'ils perdent leur travail, ils en trouveront un autre sans problème compte tenu du protectionnisme de l'État.

Je suis responsable de tous les services opérationnels de la banque disposés dans une grande plate-forme au rez-de-chaussée.

Une file de clients mécontents s'allonge en permanence devant mon bureau.

Le matin, on dénombre déjà quelques absents, mais, l'après-midi, l'absentéisme peut atteindre cinquante pour cent de l'effectif, sans parler de ceux qui viennent travailler en état d'ivresse. On en a trouvé un qui dormait par terre au fond de sa caisse pendant l'après-midi.

L'alcoolisme est un fléau national. Quand je vais au bistrot voisin boire mon café matinal, les clients accoudés au comptoir sont déjà au pastis ou même à une boisson typiquement locale, appelée le cercueil ou l'on mélange whisky, gin cognac pastis et autres pour un résultat plus rapide.

On dit que le Gabon a un triste record : une année, il aurait consommé plus d'alcool que d'essence. Je ne sais pas si cela est parfaitement exact, mais on voit bien que l'alcool fait des ravages dans la population locale.

Un spectacle hallucinant au port est celui du déchargement d'un bateau qui contient des cuves de vin. Le vin déborde des tuyaux et les dockers prennent tous les récipients possibles pour en récupérer. Ils profitent aussi de l'aubaine pour en boire de bonnes gorgées.

Au Gabon, les routes ne sont pas nombreuses et seules quelques pistes forestières permettent d'exploiter la grande richesse du Gabon : l'okoumé, bois qui fournit le contreplaqué. Le pétrole est aussi exploité depuis peu. Les gisements sont offshore.

Le bois reste encore la principale ressource, et le champagne Dom Pérignon, boisson favorite des exploitants forestiers, est rebaptisé « le jus d'okoumé ». Les forestiers passent plusieurs mois de l'année en forêt et, quand ils arrivent en ville, ils ont une solide réputation de fêtards.

Les déplacements d'une ville à l'autre se font en avion. Plusieurs petits avions se perdent et tombent en forêt ; on ne les retrouvera jamais vu la densité des forêts et le sol marécageux.

Le climat est équatorial, c'est-à-dire qu'il pleut tous les jours. Beau le matin, le ciel se couvre en milieu de journée et une bonne averse vous rince en soirée. L'air est très humide, mais la banque a fait des progrès et nous sommes climatisés correctement.

Le Gabon se moque des conventions internationales et le boycott de la Rhodésie raciste de Yann Smith n'est pas respecté, pas plus de celui de l'Afrique du Sud. Cela nous procure une viande extraordinaire. Chaque matin un avion blanc sans aucune identification décharge sur le tarmac de l'aéroport des containers de viande de Rhodésie qui se vend sur les marchés le jour même.

Les restaurants de Libreville se spécialisent dans le steak-frites, et, comme c'est délicieux, personne ne cherche ailleurs.

Le dimanche, nous allons à la plage au bord de l'estuaire de Libreville à un endroit appelé la Sablière où l'essentiel de la communauté française se retrouve. Les Gabonais ne sont pas intéressés par le bain de mer.

Dans l'estuaire, flottent d'énormes billes de bois, qui se sont détachées des convois fluviaux. Il est dangereux de s'amuser en les faisant rouler, on peut se faire coincer dessous.

On pose nos serviettes sur les billes accostées sur le sable. Attention aux vers de Cayor qui s'installent sur le linge humide puis pénètrent dans les pores de la peau où ils se nourrissent, grossissent jusqu'à une longueur de 3 mm et vous déclenchent des brûlures terribles. On les couvre avec de la vaseline pour les étouffer et on les extrait en pressant très fort.

Il y a aussi les moustiques qui donnent la dengue, la mouche tsé-tsé pour la maladie du sommeil et des serpents mortels comme les vipères du Gabon qui vous tuent en quelques minutes. Voilà un pays hospitalier.

Sur la petite rue, étroite, qui mène à notre maison, j'ai roulé sur un python ou un Boa sans en avoir vu ni la tête ni la queue. Il devait mesurer plus de quatre mètres.

À part la plage dominicale, on ne s'aventure pas trop en brousse.

Lorsque le pays vote pour une élection, les expatriés sont invités à participer. La mention « A voté » se réduit à un coup de tampon sur le poignet du votant. Sur la route de la plage, un barrage de police arrête les voitures. Celui qui ne présente pas son poignet tamponné par le bureau de vote doit rebrousser chemin.

Un copain de la banque a acheté un petit bateau insubmersible équipé d'un moteur de 9 chevaux, car il n'a pas son permis de navigation.

On part le matin en pêche à la traîne, car l'estuaire est très poissonneux ; on attrape de gros maquereaux et des barracudas d'une taille impressionnante.

Le moteur n'est pas assez puissant et quand la marée est contre nous, on fait du sur-place.

Les garçons vont à l'école primaire du quartier qui s'appelle Gros Bouquet. Il n'y a pas d'école française particulière, toutes les écoles sont françaises et l'enseignement gabonais n'existe pas.

Les formalités administratives sont longues et pénibles. On doit obtenir un permis de conduire gabonais sur remise de son permis français. On paye une cotisation qui donne droit à une quittance valable trois mois. À l'expiration de la quittance, on vient chercher son permis, mais il n'est pas prêt et il faut payer à nouveau. En18 mois de séjour, j'aurai payé 6 fois pour nos deux permis sans jamais avoir reçu ce fameux permis gabonais.

Les barrages routiers sont fréquents en pleine ville. Il arrive d'en avoir deux, à la file, dans la même rue. Il faut montrer de la patience et mettre la main au porte-monnaie si un document fait défaut. Les policiers sont souvent dans un état d'ébriété avancé.

Le contrôle technique des voitures est aussi une épreuve. Une dame française présente la voiture au contrôle. L'inspecteur ouvre le capot et trouve le moteur sale. Il demande à la dame : « Madame est ce que vous vous présentez à votre docteur avec une culotte sale ? »

En ville en 1976, on prépare un sommet de l'OUA ; tout le front de mer doit être refait, belle avenue double avec des réverbères modernes.

Plusieurs accidents de la route dus à la conduite en état d'ivresse abattent les fameux réverbères. Dans ses discours télévisés, aussi fréquents qu'animés, le Président Bongo exhorte la police à faire feu sur ceux qui cassent les réverbères et s'enfuient.

Les engins de travaux publics creusent à tout va et coupent les lignes téléphoniques enterrées et toutes les canalisations sur leur passage. Comme ils rebouchent le trou pour éviter les représailles, la société de téléphone a du mal à trouver les coupures et le téléphone ne fonctionne plus pendant plusieurs semaines.

Un entrepreneur se présente pour démolir un vieil hôtel et le remplacer par un autre. Il présente des documents justificatifs et perçoit des avances importantes. Aussitôt l'immeuble à terre et les avances encaissées, il disparaît sans laisser de traces. C'est un escroc comme il y en a tant en Afrique qui savent profiter de la désorganisation.

Un nouvel immeuble est construit en centre-ville par une entreprise de Corée du Sud. Les ouvriers sont des repris de justice, tous coréens, qui vivent entassés dans des containers et repartent chez eux à la fin du chantier. La main-d'œuvre locale ne participe pas au chantier.

Une fois la construction terminée, un grand magasin s'installe dans l'immeuble. Il est équipé d'escalators et, comme c'est le premier au Gabon, la foule se presse pour monter et descendre sans fin ce prodige du modernisme. On constate quelques incidents dus à la concentration de curieux.

Je quitte mon poste de responsable des opérations de la banque pour la direction du service des crédits, plus noble. En fait je ne suis pas content de cette situation et je ne me plais pas dans le travail. Je demande mon départ pour un autre pays.

On me propose de partir comme adjoint à Port-Gentil, ville du pétrole et port d'exportation du bois. Le patron est un Français, ivrogne invétéré et je ne comprends pas pourquoi on le laisse en poste. Je ne tiens pas à m'y casser les dents et refuse le job.

Le patron de la Banque au Gabon est un type sympa, cinquantaine avancée, qui a travaillé longtemps au Gabon. Au début de sa carrière, dans les années 50, il a apporté des fonds au docteur Schweitzer à Lambaréné.

Il raconte que c'était un phénomène qui adorait et attirait les animaux. Chaque jour, à heure fixe, il émiettait un biscuit sur son bureau et une colonne de fourmis grimpait sur la table jusqu'à ce que le biscuit soit entièrement évacué puis disparaissait aussi vite qu'apparue.

Quand il s'asseyait au jardin, un oiseau se posait toujours sur son épaule.

Il avait créé un système hospitalier où la famille du malade pouvait vivre sur place et cultiver ses légumes dans l'enceinte de l'hôpital jusqu'à la guérison. Il aura finalement dépensé toute sa fortune et les dons sans obtenir un résultat notoire. Comme souvent, la continuité des œuvres fait défaut à la disparition du fondateur.

La vie expatriée est proche de celle de la France. La plupart des expats, de niveau très médiocre, car ils occupent des postes réservés ailleurs aux locaux se fréquentent peu. Il est difficile de trouver de l'aide domestique et les gens préfèrent refuser une invitation plutôt que d'avoir à la rendre.

Nous avons retrouvé nos amis Louis et Christiane du Nigéria et nous lions d'amitié avec quelques autres couples très sympathiques.

Avec les copains de la banque qui ont notre âge, on ne se prive pas d'alcool et les soirées sont très arrosées. Je garde des souvenirs de retours très compliqués au volant. Il faut avouer qu'on est complètement inconscients avec la conduite en état d'ivresse.

Là encore, nous ne resterons pas assez longtemps pour garder du Gabon un bon souvenir.

Mon ancien patron du Crédit à Abidjan est directeur des crédits au Cameroun, et je lui demande de le rejoindre. Le séjour aura duré 18 mois.

Encore deux voitures à vendre. L'une sera déposée chez un garagiste qui s'en sert de voiture personnelle et me la laisse accidentée sans la rembourser.

Je n'aurai vraiment pas aimé le Gabon et nous le quittons sans regret.

Chapitre 11
Le Cameroun 1978 – 81

On dit que c'est le pot de chambre de l'Afrique ! Tellement il y pleut. À Douala, capitale économique du pays, il tombe au moins 4 mètres de pluie par an contre un mètre cinquante en Bretagne.

Heureusement, ça tombe plus vite et on ne compte que deux saisons des pluies. La plus forte, durant les mois d'été, vide la ville de toute sa population expatriée de femmes et enfants et on se retrouve entre célibataires à manger dans les quelques restos de la ville en attendant la rentrée scolaire.

La pluie est souvent précédée d'un gros coup de vent et, en ville, on voit soudainement, tous les passants se précipiter vers les abris, pour éviter la sauce.

Sur les pentes du mont Cameroun, il peut tomber plus de 10 mètres de pluie par an, de quoi avoir des champignons entre les doigts de pied !

Le mont Cameroun est haut de plus de 4 000 mètres. Situé à 80 kilomètres de Douala, on ne l'aperçoit qu'en saison des pluies entre les nuages. Il n'est pas très magistral avec sa base de 60 kilomètres, mais c'est la curiosité du pays. C'est un volcan qui est toujours en activité et ses pentes recouvertes de lave sont très fertiles. Chaque année une course est organisée pour l'ascension et la descente. C'est assez périlleux, car il s'agit d'éboulis de lave. Curieusement c'est un prêtre qui gagne régulièrement la course.

Notre ami Louis a fait, un jour, l'ascension en chaussures de tennis. Même vingt ans après cette ascension, ses ongles d'orteils ne repoussent plus !

Sur les flancs du mont, la ville de Buea, à mille mètres d'altitude, était une station de fraîcheur pour les Britanniques à l'époque coloniale où l'on venait se reposer pour fuir l'humidité constante du climat.

Les plages proches du mont Cameroun sont couvertes de sable noir. Nous y louerons une cabane en bois sur la plage appelée Mile 6, près de Victoria, rebaptisée Limbe après l'indépendance, car trop british, où nous passerons de nombreux week-ends.

J'arrive à Douala, seul, en plein été et on me loge dans un appartement de passage dans un immeuble sans intérêt.

Là non plus l'accueil des expats n'est pas très chaleureux ; les bonnes traditions de l'Afrique se perdent.

Je retrouve quelques collègues connus dans mes postes précédents et bien sûr d'anciens amis du Nigéria qui, comme moi, font le tour des capitales africaines au gré des mutations.

Le lendemain de mon arrivée, je vais en ville au Monoprix faire des courses avec une voiture de la banque. Un gamin s'approche et me dit : alors Monsieur Biao, je te garde la voiture. Il connaît toutes les immatriculations. Il a reconnu, par son immatriculation, la voiture de service de la banque.

Les voleurs sont partout. Un collègue s'est fait forcer les serrures pour voler une baguette de pain.

Quand on s'est fait voler son portefeuille, on va voir le chef des voleurs, infirme très obèse en fauteuil roulant, qui trône devant le Monoprix et on récupère ses papiers au bout de quelques jours moyennant une bonne commission.

Dans ce supermarché, j'aborde une jolie dame pour lui demander où se trouve le sel. Elle me renseigne gentiment et, le soir, je la retrouve au dîner chez nos amis Pierre et Santa A. du Nigéria. Ce sont Gisèle et Michel A., on ne se quittera plus surtout maintenant qu'ils habitent de l'autre côté de Toulon.

Douala est une grande ville traversée par une rivière, le Wouri, qui mène à la mer à environ vingt kilomètres de la ville. Le Wouri est assez large et profond pour que les gros cargos puissent atteindre le port de Douala. Pour aller à la plage en suivant le fleuve, il faut un gros bateau avec un moteur puissant, car la traversée peut être rude et les courants de marée très forts.

On pêche à la traîne au bout de l'estuaire et les prises sont belles.

J'ai racheté à un expatrié américain un superbe bateau rouge pailleté de 5 mètres de long avec un moteur de 80 chevaux et une remorque avec des pneus à flancs blancs. Il l'avait ramené des lacs des USA et il est vraiment magnifique.

Un peu trop bas pour le Wouri et l'estuaire, nous décidons de le mouiller à Victoria, près de la plage où est notre cabanon.

Quand l'eau est claire, ce qui n'est pas fréquent, nous allons faire de la pêche sous-marine à côté d'une île aux parois très abruptes. On doit traverser un mètre d'eau trouble avant de descendre dans un véritable aquarium. C'est très impressionnant ! On tombe parfois sur de gros barracudas qui vous surveillent d'un œil rond sans s'enfuir. Quand on a vu leurs dents acérées, on ne souhaite pas être leur proie et on ne les tire pas au harpon.

Le reste du temps, on pêche à la traîne et on bataille dur pour ramener des barracudas et des carangues. La cerise sur le gâteau est d'attraper une carpe rose beaucoup plus combative.

J'ai acheté une Renault 12, voiture familiale de l'époque. C'est un progrès par rapport aux deux Renault 5 du Gabon.

Pour l'anniversaire d'Angela, je lui fais la surprise de lui présenter une Toyota bleue climatisée.

C'est un luxe pour l'époque. Seules les voitures japonaises ont des climatiseurs montés en série beaucoup plus efficaces que les voitures françaises auxquelles on rajoute le climatiseur après coup.

Les vieux disent que la conduite en climatisé est dangereuse, car on n'entend pas les bruits extérieurs. En fait, on s'habitue vite et il fait tellement humide que rouler en voiture devient un plaisir.

À Douala, la température reste aux environs de 28 degrés, mais l'humidité est si forte que l'on transpire abondamment dès qu'on quitte les pièces climatisées.

Si on va à une soirée avec l'intention de danser, il faut toujours apporter une chemise de rechange, car elle se trempe au deuxième rock !

Un été, je suis parti en vacances en laissant les fenêtres de la voiture fermées. J'ai retrouvé une couche de moisissure de cinq centimètres d'épaisseur sur tout l'intérieur, du volant jusqu'aux coussins.

Le jardin de la maison est légèrement en contrebas. Quand il pleut fort, on enlève les chaussures pour arriver à la porte d'entrée.

À la banque, on me confie un département de contrôle des crédits, assorti de la gestion de dossiers douteux pour lesquels une attention particulière est demandée afin d'éviter la catastrophe et la responsabilité du contentieux et relations avec les avocats.

C'est intéressant ; je mets mon avis, souvent négatif sur les dossiers de crédit présentés par les gestionnaires et ne me fait pas que des amis parmi les cadres locaux quand je mets en doute leur jugement.

Là aussi les communications ne sont pas faciles. J'ai un téléphone sur mon bureau, pour appeler directement les numéros locaux, mais, quand je décroche, pas de tonalité ? Je pose le combiné dans le tiroir en bois vide qui fera cage de résonance quand la tonalité se fera entendre d'ici dix minutes quand j'ai de la chance.

Notre container arrive de Libreville et nous nous installons dans une villa dans un quartier résidentiel un peu éloigné du centre et proche de l'aéroport. Tellement proche que la piste passe à 50 mètres de notre chambre.

Elle est située dans une zone qui appartient à l'ASECNA ou agence pour la sécurité de la navigation.

Nous sommes réveillés tous les matins par le vol de Yaoundé qui atterrit à 6 h 30. Pas de vols de nuit, heureusement.

En fait le propriétaire n'avait pas le droit de construire à cet emplacement et la maison fera bientôt l'objet d'un arrêté d'expulsion qui bien sûr n'entraînera pas de remboursement des loyers payés d'avance au propriétaire. Il se débrouillera pour que sa maison ne soit pas démolie et la mettra de nouveau en location en toute impunité.

En attendant, on négocie la construction d'une piscine en échange d'une année de loyer payée d'avance et la vie à la maison devient très agréable. Hélène apprend à nager.

Les garçons jouent au tennis dans un club privé avec un pro camerounais qui s'appelle Thomas. Nous prenons aussi des cours. La Banque dispose d'un court dans ses jardins et nous jouons avec des collègues.

Au club de tennis, une rencontre internationale avec matches de démonstration a été organisée avec de fameux joueurs comme Patrice Dominguez et Guy Forget.

Le club a fait peau neuve et on a repeint les lignes des courts.

Au bout de quelques balles d'entraînement, les pros s'étonnent ; les balles sortent du court ; ça cloche et on s'aperçoit que les courts font un mètre de moins en longueur ! Le match est annulé.

Après l'expulsion de notre villa, je trouve une autre maison avec piscine dans un quartier plus noble. C'est rue Toyota, car il y a un panneau publicitaire pour Toyota. On n'a pas trop cherché de noms pour les rues.

Le Cameroun est un pays très varié géographiquement et ethniquement. L'existence avant l'indépendance de deux « Cameroun », l'un anglais à l'Ouest et l'autre à l'Est français, qui ont résulté du partage de l'ancienne colonie allemande, a marqué les esprits et différencié les mentalités.

À l'ouest, le peuple bamiléké est plus travailleur, entrepreneur et aussi filou à l'occasion. Les villes de l'Ouest sont moins importantes que celle de l'est, car la France a fait davantage d'efforts pour les infrastructures et, pour les Anglais, le Nigéria voisin avait plus d'intérêts que le Cameroun.

À l'Ouest, Bafoussam, Nkongsamba sont des villes complètement noires, ce qui veut dire sans expatriés, entourées de terres riches pour l'agriculture. C'est là que l'on trouve les plus grandes plantations, Hévéas, bananes, ananas, poivre qui font la première ressource du pays.

Les paysages de l'ouest sont magnifiques, verts, montagneux ; avec de beaux villages sur lesquels règnent des chefs super puissants. On peut pénétrer dans ces chefferies où on se fait expliquer les traditions. Le chef de Foumban a 80 femmes.

Dans l'après-midi, on peut les voir danser dans la cour du palais. À l'entrée du palais, deux défenses d'éléphant de 2,25 mètres de long sont exposées. C'est peut-être un record mondial.

Un de mes clients va être intronisé chef à Foumbot. Je suis invité et nous y allons en famille avec nos amis Gerald et Cynthia.

La fête est énorme, les villageois sont vêtus de leur costume traditionnel très coloré. Certains portent des masques terrifiants et les tam-tams font un bruit assourdissant.

Connaissant le peu d'enthousiasme des Camerounais à se faire photographier par les touristes, j'ai pris un polaroid et, devant leur surprise et leur plaisir de se voir en photo papier immédiatement, ils se laissent prendre avec les autres appareils.

La nourriture dans ce genre de cérémonie n'est pas ce qu'on préfère, d'autant que le buffet est pris d'assaut. Les plats traditionnels à base de Manioc et d'igname sont assaisonnés de sauce viande ou poisson dont on se méfie de la fraîcheur et dont l'odeur n'incite pas trop à la dégustation.

Le manioc est une racine gluante qui est servie dans une feuille de bananier. Il n'a aucun goût, mais, à la transpiration, il dégage une odeur épouvantable. Au Cameroun il s'appelle le Macabo. En France on le consomme sous forme de tapioca, farine qui peut servir de céréale pour le petit déjeuner.

À Douala, un restaurant, la porte jaune, sert des mets africains ; on y va avec les enfants, et on se laisse tenter à choisir du crocodile ; du porc-épic et du pangolin. Thierry cale devant son plat de gazelle. On le force un peu, mais, quand on goûte, c'est plus que faisandé. Par chance, on ne sera pas malade le lendemain.

Dans l'Ouest camerounais, nous faisons des voyages fréquents. On peut y aller pour une seule journée, mais la route est longue et dangereuse. Ça ne fait rien, on roule à tombeau ouvert en pensant que cela n'arrive qu'aux autres.

Les bords de routes sont jonchés d'épaves de camions accidentés l'un ayant refusé la priorité à l'autre notamment à l'endroit de ponts trop étroits pour faire passer deux véhicules. Chaque chauffeur voulant passer le premier, c'est l'accident. Les dépassements se font sans visibilité.

Le plus surprenant a été de voir une voiture plantée verticalement sur son capot, sur le bord d'un pont et on se demande comment les occupants ont pu en sortir.

Un volcan éteint, le Manengouba est accessible en 4x4 sur une mauvaise piste et donc peu fréquenté. On pénètre dans une caldera volcanique, dépression encaissée entre les bords du cratère. Au fond, un lac vert émeraude et, sur les pentes, des chevaux sauvages. C'est une belle destination de week-end et on y campera plusieurs fois.

Un autre voyage intéressant est la Ring road. C'est une longue piste très abîmée en saison des pluies qui revient à son point de départ et traverse une belle région montagneuse, avec des plantations de thé et des villages typiques en pisé. Nous nous y rendons au cours de notre deuxième séjour au Cameroun avec la voiture de service qui n'est pas totalement adaptée à la situation, mais qui nous mènera quand même au but.

On passe à proximité du lac de Nyos et les villages alentour sont abandonnés et reconquis par la forêt.

Quelques années auparavant, au cours de la nuit, des émanations de gaz inerte sont sorties du lac et ont tué toute la population et le bétail qui vivait au niveau du sol. Les habitants qui vivaient en colline ont survécu. C'est une atmosphère sinistre et nous ne nous attardons pas. Nul ne sait si le lac n'est pas prêt à recracher son poison.

On va de temps en temps dans les plantations de l'Ouest. Des amis en ont une à Penja. Il s'agit de deux frères issus d'une famille très riche avant l'indépendance qui sont restés au Cameroun pour continuer l'œuvre familiale.

Ils ont mené la belle vie, mais ont un poil dans la main et c'est plutôt la déchéance. L'un repartira vers la France. Heureusement, l'épouse de l'autre, bretonne et travailleuse, décide d'abandonner bananes, avocats et ananas pour se consacrer aux fleurs et aux feuilles décoratives.

Elle livre chaque semaine des fleurs à Douala dans les entreprises françaises et chez les directeurs de sociétés et expédie ses feuilles à Rungis où le marché de la feuille décorative se développe.

Nous y sommes invités de temps en temps et passons de bons dimanches entre amis dans une ambiance qui rappelle ce qu'étaient les colonies ; garden-party sous les grands arbres...

Plus tard, notre amie perdra son mari dans un accident de la route et continuera courageusement l'exploitation malgré les risques dus au banditisme et aux difficultés administratives, jusqu'à ce qu'elle puisse trouver un acquéreur.

Une autre destination, à l'est cette fois, est la plage de Kribi.

À environ 100 kilomètres de Douala, après la grosse usine Péchiney d'aluminium (beau gisement de Bauxite) on prend une piste qui longe la mer et on arrive sur de belles plages de sable blanc. On peut dormir dans une mission catholique, car il n'y a pas encore d'hôtel.

L'attraction du coin s'appelle : les chutes de la Lobé. C'est une rivière qui se jette dans la mer par une série de cascades pas très élevées, mais spectaculaires. Dans les petits ruisselets d'eau qui circulent tout autour de nous, les locaux mettent des nasses et attrapent des crevettes d'eau douce, proche des écrevisses et d'une couleur rouge vif quand on les cuit.

Plus tard, le goudron rendra le lieu beaucoup plus touristique et je crois qu'un grand port s'y construit du fait de la découverte de pétrole ou de gaz offshore à proximité.

Une autre formidable attraction du Cameroun est la région du nord où les populations peuhles et foulhanis sont très différentes de celles de la côte. En majorité musulmans, ils sont rattachés au Cameroun grâce au président Ahidjo, fondateur et père de l'indépendance qui était issu d'une tribu de Nord.

La Banque y a installé des agences dans les grandes villes, Garoua, Ngaoundéré et Maroua. Mon boulot me permet de m'y rendre de temps en temps.

Un bon copain, François, travaille à l'agence de Garoua. Pêcheur passionné, il va pêcher dans la rivière Bénoué avec un guide camerounais, car il est déconseillé de s'y aventurer seul. Au cours de la partie, ils s'aperçoivent qu'un lion les observe à quelques mètres au-dessus d'eux, prêt à bondir. Le guide ne panique pas et s'adresse au lion en lui parlant comme à un vieux copain. Après dix minutes de conversation ininterrompue, le lion se désintéresse de la situation et reprend sa route.

L'attraction touristique du Nord vient des réserves de chasse et réserves d'animaux sauvages comme le campement de la Bénoué et la réserve de Wasa.

Nous y ferons un séjour d'une semaine et verrons plein d'animaux dans d'excellentes conditions. Par malchance, le labo photo de Douala qui développe mes diapos est victime d'une panne de courant et toutes les photos sont perdues. De même, les films Kodak que l'on doit envoyer en France avec un emballage spécial avion seront tous perdus dans le transport. Heureusement il reste les souvenirs.

Un paysage fabuleux apparaît au détour d'une piste près de Roumsiki. C'est un ensemble d'escarpements en forme de pain de sucre que l'on nomme les Kapsikis, paysage unique au monde.

Au village proche, nous voyons les femmes qui pilent le mil et on nous présente un sorcier marabout qui soigne tout et voit tout, même l'avenir. La fille de nos amis qui prépare son bac lui demande si elle va réussir son examen. Après réflexion, il conclut qu'elle réussira à l'examen si son père donne beaucoup d'argent. La sorcellerie commence par la connaissance de l'esprit humain.

Dans l'avion de retour, de Maroua à Douala, les enfants ont gardé avec eux un arc et des flèches du coin, sans danger apparent. Les arcs sont confisqués avant l'embarquement.

Les comptes de la banque ne sont pas brillants, charges trop lourdes, manque de gros chantiers et de développement économique et, surtout, lourde charge des créances douteuses qui pèsent sur le bilan et créent des pertes impossibles à combler.

Le directeur général de la BIAO Cameroun est un Camerounais brillant qui deviendra ensuite ministre des Finances du pays. Il subit les influences politiques et tribales qui font pression sur lui pour accorder des financements à des projets dont l'issue est souvent douteuse.

Je m'oppose souvent à lui en mettant mon avis précautionneux sur les dossiers de crédit qui passent entre mes mains et il apprécie peu ! Il n'aime pas être contrarié.

Les autres banques de la place ne sont pas en meilleure posture et le système s'effrite. Il en est de même pour la compagnie aérienne nationale. Trop de personnel oisif et trop payé ; beaucoup de gens profitent du système pour voyager gratis, et, au bord du dépôt de bilan, la compagnie décide de recruter un directeur général expatrié pour tenter de redresser la barre.

En ville, un homme d'affaires très fortuné organise le mariage de sa fille, invite six cents personnes et commande tout le banquet à des traiteurs de France qui livrent le tout par avion. Devant l'autel, la mariée dit « non » et quitte l'église. Beau scandale.

Le type a les moyens. L'histoire circule en ville que lors d'une importation de champagne Laurent Perrier, il avait déclarée du Perrier à la douane. Une fois démasqué, il s'excuse en disant qu'il ignorait qu'il fallait indiquer le prénom.

Une petite anecdote :

Notre amie Michelle, au guichet de l'aéroport avant le vol pour choisir sa place en première classe :

« Bonjour Madame ; vous voulez Fumeur ou non-fumeur ? »

« Non-fumeur s'il vous plaît ».

« Ah c'est dommage il n'y en a plus ! »

C'est la même amie qui voit son cuisinier faire monter la mayonnaise avec une fourchette.

« Mais, Pierre, je vous ai montré comment utiliser le fouet. C'est plus rapide ».

« Mais Madame, répond Pierre. Est-ce que je suis pressé ? »

C'est l'Afrique !

Un jour, un Américain se pointe dans mon bureau, on lui a donné mon nom comme une cible potentielle de recrutement. Il recrute pour la Bank of Boston qui veut s'installer. Je suis tenté et me pose sérieusement la question, car l'offre est alléchante.

Finalement, je ne donne pas suite et bien m'en a pris : la banque n'ouvrira jamais sa filiale au Cameroun. J'ai eu raison de ne pas précipiter ma démission.

Par chance, à l'occasion de l'échange annuel de vœux, Francis, un bon copain de la BIAO au Nigéria et qui les a quittés en 1976 pour la Banque de Paris et des Pays Bas, future Paribas me propose un poste avec lui au Qatar et m'obtient un entretien avec sa direction parisienne. Je m'échappe pour trois jours vers Paris en prétextant une hospitalisation de ma mère et parviens à décrocher le poste.

De retour au Cameroun, la banque me propose de partir au Sénégal, mais ma décision est prise et je remets ma démission avant même d'avoir signé le contrat pour le Qatar. C'est risqué, mais tout se passe bien.

Au moment de quitter le pays, un de mes clients à problèmes, d'ethnie bamilékée, négociant en vins et spiritueux qui avait triché avec l'administration des douanes et que j'aide à se refaire depuis trois ans m'apporte au bureau deux petites défenses d'éléphant et deux caisses de champagne Dom Pérignon. Le champagne est trop précieux pour être englouti en vitesse avant le départ et je cache les cartons dans le fameux container qui va partir pour la France.

Durant ce séjour camerounais et lassés de passer tous nos congés sur les routes et chez nos familles, nous avons acheté une maison de Cuers dans la Var près de Toulon. C'est là que nous envoyons container et bagages, car nous quittons l'Afrique.

Cameroun deuxième séjour 1987-89

Après deux séjours passés chez Paribas, ma casquette africaine me fait repérer et l'on me propose un nouveau séjour au Cameroun. Nous arrivons de Hong Kong et les retrouvailles avec cette Afrique sclérosée sont dures.

Par chance, après quelques semaines, nous retrouvons la jeune bonne qui s'était si bien occupée d'Hélène lors de notre premier séjour. Hélène n'en a plus vraiment besoin, mais nous sommes contents de lui redonner un travail, car les emplois sont rares.

Nous avons aussi hérité du cuisinier de mon prédécesseur prénommé Athanase. Il cuisine merveilleusement sans que l'on ait besoin de le conseiller ni le surveiller.

Il potasse les livres de recettes et on se régale dans nos dîners fréquents avec les amis. À notre départ les amis vont se l'arracher.

Paribas s'est implanté en Afrique bien après les autres banques et a fait figure du cowboy qui dégaine trop vite.

Entre les directeurs français parachutés par le siège social et qui ignoraient tout de l'Afrique et l'incompétence des cadres locaux, la banque se retrouve après 8 ans en situation de faillite. Les créances douteuses rongent tous les espoirs de résultats. Le siège a injecté plusieurs milliards de francs pour renflouer la trésorerie et reprendre les affaires, mais on constatera vite que c'est inutile.

Et c'est dans cette ambiance plutôt morose que je prends un poste de directeur des opérations pour des opérations bien peu vaillantes.

Par bonheur, je m'intéresse à l'informatique et je dirige un projet d'informatisation du guichet qui occupe une bonne partie de mon temps.

Sur ce deuxième séjour, il n'y a pas grand-chose à rajouter. Nous retrouvons de vieux amis, en rencontrons d'autres et passons de délicieux week-ends de plage, et ballades dans l'intérieur du pays. Il nous semble retrouver les nids de poule que nous connaissions dans les rues de la ville il y a 6 ans. Rien n'a changé. On a l'impression que l'Afrique sombre dans sa torpeur.

Au bout de deux ans de difficultés de survie pour la banque, lors d'une réunion des patrons de Paris avec le ministre des Finances, la décision est prise : la banque ne peut pas survivre.

Je l'apprends le matin dans le journal local par une énorme manchette :

PARIBAS SERA LIQUIDÉE

Je ne suis pas tout seul à le savoir, vu le nombre de clients qui se pressent devant la porte avant l'heure d'ouverture avec la ferme intention de récupérer leurs billes. Le directeur camerounais qui a senti le vent du boulet est en vacances et le directeur des crédits est en France.

Je suis seul avec le problème. Je laisse les grilles fermées et appelle le ministre des Finances pour demander l'assistance de la police. Heureusement la journée se passe sans incident grave. Dans les jours qui suivent, on permettra aux clients particuliers de retirer une partie de leurs avoirs avant de fermer la banque définitivement.

Un liquidateur est nommé et je reste avec le contrôleur français pour l'assister dans sa mission.

Cela se passe bien ; nous nous préparons au départ, mais avons la surprise d'apprendre que nos noms sont aux frontières avec interdiction de quitter le pays.

L'affaire est grave ; il apparaît que certains mouvements de fonds dans le passé pourraient prouver que la banque aurait été impliquée dans le financement d'une tentative de coup d'État contre le chef de l'état.

Une cohorte d'inspecteurs camerounais débarquent dans mon bureau en demandant que je leur procure toutes les archives et en particulier tous les virements sur une période assez prolongée : il va y en avoir pour des mois !

À la longue, il s'avère que les archives de certaines dates manquent à l'appel. On m'explique que certaines archives au sous-sol ont été victimes d'une inondation. On ne saura jamais le fin mot de l'histoire.

Bonne aubaine pour les coupables s'il y en a ; le personnel de l'époque était de l'ethnie Bamiléké alors que le président du Cameroun était de Yaoundé.

Encore une guerre tribale ?

Les semaines se suivent. Pour je ne sais quelle raison, notre villa est gardée par la police. Certainement pas pour nous protéger, mais peut-être pour vérifier que nous ne partons pas avec l'argenterie de la banque. Deux policiers se relaient jour et nuit sur la terrasse de la maison et dorment sur les matelas de piscine. Ce n'est pas très agréable pour nous. Ils consignent tous nos mouvements et ceux de nos visiteurs sur un cahier dont je prends connaissance et que je confisque quand ils ont le dos tourné.

Enfin lors d'une réunion du Club de Paris, assemblée regroupant les chefs d'états africains et la France et qui gère les problèmes de la dette des pays envers la France, il est clairement expliqué au Cameroun qu'on ne peut pas garder des expatriés en otage sans raison valable.

Quelques jours plus tard, nous apprenons que la voie est libre. Nous pourrons rentrer en France en attente d'une future affectation au Sultanat d'Oman.

Ce sera, pour nous, la fin de l'expérience africaine.

Chapitre 12
Le Qatar 1981 – 1984

Douze ans d'Afrique pour la BIAO, c'est un bon parcours, une belle aventure humaine, la connaissance de l'Afrique qui se cherche en ayant beaucoup de mal à se retrouver, et, professionnellement pour moi, une solide expérience des opérations bancaires, et de leur contrôle qui me vaut ce passage chez la Banque Paribas où mon copain Francis de la BIAO m'a précédé depuis cinq ans et m'offre un poste avec lui.

Effectivement, peu de cadres de cette banque ont une expérience de terrain dans des agences du tiers monde et préfèrent en général rester à Paris ou s'expatrier vers Londres ou New York.

Dans les couloirs feutrés du siège de la banque, rue d'Antin, à Paris, près de l'Opéra, célèbre pour sa magnifique orangerie sous une grande voûte vitrée où l'on accueille les clients importants, le costume sombre, la cravate sobre et les souliers noirs impeccablement cirés sont de rigueur. Cette atmosphère avait été merveilleusement décrite par l'écrivain Eric Orsena dans son livre *L 'exposition coloniale* qui eut le prix Goncourt en 1988.

Le jour de mon premier entretien, mon ami Francis me renvoie me changer à l'hôtel, car j'ai une veste à carreaux trop fantaisiste et une cravate bariolée. C'est la mode !

Je passe l'entretien sans encombre et reste quelques jours au siège afin de me familiariser avec les procédures et connaître mes futurs interlocuteurs. J'assiste même à un comité de crédit présidé par le PDG en personne. Je suis étonné par l'éloquence des participants et leur aisance verbale. Les dossiers de crédits défilent et donnent à chaque coup droit à une décision.

Ici, pas de « Monsieur » on se vouvoie, mais on s'appelle par le prénom et on est d'une extrême courtoisie, même si on se déteste.

Entre ma démission de la BIAO et mon entrée chez Paribas, la France a voté pour François Mitterrand, premier président socialiste de la cinquième république ; le gouvernement a nationalisé les banques et Paribas fait partie du lot. Des copains me disent que je suis fou de changer à ce moment, mais l'occasion est trop belle et c'est une nouvelle chance de faire un bond dans la hiérarchie bancaire. En plus les perspectives de carrière dans la BIAO s'obscurcissent et la banque déposera le bilan en 1986.

Le PDG précédent a été limogé par le gouvernement socialiste après de louches manœuvres pour tenter de faire sortir certaines filiales du carcan nationalisé, et a été remplacé par l'ancien directeur du Trésor, un certain Jean Yves Haberer qui se fera une triste réputation dans le scandale du Crédit lyonnais quelques années plus tard.

Chose amusante, son épouse, Madame Anne Haberer est une amie d'enfance de ma sœur Bernadette et a fait ses études supérieures à la Sorbonne avec elle. J'ai, sans le vouloir, un piston de première classe, mais je n'aurai pas l'occasion de le faire valoir.

Seule petite satisfaction, lors d'une réunion des cadres de direction du Moyen Orient à Doha, on me présente le Président ; il répond, « Je connais bien Challot, sa sœur est la meilleure amie de ma femme. »

Couvrez-vous baise cul ! aurait dit Rabelais. Je fais mon petit effet.

Question paysage, après l'Afrique équatoriale c'est l'opposé. Quand on arrive, début septembre, il fait un bon 45 degrés dehors et on a l'impression de prendre une inhalation.

Le Qatar est une petite péninsule de 120 km par 60 sur le golfe persique.

Il est entouré par le Royaume d'Arabie Saoudite qui fait figure de grand frère et dicte sa loi dans les coutumes et réglementations. Il jouxte les Émirats arabes unis à l'est.

À l'origine, il n'est peuplé que de quelques Bédouins éleveurs de chameaux, plutôt des dromadaires dont le nombre indique la richesse du propriétaire, et quelques pêcheurs qui profitent des eaux très poissonneuses du Golfe.

On y a trouvé du pétrole et comme la population est très faible, cette manne a permis à chacun de s'enrichir, surtout les membres de la tribu régnante, Al Thani qui jouissent d'une fortune considérable, le reste de la population profitant tout de même de cette richesse inespérée.

Ici, la main-d'œuvre utile provient du sous-continent indien.

Notre logement n'est pas encore prêt, Francis nous a trouvé une villa dans un compound, ensemble de 80 maisons dans une enceinte fermée et gardée avec trois piscines, un club house et des salles de squash. Il me donnera un budget spécial pour acheter du mobilier neuf. Nous sommes vraiment très bien accueillis.

En attendant, nous sommes à l'hôtel Ramada, sorte de cube doré tout en vitre avec piscine réfrigérée.

Les enfants ont amené leur chat qui vient du Cameroun ; il est terrorisé quand on veut le sortir pour ses besoins et passe son temps dans la salle de bains. Il nous suivra dans la villa, mais disparaîtra un jour probablement dans la casserole d'un pakistanais.

Tout le monde joue au tennis malgré la chaleur et les bains de piscine sont bienvenus.

En ville, la circulation n'est pas très intense. L'essence coûte 30 centimes de franc à la pompe.

En France c'est environ quinze fois plus. Les voitures qui circulent sont de grosses berlines américaines et des 4x4 énormes. Ma voiture de service est une Renault 30 avec moteur V6, un engin qui monte sans problème à 200 km/h et on se lance à toute allure sur les deux seules autoroutes du pays.

Les autoroutes peuvent être dangereuses. Si on voit dans son rétroviseur deux véhicules qui roulent côte à côte à tombeau ouvert, il vaut mieux se ranger sur le côté, il s'agit d'une course sauvage entre deux locaux ; ils n'auront pas de scrupules à vous faire dégager la route d'un coup d'aile. Un ami se voit menacé au revolver, car il n'a pas laissé passer une voiture assez vite.

L'un de nos cadres indiens se tuera dans sa voiture en rentrant le vendredi soir. Les circonstances de l'accident demeureront troubles.

En ville, c'est même dangereux, des voitures conduites par de tout jeunes conducteurs sans permis roulent à tombeau ouvert. La banque est située au bord d'un rond-point.

Un jour une voiture traverse la vitrine et finit par écraser le bureau du cadre palestinien. Celui-ci s'est échappé de la banque pour prier à la mosquée. C'est un miraculé qui attire le respect des autres employés musulmans.

Le Qatar est un petit émirat qui jouit d'énormes réserves de pétrole. La population locale est d'environ 20 000 habitants quand nous arrivons dont quelque 2 000 pour la seule famille royale Al Thani.

La population expatriée est de 200 000 personnes en majorité indiens ; pakistanais et Bengali. C'est une population exclusivement masculine. Ils ne peuvent faire venir leur famille que s'ils justifient d'un salaire correct et d'un logement décent. Dès leur arrivée on confisque leur passeport afin de les empêcher de quitter le pays sans autorisation. Et pour tout faux pas, l'expulsion est prononcée dans les 24 heures. La France pourrait en tirer quelques conclusions !

Les membres de la famille royale font l'objet d'un immense respect. Les noms des musulmans se composent du nom de la tribu ou grande famille précédée de quatre prénoms dont celui les trois ancêtres. À la banque il faut prendre beaucoup de précautions, car les faux pas coûtent cher. Comme aucun Qatari n'y est employé, nous avons un cadre palestinien, familier des Majlis (ou salons pour hommes) où les affaires petites ou importantes se traitent et où les nouvelles intéressantes se propagent. Il doit connaître ou rechercher l'origine des clients en fonction des trois décimales du nom. Il y a des branches nobles et riches, d'autres peu recommandables.

Le jour de l'Aïd, avec Francis et l'autre adjoint, nous faisons le tour des Majlis des clients importants pour leur souhaiter bonne fête. Au bout de 12 cafés à la cardamome, on est content de rentrer à la maison boire un bon whisky.

Un chèque sans provision se présente. Il faut savoir qui est le client. Si on rejette le chèque, on peut être accusé d'avoir sali le nom du client. Dans le cas où on honore le chèque, on peut s'entendre dire que le client n'avait pas demandé un découvert et rester avec une créance qui ne se soldera qu'après de nombreuses palabres. Dans l'ensemble, les clients sont honnêtes et respectueux de leurs engagements. Quel contraste après l'Afrique !

Question business, dans le Golfe, seuls les locaux sont propriétaires des sociétés et maisons de commerce et touchent des royalties sur toutes les affaires traitées par leurs sociétés. Les dirigeants de ces organismes sont des expatriés libanais, palestiniens, européens ou américains. Si vous importez une Toyota d'occasion, il faut payer une commission au sponsor.

Une bonne recette pour faire fortune sans se tremper de sueur.

Dans la classe d'Hélène à l'école française, un petit Nawaf Jaidah est le fils de celui qui possède les concessions Ford et Toyota. C'est un bon parti pour Hélène, mais elle n'a que six ans !

Il arrive que les enfants soient invités à l'anniversaire d'un copain de classe libanais ou palestinien. Une fille de douze ans a reçu comme cadeau une Mercedes avec chauffeur.

Les enfants vont à la fête avec un petit cadeau-jouet, ils reviennent avec un stylo en or !

À l'école française, c'est l'effervescence ; le palais envoie un petit prince pour suivre les cours en classe maternelle. Il faut déjà persuader la gouvernante qu'elle ne peut pas rester dans la classe pendant les cours. Quelques jours plus tard, toute la classe a fait un dessin. La maîtresse demande que les élèves apportent leur œuvre. Le petit prince reste assis et, quand la maîtresse l'appelle, il lui fait un geste de la main, l'invitant à venir chercher le dessin elle-même. On apprend vite !

À la banque, comme ailleurs, le personnel est étranger, principalement d'Inde et du Pakistan. Ce sont des travailleurs consciencieux et efficaces. Comme les deux communautés ne s'entendent pas, on s'arrange pour avoir un sous-chef pakistanais si le chef est indien. Et ça marche ! En cas de rupture de contrat, l'employé a deux jours pour quitter le pays, et pour s'assurer qu'il se comporte bien, l'employeur lui confisque le passeport et ne le rend qu'au moment des congés annuels. La CGT n'a pas encore fait son entrée dans le pays.

La banque gagne de l'argent ; les fonds du pétrole transitent et quelques opérations sont juteuses. On travaille aussi avec des sociétés de Corée du Sud, principalement dans les travaux publics. Comme ils ne comprennent pas très bien nos pratiques bancaires, ils suscitent des réunions matinales où 7 participants m'entourent dans une odeur d'ail épouvantable. Au petit déjeuner, ils consomment le Kimshi, sorte de choux farcis remplis d'ail, très bon pour la circulation, mais un peu dur à respirer.

Nous sommes deux adjoints, mon collègue est libanais, il gère la clientèle de langue arabe et nous avons deux secrétaires françaises. Ici pas de quota d'emploi des locaux, ça ne les intéresse pas. Et ils n'ont pas besoin de travailler pour vivre.

Le Qatar est un fief britannique bien gardé par des fonctionnaires au gouvernement et des militaires dans l'armée. Il n'est pas facile d'y faire entrer les sociétés françaises et nous travaillons avec l'Ambassade de France pour y parvenir.

Les horaires de travail sont sympas. Du fait de l'intense chaleur estivale, on commence à 7 heures du matin pour finir à 13 h 30. Ici, pas de bistrot alentour. Un employé préposé exclusivement au café nous prépare un café turc au moindre geste de la main. Attention à ne pas avaler le fond de la tasse, c'est un café très fin qui se dépose au fond. On s'en colle plein les dents si on ne fait pas attention.

Les Qataris boivent un drôle de café dans des tasses minuscules ; d'une couleur brun clair, il contient surtout de la cardamome et vous porte sur l'estomac si on en abuse.

Le seul inconvénient c'est qu'on travaille 6 jours sur 7 et le jour de congé est le vendredi. On se sent un peu seul quand on se retrouve à la banque le dimanche après-midi, car seuls les expats français reviennent l'après-midi quand le travail l'exige.

Avec Paris, on a deux heures de décalage et, quand on ferme la banque le jeudi à 14 heures, on ne pourra plus communiquer avec le siège avant le lundi 11 heures.

Cela nous vaut quelques appels téléphoniques du siège pendant notre court week-end.

Malgré le côté un peu décalé du Qatar, on assiste aux premières apparitions de l'informatique personnelle. J'organise une première démonstration de machine de traitement de texte et d'ordinateur personnel chez un fournisseur local. On travaille toujours sur des machines à écrire électriques.

J'entraîne mon patron à la démonstration. Malheureusement l'appareil s'éteint après une série d'étincelles sur l'écran au milieu de l'opération. Le patron demande si cela arrive souvent. Les vendeurs sont médusés. Pas très convaincus de l'avenir de cet ordinateur personnel. On suggère au gars de nous rappeler quand la machine aura fait ses preuves.

Par la suite, je fais l'acquisition d'une machine de traitement de texte que je peux adapter à l'envoi des télex. C'est l'instrument de communications sécurisées de la banque pour envoyer des messages via les lignes téléphoniques. On prépare les messages de jour et la machine les envoie la nuit quand les lignes sont moins embouteillées. Cela avait permis de gagner du temps et de l'argent.

En général, après une bonne sieste, on reste en famille pour jouer au squash, tennis ou se baigner dans nos piscines qui ne sont pas réfrigérées. En été la température de l'eau dépasse 38 degrés, c'est un bain tiède et seul le vent peut nous procurer une certaine fraîcheur quand on sort de l'eau.

Ici, il ne pleut que très rarement. Pas besoin de regarder la météo ! Mais quand il pleut, ça tombe bien et, en l'absence de canaux d'évacuation, les routes sont inondées et deviennent impraticables.

Deux jours après la pluie, la campagne se couvre miraculeusement de végétation et même de fleurs.

D'autres Français vivent sur notre compound. Ils travaillent sur le projet des avions Alfa-Jet puis Mirage de la société Dassault. Les enfants fréquentent l'école française et l'ambiance est très bonne.

On est une bande de joyeux lurons toujours prêts à faire la fête. On se baptise la bande des K, car si l'on fait précéder nos noms de famille par K on obtient des mots (ou presque).

En plus des sorties du week-end, on organise des soirées très marrantes souvent déguisées, soirée tahitienne, soirée rock and roll pour laquelle je me fais tatouer un portrait d'Elvis Presley au dos d'un blouson et j'enfile deux chaussures très pointues qui s'avèrent dépareillées. On s'en moque, elles ne serviront qu'une fois.

Un soir ce sont les hommes qui arrivent en femmes et vice versa. Soirée très réussie.

Pour une soirée déguisée, Angela et moi arrivons en Dupont et Dupond, même taille, en costume de la banque avec des masques trouvés par hasard dans un magasin. Personne ne nous reconnaît sur le coup. Hervé a mis un soutien-gorge de sa femme dont la poitrine n'est pas trop volumineuse. Il n'a pu y loger que des balles de squash.

Les soirées sont bien arrosées malgré la limitation du permis de boisson ; elles se passent souvent dans le club house de la piscine de notre compound et se finissent en général dans l'eau.

Comme il n'y a pas beaucoup de distractions culturelles, on décide de faire des sorties en mer et dans le désert. Une grosse partie de la communauté française vit à Umm Saïd, complexe industriel pétrochimique appartenant à la société française CDF Chimie. Ils viennent directement de l'Est ou du nord de la France. On n'a pas grand-chose en commun et on se fréquente peu.

Côté mer, on s'achète des planches à voile, les premières Dufour ou Windsurfer qui sont des paquebots tellement elles sont larges. On en tombe quand même souvent pendant la période d'initiation. Peu après, les planches deviendront même le moyen de transport pour la pêche au fusil harpon.

La mer est très chaude en été, 38 à 40 degrés, car le golfe n'est pas profond, il faut nager deux cents mètres pour trouver 4 mètres de fond. L'eau est extrêmement salée ; elle brûle les yeux ; ce n'est pas agréable pour la baignade. On part pêcher très tôt le matin, car le soleil se lève avant 5 heures. Quand on plonge, on traverse un mètre d'eau fraîche avant de rejoindre la soupe à 38 degrés.

Dessous, on voit plein de beaux mérous, on dit qu'ils broutent dans les algues et les prises sont abondantes. On les prend même en photo avec nos appareils étanches afin de présenter leur portrait avant de les servir à table. Le retour en planche avec l'équipement à l'arrière et les mérous à la traîne dans l'eau est un peu pénible, surtout qu'il y a peu de vent le matin et que la chaleur monte vite. En général à 9 heures du matin, c'est la fin de l'expédition et on se retrouve devant un petit déjeuner copieux en climatisé.

Pendant l'année scolaire, on fait des sorties en groupe avec nos 4x4 vers les plages, les sites de fossiles marins et la mer intérieure, bras de mer, enfermé dans un cercle de dunes qui se jettent dedans avec des pentes à 45 degrés. C'est aussi un bon coin de pêche sous-marine à l'abri des requins.

À l'aller comme au retour, il faut traverser une mer de dunes sur une trentaine de kilomètres. Une des plus hautes est reconnaissable ; quelqu'un y a planté un panneau STOP. C'est un bon point de repère pour s'orienter.

De temps en temps on trouve l'épave d'une berline américaine brûlée. Les locaux essayent tout ! et l'argent leur file entre les doigts.

Un jour, on a été pris dans une tempête de sable au moment du retour. Après quelques minutes on n'y voyait pas plus loin que le capot. C'est par chance qu'au bout d'une heure on a croisé le goudron de la route qui nous a permis de rentrer en ville.

Les amis qui habitent le compound avec nous petit à petit s'achètent des 4x4 pour les balades du week-end. Notre jeu idiot quand un nouveau 4x4 arrive c'est d'essayer d'y loger le plus de monde possible et de faire le tour du compound. Le record absolu s'est chiffré à 17, adultes et enfants qui poussaient des hurlements stridents à chaque bosse ralentisseur de la rue qui nous écrasaient les uns contre les autres.

Un jour après une pêche très matinale, je décide de ne pas repartir à la plage avec le groupe habituel et opte pour une grasse matinée. Angela y va avec les enfants et revient portée par les copains. Sur le sable, une voiture conduite par un militaire tunisien fonce en marche arrière sans voir la voiture ni Angela qui se tient près de la portière. Le choc est rude et les jambes sont coincées entre la portière et la caisse.

On voit le trou causé par les deux jambes dans la carrosserie. C'est impressionnant, mais surtout très douloureux et Angela mettra plusieurs jours à remarcher. Heureusement pas de casse, mais une douleur qui va durer longtemps.

Il vaut mieux faire ces expéditions en groupe de 5 ou 6 voitures. Les jeunes locaux peuvent se croire tout permis en face de jeunes femmes européennes qu'ils considèrent comme proies faciles du fait de leur habillement.

Des femmes françaises qui s'étaient exposées seins nus sur une plage qu'elles croyaient déserte ont été violées devant leurs enfants par un groupe de jeunes gens. Le crime est resté impuni, car leur posture avait été jugée provocante. Mieux vaut ne pas attirer la tentation.

Les femmes ont le droit de conduire, mais, contrairement aux hommes, elles doivent repasser leur permis.

En route, attention à l'étiquette. Si une femme au volant dépasse une voiture conduite par un homme, elle ne doit pas le regarder, sinon c'est pris pour une invitation !

L'alcool est prohibé en dehors des habitations des expatriés qui bénéficient d'une licence en fonction de leur salaire. Chaque mois, on va au magasin, hangar fermé et très surveillé et on achète la quantité que le permis autorise. Les prix ne sont pas excessifs et on peut acheter bière et Beaujolais.

On a aussi trouvé du Kirch. On n'en boit jamais pur, mais en en versant une bonne rasade sur la glace tutti frutti, on obtient un tutti frutti à la nage qui est le dessert préféré de nos invités.

Les distractions sont inexistantes et comme on ne peut pas boire d'alcool dans les restaurants, on ne les fréquente pas.

Les seuls plaisirs alimentaires ne sont pourtant pas négligeables ; le Shawarma que l'on appelle ici le sandwich grec ou le Kebab est délicieux ; viande d'agneau grillée coupée finement et mise dans un pain Pitta avec une sauce au yaourt. On adore aussi le poulet grillé, mariné pendant 24 heures. Enfin, au retour de plage on s'arrête en bord de route dans des juice-stalls qui sont les ancêtres des smoothies avec des mixers puissants et on boit un demi-litre d'orange banane ou mangue pomme pour se réhydrater.

Le système scolaire de l'école française est bon pour le primaire, car l'école a recruté des instituteurs diplômés. Le directeur est lui-même enseignant ; il a créé une chorale et un groupe de flûtes. On part souvent avec lui en balades dans le désert. On découvre des sites archéologiques et des collines de roches pleines de fossiles.

Pour le collège, les cours viennent du CNED, enseignement à distance avec des répétiteurs locaux et les devoirs sont corrigés en France par des profs qui n'enseignent pas dans des classes normales. Ce n'est pas très satisfaisant et les garçons ne font pas de prouesses. Thierry passe sa classe de troisième à Paris chez ma sœur Bernadette et ne reviendra que pour préparer le départ vers l'Asie.

En 1984, les grandes sociétés pétrolières se pressent auprès du ministère du Pétrole suite à la découverte du plus grand gisement de gaz naturel du monde. Situé en travers du golfe persique, il va se partager entre le Qatar et l'Iran et apportera une nouvelle richesse inespérée à ce petit émirat.

Au moment du départ, nous fêtons l'évènement entourés de nos amis qui ont partagé tous nos week-ends. On a le cœur gros pendant le dîner d'adieu.

Le lendemain, dans l'avion, les enfants pleurent. Hélène affirme entre deux sanglots qu'elle reviendra au Qatar pour se marier.

On ferme le rideau, on est parti pour la découverte de l'Asie.

On a quand même fait un petit séjour en Thaïlande, mais on ne connaît presque rien de cette Asie qui nous inquiète tout en nous attirant.

Chapitre 13
Hong Kong 1984 – 87

Trois ans de Qatar, c'est sympa, mais on en a vite fait le tour. Je m'apprête à céder mon poste à mon premier adjoint pakistanais très compétent et pars faire du shopping au siège parisien.

Chez Paribas, il faut montrer son nez au siège, savoir se vendre et connaître un maximum de gens. Ce n'est pas mon cas et j'ai tendance à profiter de mes congés annuels hors du siège social.

J'arrive quand même à obtenir un choix de poste entre Nouméa en Nouvelle-Calédonie et Hong Kong. Tous deux sont bien éloignés de la métropole, mais cela ne nous décourage pas.

Je crains que Nouméa, malgré son lagon et ses eaux limpides, ne ressemble à une petite province française avec une lourde administration et des problèmes ethniques. De plus, le poste offert me semble très administratif. Assez rapidement je fais mon choix et je plonge dans l'inconnu de l'Asie.

Au siège, le directeur Asie me prévient. Il connaît mon passé africain. « Challot quand vous arrivez en Chine avec sa civilisation de plusieurs millénaires, c'est vous qui avez la plume dans le cul ! Le chauffeur de taxi là-bas est persuadé qu'il est bien plus civilisé que vous. Quant à vos cadres dans la banque, s'ils vous posent une question, c'est pour vous tester, car ils connaissent la réponse. »

Ça démarre bien et je me demande pourquoi on m'envoie dans cette galère.

En fait, depuis quelques mois, la couronne britannique a signé avec la République de Chine un traité de remise de la colonie aux mains de la Chine en 1997, soit 100 ans après le premier traité de rattachement de l'île à la couronne. Le passage du capitalisme au totalitarisme communiste risque d'effrayer les cadres chinois de la classe moyenne dont la famille a quitté précipitamment la Chine de Mao Tse Tung en 1949 pour se réfugier à Hong Kong.

Le retour à la Chine pourrait provoquer une panique parmi nos cadres et un exode vers les USA et le Canada qui accueillent dans leurs universités de nombreux étudiants chinois de Hong Kong déjà diplômés des universités de la colonie. Ces pays accordent facilement des visas aux bons éléments bien instruits.

La présence d'un directeur des opérations expatrié titulaire d'un bon passeport français rassurera la banque et permettra de recruter de nouveaux cadres en cas de départ précipité des nôtres.

Voilà un détail rassurant.

Nous débarquons donc de l'avion qui a quitté Doha 8 heures avant.

L'aéroport de l'époque est quasiment dans la ville. Afin d'accueillir de gros porteurs, la piste a été rallongée sur une digue entrant en mer. La société française qui a construit la piste a eu tellement de problèmes qu'elle a déposé son bilan.

L'avion passe au-dessus de la ville à très basse altitude et prend un virage serré pour pouvoir se mettre dans l'axe de la piste et se poser quelques secondes après. En général, tous les passagers applaudissent quand ils se sentent à nouveau en sécurité.

Quand on se promène en ville, il n'est pas rare de voir passer un avion au ras des immeubles, juste au-dessus de nos têtes.

Notre arrivée se fait en plein milieu des vacances de mi-trimestre de novembre. Les garçons sont en seconde et troisième, Hélène en CM2. L'école internationale de Hong Kong est de très bonne qualité et la direction est élitiste. Il faut un succès de 100 % au bac chaque année pour préserver la réputation.

C'est un choc pour nos deux lascars qui ont suivi l'enseignement à distance au Qatar. Ils auront un peu de mal à suivre et devront chacun refaire une classe.

Le béton de la ville nous prend à la gorge ; c'est un grouillement perpétuel de population, de camions, de voitures, de bus à étage comme à Londres dans un environnement urbain quasi hostile pour nous. La ville a déjà plus de cinq millions d'habitants et vit à une allure qui nous est étrangère.

Nous sommes accueillis par mon supérieur James Tang. C'est un chinois de petite taille rusé comme un renard. Il roule en Jaguar (la voiture compte beaucoup pour cibler la personne et, dans le garage souterrain de notre immeuble, la 505 Peugeot de service côtoie des Rolls, Bentley et Lamborghini).

Il nous reçoit à dîner au restaurant le premier soir et, en bon hôte chinois, il commande le menu pour nous. Entre-temps, le chauffeur nous a déposés dans notre appartement de fonction. Nous sommes abasourdis. Un ensemble de trois immeubles de 38 étages sur la pente de l'île (Hong Kong Island par opposition au Mainland qui se situe de l'autre côté de la baie) qui mène au fameux Peak ou sommet résidentiel de l'île réservé aux plus fortunés.

Le quartier s'appelle Mid levels et surplombe des jardins et le palais de gouverneur anglais.

Notre appartement est au 26e étage et on jouit d'une vue magnifique sur la ville, les grands buildings du centre-ville, le port, la baie où circulent ferries et bateaux en tous genres et le « mainland » de l'autre côté. Superbe !

L'appartement fait 340 mètres carrés, le salon 110 m2 à lui tout seul. Les ouvertures sont de larges baies vitrées qui partent du sol. Angela ne s'en approche pas de peur d'avoir le vertige. Dans les quatre chambres, les fenêtres s'ouvrent vers l'extérieur sur un à pic de 26 étages ; c'est impressionnant. Mais pourquoi un tel luxe pour nous ?

En 1981, la Banque séduite par la progression du marché immobilier a fait l'acquisition de trois appartements sur plans. Ici, l'argent domine tout et, pour en gagner plus, on détruit les petits immeubles même s'ils sont encore en bon état pour en construire de plus grands. Vous achetez un appartement avec une vue imprenable ; quelques mois plus tard, un nouvel immeuble vous cache la vue.

Entre l'achat et la livraison de notre immeuble, la crise due à la menace du retour de la colonie à la Chine a fait son travail. Les bijoutiers ont fait faillite, le marché immobilier s'est effondré. Chaque appartement, acheté pour 5 millions de dollars HK, en vaut 2 millions en 1984 et les locataires ne se pressent pas à la porte. Nous profitons donc des déboires financiers de mon employeur.

On peut également mentionner là l'indice Heng Seng est tombé à 700 contre 1600 auparavant. À l'époque c'était un crash boursier. Signalons qu'il a clôturé l'année 2018 à plus de 28 000. Qui pensait y mettre ses billes en 1983 ?

Chaque enfant a sa chambre et la bonne Philippine qui est employée par la Banque dispose d'un petit réduit près de la cuisine où on ne peut loger qu'un lit à une place, une petite armoire et une table de nuit. En Asie, le confort du personnel de maison n'est pas une priorité. Les femmes philippines trouvent des emplois qui leur permettent d'envoyer de l'argent à leur famille restée sur place. Et leur ministère de l'émigration les oblige à envoyer des fonds sous peine de sanctions.

Le lendemain de notre arrivée, c'est dimanche. Le chauffeur de la banque vient nous chercher et nous conduit à Stanley, de l'autre côté de l'île pour déjeuner dans l'un des restaurants flottants. Ces restaurants sont d'immenses usines à bouffe très prisées des touristes, mais aussi des locaux. Le serveur nous mène à une table au fond du restaurant à la porte de la cuisine c'est ridicule, je refuse la table, il a une moue dédaigneuse et nous restons debout pendant une heure en attendant qu'une autre table se libère.

Enfin à table, on demande une carafe d'eau ; ils nous apportent de l'eau chaude. Il faut préciser « ice cold water ». À table les Chinois boivent du thé vert ou de l'eau chaude. Apparemment c'est mieux pour la digestion.

À Hong Kong, il faut être très organisé. Tout se planifie à l'avance, du court de tennis dans le club public d'une semaine sur l'autre au restaurant du week-end et même le ciné-club qui passe des films d'art non censurés par les Chinois. Le jour où vous recevez le programme du mois à venir, vous cochez les films que vous voulez voir aux dates indiquées et vous envoyez la liste avec un chèque en blanc. Celui-ci sera rempli en fonction des disponibilités de la salle et si vous vous y prenez trop tard, le chèque revient annulé.

Nous apprenons vite. Une fois en poste à la banque, je m'aperçois que si je veux déjeuner dehors il faut réserver le restaurant pour midi entre 11 heures et 11 h 10. Avant l'heure c'est fermé, après l'heure c'est plein. Quand c'est raté, je vais au Mc Do ou dans un des fast-foods américains qui foisonnent au centre-ville. Les Chinois les adorent et on boucle le repas en quelques minutes pour repartir travailler.

Ce sont pourtant d'immenses salles qui accueillent 500 à 1000 convives dans un bruit assourdissant. La nourriture y est bon marché et bonne et nous découvrons les différentes cuisines régionales toutes si différentes, Canton, Shanghai, Pékin, Sitchuan, etc. Je vais de temps en temps dans un restaurant vietnamien, mais les Chinois cantonais de HK n'en sont pas friands ; ils trouvent cette cuisine trop épicée pour leur goût et bien entendu, pour eux le Vietnam est un pays sous-développé.

Les Français se retrouvent dans un resto français sur le mainland Le Provençal. Nous n'y tenons pas ; la cuisine chinoise nous satisfait pleinement. Des fois, c'est un peu surprenant. À l'apéritif, on mange de la méduse séchée. C'est comme du caoutchouc, mais on s'y fait, les œufs de cent ans n'ont que quelques semaines, mais ne sont pas trop appétissants avec leur couleur verdâtre. On se lance et on croque du gingembre pour faire passer.

Dans les banquets chinois, les abats de toutes sortes sont à l'honneur et on trouve fréquemment des pattes de poulet ou de canard. Mon patron me dit qu'il a été invité plusieurs fois pour déjeuner à La Banque de Chine. Chaque fois, on lui a servi 12 plats différents et il n'a jamais mangé deux fois la même chose.

Dans le menu du banquet, les deux derniers plats sont les nouilles et le riz pour ceux qui ont encore faim. Et finalement, pour la boisson, les Chinois boivent du Cognac XO, le plus cher, d'un seul trait en disant Kampé ! et vous devez faire de même.

Certains restaurants se spécialisent dans les dim sum, raviolis de pâte de riz fourrés de toutes sortes de farces ; des serveurs sillonnent les allées entre les tables et les convives choisissent. Le serveur fait alors un gribouillis sur la nappe en papier. À la fin du repas, un serveur calcule la note à partir de la nappe. C'est excellent et bien entendu réservé aux Chinois, sauf si vous parlez mandarin.

Je n'ai pas été tenté d'apprendre le cantonais, principale langue de la colonie. La rumeur dit que les seuls expats qui se lancent dans le cantonais sont les policiers et les missionnaires. Aucun cantonnais de l'île ne souhaite lier conversation avec ces personnes de crainte d'être ou soupçonnés ou convertis.

Mes horaires à la banque sont élastiques et même très allongés ; Angela a du temps libre qui va lui permettre de se familiariser avec cette ville trépidante et passionnante.

Les premiers week-ends sont consacrés au shopping. Déjà, les boutiques modernes du Qatar nous avaient émerveillés en comparaison de la nullité des villes africaines, mais là : c'est l'extase.

Les magasins de télévisions, appareils photo, son, on dit Hi-fi sont partout et le lecteur de CD fait ses premières apparitions en 1984. La musique portable se fait grâce à un walkman qui lit des cassettes audio qu'on écoute avec des écouteurs.

Il y a tant de magasins qui vendent tous les dernières versions des appareils qu'après deux ou trois marchandages, on sait exactement combien on doit payer son article.

La première précaution est de prouver que l'on n'est pas un touriste en exhibant son Hong Kong ID card. Le commerçant est prévenu ; on a le temps pour choisir. Le prix devient raisonnable. L'autre problème est de savoir si le produit est original (japonais) ou s'il s'agit d'une copie fabriquée à HK. L'étiquette sur l'emballage rassure, mais, une fois arrivé à la maison, vous constatez que l'étiquette a disparu. Elle servira à authentifier une belle copie pour le prochain touriste.

Un autre émerveillement intervient devant les boutiques d'antiquité chinoise, porcelaines, ivoires, vases, meubles… C'est une nouveauté pour nous et nous achetons à tour de bras.

Au bout de trois semaines, notre furie de shopping se calme et on n'y retournera que pour montrer le coin aux visiteurs.

À Hong Kong on passe très vite du moyen âge au vingtième siècle. Le marché aux oiseaux que les Chinois promènent dans de magnifiques cages en bambou pour leur faire entendre d'autres oiseaux, les officines de combat de crickets qui sont très populaires et attirent des foules de parieurs. Au coin d'une rue, un temple taoïste avec toutes les offrandes de nourriture et les encens qui dégagent un parfum envoûtant. Le dépaysement est total et nous nous régalons de cette ambiance.

Les plus belles antiquités se retrouvent à « Hollywood road », sorte de Louvre des antiquaires. On y trouve des merveilles, mais là aussi, gare aux contrefaçons !

En 1985 la construction immobilière a repris avec la confiance et l'esprit spéculatif de la colonie. On voit surgir des immeubles à tous les coins de rue. Curieusement, le premier investisseur de bonne taille dans la colonie s'appelle Donald Trump !

Démolition de l'ancien immeuble d'abord puis construction à l'aide d'échafaudages en bambou. La base des troncs doit mesurer 20 centimètres de diamètre et les bambous sont attachés entre eux par des ficelles. Cela leur donne une souplesse qui résiste aux grands vents et aux tornades qui ne manquent pas sur cette côte de la mer de Chine. Le plus spectaculaire est de voir le démontage de ces échafaudages où les ouvriers en équilibre coupent les ficelles et se passent les immenses bambous de main en main jusqu'au sol. Il paraît que les chutes sont rares.

Dans cette colonie, la circulation automobile est compliquée. Pour la réduire, le gouvernement a tout essayé. La vignette auto coûte très cher ; par contre les taxis sont très nombreux et les courses bon marché. On appelle la centrale par téléphone et le taxi est en bas de chez vous en cinq minutes. La signalisation dans les rues est implacable. Double ligne jaune, pas de stationnement ; double ligne rouge pas de stop même pour déposer un passager. Aux carrefours croisillons jaunes : Gare à celui dont la roue empiète sur le croisillon.

La police veille et verbalise à tout va. On pense que les policiers touchent des commissions au chiffre d'affaires. Un soir, vers minuit, en allant chercher Thierry chez un ami, j'ai pris un PV de stationnement alors que je ne me suis éloigné que de quelques minutes. Le flic devait me guetter !

Pour la classe, l'école envoie un bus qui s'arrête devant la résidence de chaque élève et le ramène au même point le soir. Les enfants se font de bons copains et Angela rencontre plusieurs mamans qui vont l'accueillir et lui permettre d'organiser son temps. Ce sera pour elle la période d'expatriation la plus intéressante. Elle pourra aussi se consacrer à la peinture en apprenant la peinture chinoise puis la peinture sur porcelaine et autres types d'artisanat.

Avec son amie Susan, elle crée un atelier d'assemblage de pierres semi-précieuses qui forment colliers et pendentifs et qui se vendent bien. Elle continuera cette activité plus tard au Cameroun et au Sultanat d'Oman où la concurrence sera moins forte.

Elle a également participé à la rédaction du journal des Français de Hong Kong et travaillé en traduction pour le magazine d'enfants Pomme d'API. Elle a aussi aidé les Vietnamiens « boat people » réfugiés parqués dans un camp pendant leur séjour à HK en attendant une autre destination.

Je découvre la banque au 39e étage d'un double immeuble du centre-ville qui s'appelle le Landmark. Au rez-de-chaussée des boutiques de luxe et, plus haut des bureaux jusqu'au 45e étage qui abrite le restaurant du club des banquiers. Les banquiers d'ailleurs n'y invitent pas leurs clients de peur que d'autres banquiers les leur piquent.

Les bureaux sont vastes pour une surface de 500 mètres carrés dans laquelle travaillent 110 personnes.

La Banque a ouvert sa succursale en 1978 et la population est jeune. À 40 ans, je suis le deuxième plus âgé après le patron. Les cadres sont jeunes et dynamiques. L'université de HK est difficile d'accès, car beaucoup d'appelés et peu d'élus. La plupart des enfants suivent un double cursus pendant leurs études primaires : anglais le matin et chinois l'après-midi. Une fois diplômés de la fac de HK, les étudiants partent aux USA pour décrocher un master et reviennent travailler à HK pour un salaire de misère. Le passage à la banque est bon pour leur CV et ils la quittent souvent après quelques années pour des offres plus lucratives dans d'autres établissements.

La banque est très active dans le secteur Banque d'affaires et participe activement à des émissions de papier financier pour des sociétés qui s'implantent ou ont de gros projets en Chine. Les titres de créances sont encore en papier et il m'arrive d'avoir à apposer 4 à 5 000 signatures dans ma journée.

Dans mon poste précédent au Qatar, j'avais assisté aux débuts de la mini-informatique. À Hong Kong on est beaucoup plus en avance.

Les directeurs de la banque ont chacun un PC IBM qui coûte 4 000 dollars US soit plus que mon salaire mensuel. Ils ont une mémoire de 640K bits et on charge les programmes à partir de floppy discs. Ensuite, on sauvegarde le travail sur d'autres floppy discs.

Je ne peux pas en obtenir un, mais on m'achète une copie fabriquée localement et clandestinement par des lycéens dans des ateliers dont les vitres ont été obstruées par du papier journal pour garder le secret. Le prix est dix fois inférieur à l'original, mais ça marche bien et je vais vite me familiariser avec les programmes en utilisant Lotus 123.

On trouve aussi des copies de jeux vidéo basiques. Les originaux coûtent très cher, mais les copies piratées foisonnent. C'est pac-man, strip-poker et les premiers jeux de pilotage d'avions, tous sur floppy discs.

En ville on peut aussi acheter des photocopies de livres d'informatique pour presque rien. Le copyright ne dérange personne et surtout pas la police de sa Majesté.

J'apprends à utiliser des macros sur Lotus et je me débrouille assez bien. Je n'ai pas eu la présence d'esprit d'étudier à fond le DOS (disc operationg system) ; cela m'aurait peut-être permis de donner une nouvelle orientation à ma carrière.

Notre banquier d'affaires, Joe YU, décroche le contrat de la ligne ferroviaire qui reliera Hong Kong à Shenzhen, ville chinoise qui se développe à pas de géants à très faible distance de la colonie. Quand un journaliste lui demande comment il a réussi à décrocher cet énorme contrat, Joe répond modestement que c'est parce qu'il parle chinois.

La France participe à la construction d'une centrale nucléaire à Shenzhen et nous assistons à de grandes manifestations de rue pour empêcher ce projet. Une telle usine aux mains de la Chine populaire menace la colonie qui n'aurait pas la possibilité de s'évacuer en cas de sinistre nucléaire. Cela se passe en 1986 juste après la catastrophe de Tchernobyl. On les comprend.

La banque regroupe une grande salle de trésorerie qui gère des opérations financières sophistiquées avec une dizaine de dealers qui prennent des positions sur les marchés des devises et des taux d'intérêt. Pour ce métier, il faut avoir des nerfs d'acier et, pour recruter les nouveaux, le chef les invite à une partie de Mah Jong, jeu auquel tenir ses nerfs le plus longtemps possible mène souvent à la victoire.

Nous avons également une antenne de Paribas Suisse qui lance une activité de private-banking pour attirer vers Genève les grosses fortunes de l'Asie du Sud-est. Ils réussiront à capter les fonds légèrement illicites du dictateur Marcos, contraint de quitter les Philippines par une révolte intérieure.

Pour moi ; il s'agit de contrôler les opérations de ce petit monde et mes années d'Afrique ne m'ont pas beaucoup aidé dans le dénouement d'opérations financières complexes. Je fais de mon mieux et rien de fâcheux ne se passe pendant mon séjour.

Les chefs de service sont compétents et honnêtes. Ce sont des virtuoses de rapidité. La caissière tape à la machine à écrire avec un bruit de mitraillette. Dans leur éducation, il est indispensable de réussir dans tout ce que l'on entreprend. Il faut donc atteindre le meilleur niveau et, surtout, ne jamais perdre la face. Donc attention ! pas de condescendance, pas de mépris et tout se passe bien.

Je constate à l'expérience que les Chinois autour de moi sont excellents pour la reproduction de sujets qu'ils possèdent et même leur amélioration, mais qu'ils manquent de créativité. C'est probablement un reste de leur éducation, emprise du culte et du respect des anciens.

Pour le développement de l'hôtellerie, la Chine fait appel à des cadres formés à Hong Kong. Le mari de ma secrétaire a pris un poste à Gui Lin, petite ville touristique du sud de la Chine.

Pour remettre en état la circulation fluviale sur le Yang Tsé, les Chinois ont fait appel à de vieux employés qui y avaient travaillé pour la compagnie anglaise en 1949. Tradition oblige.

La Chine moderne du 21e siècle prouve exactement l'inverse de ma théorie, mais nous sommes en 1984. La Chine démarre son ascension et les rues de Pékin sont encore vides de voitures.

Hong Kong dénombre à cette époque 140 banques et 650 « deposit taking companies », sortes de caisses d'épargne. La concurrence est rude, mais à part quelques faillites qui provoquent dans la rue des remous de clients mécontents, tout se passe bien.

Chez Paribas, les expatriés sont de super diplômés HEC – ENA pour le patron Polytechnique – ENA pour son adjoint. Ils sont en général imbus de leur personne et foncièrement antipathiques en société. Quand mon bon copain Patrick qui travaille à la BNP me présente à des amis, il précise : Denis travaille à Paribas, mais il est sympa. C'est tout dire.

Pour nous, les amis seront en dehors de la banque et ce ne sera pas difficile, car la communauté est encore réduite à ce moment et les Français sont contents de se regrouper dans cet environnement sino-britannique très particulier.

Pour ne pas faire partie de la masse et profiter de quelques loisirs, il faut appartenir à un club.

Pour nous, c'est le tennis qui nous attire et la Banque parvient à nous obtenir une membership pour le Hong Kong country club où nous allons jouer parfois le soir et aussi le dimanche. Pour avoir une table au restaurant du club, il faut réserver une semaine à l'avance. Nous n'insistons pas.

Dans les clubs, pour obtenir une « private membership », il faut s'inscrire sur une liste d'attente. Des amis de la BNP ont obtenu leur adhésion au « ladies recreation club » pour le tennis au cours de leur deuxième séjour à HK quatre ans après avoir déposé la candidature. Dans ce club british traditionnel, tenue blanche exigée, cravate obligatoire à table…

Mon patron est un excellent golfeur ; la banque lui prend une « corporate membership » qui coûte au moins trois fois mon salaire annuel. Heureusement, elle est sous forme d'action et on peut la revendre en partant. Pour la banque cela s'avère un bon investissement, car le patron se liera d'amitié avec l'un des hommes d'affaires les plus influents de HK : Lee Kah Shing qui deviendra le premier client privé de la banque Paribas par l'importance de ses avoirs.

Avec ses copains, cet homme fait des parties de Golf intéressées. Celui qui gagne la partie reçoit trois camions de balles de golf. Les camions restent chargés dans leurs entrepôts et passent de l'un à l'autre au gré des parties.

La banque a pris une participation importante dans un groupe financier chinois : SunHung Kaifinance.

Ils organisent et financent chaque année au moment du Nouvel An chinois un fabuleux feu d'artifice tiré du port, en face de l'île.

La baie de Hong Kong est remplie de toutes sortes de bateaux, mais surtout des jonques pour assister au spectacle au niveau de l'eau. Nous grimpons au dernier étage de notre immeuble et profitons pleinement du feu d'artifice.

La semaine suivante, surprise, la société chinoise nous présente, en tant qu'associé privilégié, la facture de 50 pour cent du feu d'artifice. La note est salée.

En dehors du club de tennis, il est possible de faire des marches dans les nouveaux territoires ou d'aller à la plage. Mais la population est nombreuse et les plages petites ; elles sont bondées du 1er juin au 1er octobre, date à laquelle elles se vident quel que soit le temps qu'il fait.

La banque possède une jonque à moteur et nous avons la chance de pouvoir en profiter de temps en temps le dimanche. On remplit des glacières de boissons et de nourriture pour le pique-nique et on passe une très bonne journée.

Les cadres de la banque se la réservent tour à tour et cela fait du monde. Heureusement d'autres amis utilisent également la jonque de leur société et nous pouvons donc en profiter régulièrement.

La banque a aussi acheté un bateau avec moteur hors-bord grâce auquel nous faisons du ski nautique.

De temps en temps, on peut réserver la jonque pour une sortie nocturne vers une des nombreuses îles pour dîner dans des restaurants de poisson.

Le calendrier des Chinois est constellé d'évènements et de fêtes qui donnent lieu à des manifestations folkloriques colorées.

Le Nouvel An chinois, avec ses pétards et feux d'artifice, la fête des lanternes ou chacun se promène dans la rue avec des lanternes et qui donne lieu à des lâchers de lanternes cerf-volant conçues comme des dirigeables.

Sur l'île de Lan Tao, le bun festival est une grande procession de gens porteurs de petits pains colorés et sucrés.

On transporte en hauteur des enfants habillés brillamment et juchés très haut sur des perches. On se demande comment ils tiennent là-haut !

Le travail est dur et comprend le samedi matin. Les congés annuels du personnel chinois sont de 15 jours, ceux des expatriés de six semaines. Il y a aussi le Nouvel An chinois chômé qui dure une semaine durant laquelle tout est fermé. Les entreprises chinoises donnent la semaine à leur personnel et, du coup, la plupart des expatriés partent en voyage. Attention, se rappeler que tout le monde fait pareil ; il faut donc réserver ses vols et ses hôtels très longtemps à l'avance.

Pour ne pas partir six semaines d'affilée, on prend quelques jours localement pour faire du tourisme en Asie.

Nous aurons donc l'occasion, pendant nos trois ans de séjour d'aller aux Philippines, au Club Med, en Malaisie, à Singapour, en Inde et en Chine. Toutes les compagnies aériennes sont présentes et la concurrence rend les billets bon marché et, la vie un peu claustrophobique en ville appelle à l'évasion.

En 1987, après un gros crash boursier qui a brûlé une bonne partie de mes économies, j'apprends que mon remplaçant a été nommé et il va falloir repartir à la recherche d'un poste.

Mon copain Francis m'offre un poste au Cameroun, peu glorieux professionnellement, mais très bien rémunéré et nous voilà repartis pour l'Afrique après six ans d'absence.

Chapitre 14
Le Sultanat d'Oman 1990 – 94

Dernière étape de notre vie d'expatriés, mais nous ne le savons pas encore, c'est un cadeau de mon ami Francis patron de la zone Moyen-Orient Afrique pour faire oublier la triste fin du séjour camerounais.

Nous avons quitté le Cameroun en novembre 1989 dès que nos passeports nous ont été restitués et revenons vers Paris.

Les garçons habitent à Paris, l'appartement de la rue Daguerre dans le quatorzième arrondissement et nous trouvons un appart-hôtel proche, car le nôtre est trop petit pour nous cinq.

Thierry est en classe préparatoire à HEC au collège Sainte-Barbe où il a passé son bac.

Jeremy, lui a échoué au bac en 1988, en partie du fait que, durant son année scolaire, il a été affecté par un pneumothorax très douloureux qui a suscité deux interventions chirurgicales. Il reprend sa terminale dans une petite institution privée dans le quartier et peut habiter l'appartement, ce qui est préférable pour lui à l'ambiance carcérale du collège Saint Barbe. Malheureusement, les notes ne sont pas encore satisfaisantes et il va devoir se reprendre en main.

Hélène entre en troisième dans un collège du quartier. Pour s'y rendre, elle traverse chaque jour le vaste cimetière de Montparnasse. Dans sa classe, plus de la moitié des élèves sont enfants de parents divorcés.

La banque s'est implantée dans la région du golfe persique dès que l'exploitation des richesses pétrolifères a mis ces pays sur la route du développement. L'ouverture d'une succursale au Sultanat d'Oman n'a pas été un grand succès malgré un début assez extraordinaire.

Le spécialiste du Moyen-Orient chez Paribas, un certain Claude de Kemoularia qui possède un gigantesque carnet d'adresses au Moyen-Orient apprend que le Sultanat, jusqu'alors fief très protégé des Anglais, va ouvrir ses portes pour une banque étrangère. Claude de K. arrive par le premier avion. Son contact lui a pris rendez-vous à 11 heures du matin avec le ministre des finances pour l'entretien préliminaire. Il apprend que l'envoyé de la Société Générale sera reçu une heure avant lui ; il parvient à faire intervertir les rendez-vous et obtient d'emblée l'autorisation d'ouvrir une agence. La Société Générale attendra 5 ans.

Le développement économique du pays n'a vraiment démarré que depuis peu, en 1973 lorsque l'actuel Sultan Qaboos a destitué son père du trône et a pris le pays en main. Le triplement des cours du pétrole brut y est également pour beaucoup.

C'est un homme de grande valeur qui a su s'entourer de bons conseillers (beaucoup d'Anglais), mais également a su remettre de l'ordre dans la partie sud du pays proche du Yémen, le Dhofar. Il ne pratique pas les femmes malgré un mariage officiel et sa cour est composée de jeunes minets.

La banque a vivoté depuis quelques années et s'apprêtait à fermer ses portes quand, à l'occasion d'une visite du Sultan Qaboos en France, celui-ci a annoncé son intention de resserrer les liens avec la France et se démarquer du monopole british.

Il propose donc de créer une nouvelle banque dans laquelle il prendra une participation de trente pour cent et d'en réserver quarante à la province du Dhofar qui est toujours un peu dissidente, mais peut être amadouée avec quelques petites faveurs. Nous sommes minoritaires, mais avons le management.

La Banque appointe un directeur palestinien et me propose le poste d'adjoint. « Deputy managing director » s'il vous plaît mais pas actionnaire pour autant.

Bien entendu, c'est urgent et je pars le matin du 1er janvier par l'avion d'UTA qui fait Paris, Mascate puis Colombo au Sri Lanka. Le réveillon a tourné court et je pars seul pour commencer. Angela reste à Paris ; il faut suivre Jeremy pour que sa terminale ne soit pas un échec et Hélène est au milieu de sa troisième.

On m'installe à l'hôtel Sheraton très confortable avec une grande piscine réfrigérée et une salle de bowling au sous-sol. Je vais y passer cinq mois.

Le lendemain matin, dimanche, je me présente à la banque pour prendre mon poste et rencontre les chefs de service pakistanais et indiens. L'un deux, pas très chaleureux, espérait avoir le poste que j'occupe ; il devra, le malheureux, attendre 5 ans.

Dans la matinée, le directeur me présente un Français, André S., attaché militaire à l'ambassade de France. Après quelques mots aimables, il me convie à un cocktail qu'il donne chez lui jeudi prochain. On vous présentera la communauté française. Quel accueil !

Quelques semaines plus tard, ce sera le directeur d'UTA qui, sans me connaître, m'invitera à une soirée tastevin dans un des hôtels Novotel de la ville. Un animateur bourguignon organise un dîner dégustation au cours duquel nous goûterons 6 vins.

La conduite en état d'ivresse n'étant pas trop appréciée dans le sultanat, un car nous attendra sur le parking d'un supermarché et nous y ramènera après le dîner. Il n'est pas rare que la police se poste près des hôtels puisque les boissons alcoolisées y sont permises. Les expatriés non musulmans peuvent se faire servir de l'alcool et certains Omanais haut placés ont une autorisation spéciale. Mais une haleine alcoolisée vous mène directement au poste de police.

La soirée est très chaleureuse et je rencontre d'autres expatriés dont Alain et Viviane C. qui deviendront des amis, Patrick F. le dentiste avec lequel je ferai des pêches mémorables ainsi que des confrères des autres banques françaises. À la fin de la soirée, dans le bus l'ambiance est festive et on chante ! L'idée du bus était bonne.

Je sens que le séjour va être bien agréable.

Le sultanat, situé à l'est de la Péninsule arabique, s'est détaché du sous-continent indien probablement à l'ère tertiaire par suite de plissements extraordinaires. Il en résulte des montagnes à plus de 2 000 mètres d'altitude qui dominent la mer et créent des paysages fabuleux en formes et en couleurs.

Les montagnes, très escarpées, sont creusées de vallées profondes où circulent de rares rivières qu'on appelle Wadi (oued en bon français des banlieues). À cette époque très peu de routes sont goudronnées et les cartes routières n'existent pas. Il existe des cartes d'état-major, propriété des sociétés de prospection minières, mais leur utilisation par les particuliers est interdite.

La société géologique française BRGM est implantée et son directeur nous fournit quelques exemplaires.

J'ai bien compris que l'intérêt du tourisme est hors de la capitale et j'achète une Range Rover d'occasion en excellent état. Elle va beaucoup souffrir de notre ardeur à sillonner les mauvaises pistes.

Cela s'appelle le Wadi Bashing : traduire, se faire bringuebaler dans le fond des oueds. En cinq ans je vais user 5 trains de pneus !!

Nous sommes accros. Départ chaque week-end pour une nouvelle destination. Certains wadis ont de l'eau courante, ce qui améliore la balade et permet des baignades d'eau douce. Les vallées sont cultivées sous une forêt de palmiers qui offrent une bonne ombre pour les pique-niques. On a même trouvé des plants de vigne, mais pas de chais ! Mascate a peut-être son origine du cépage muscat qui y poussait ?

On a découvert un wadi encaissé par de hautes falaises en forme circulaire, créé par un méandre de la rivière. On aperçoit les différentes couleurs de roches en couches superposées. Pour la soirée, on décide de camper dans le méandre. On place la Range Rover au centre du cercle, et on lance la musique classique toutes portes ouvertes. On a trouvé un auditorium naturel que l'on baptise le wadi musique.

Une autre excursion nous mène au Jebel Shams (soleil) à plus de 2 500 mètres d'altitude ; la température est de 20 degrés inférieure à celle de la capitale. Là-haut, très peu d'habitants, quelques gardiens de chèvres, des enfants qui tissent des petits tapis sur des métiers à tisser de 30 cm de large (on leur en achète un de temps en temps) et un vieux paysan habillé d'un treillis militaire complètement défraîchi qui reste longtemps près de nous. La principale curiosité de ce jebel est l'à pic de la vallée ; on s'approche à quatre pattes, on se couche au bord du ravin et on contemple le fond de la vallée à mille mètres au-dessous de nous. Il y a même un village abandonné au fond.

Sur une autre montagne, le Jebel Misht on aperçoit au sommet des constructions en forme de cônes. Ce sont des tombes dont la structure rappelle des ruches d'abeilles (Beehive tombs) construites à l'époque de la reine de Saba. Soit environ 2 500 ans, bien avant les Romains. Les pierres qui les constituent ont été taillées pour donner sa forme à la ruche.

Des villages perchés ou blottis dans des palmeraies sont des destinations passionnantes ; nous devons faire attention à ne pas choquer les villageois avec nos appareils photo. En général nous sommes bien accueillis.

Mais la principale destination est la plage. Le sultanat jouit de plus de 2 000 kilomètres de côte, une partie sur la mer d'Oman, l'autre sur l'Océan Indien. Il y a même une enclave de l'Oman dans les Émirats arabes unis qui s'appelle le Musandam et qui est située au sommet de la péninsule arabique, en face de l'Iran, point stratégique pour que les troupes britanniques puissent contrôler le trafic maritime pétrolier du Golfe. Cette zone est réservée aux militaires et n'est donc pas visitable pour nous. Nous parviendrons à nous y rendre en 2017 lors d'un voyage spécial.

Pour nos week-ends la plage la plus proche est à 50 km de Mascate au bord du petit village de Sifa. J'ai acheté un Zodiac de 4,20 mètres avec un moteur de 25 chevaux que je traîne derrière la Range sur une remorque fabriquée localement.

En arrivant par la piste au bord de mer, on dégonfle les 4 pneus de la voiture et on se lance dans le sable mou jusqu'au point choisi pour le campement. Zodiac à l'eau, il ne reste plus qu'à sortir l'équipement de pêche sous-marine pour aller chercher les langoustes du dîner. On a des petites tentes et des matelas en mousse que l'on roule. Pour se protéger du soleil et de la chaleur accablante (en été cela peut monter au-dessus de 50 degrés), on installe des bâches fichées sur de grands piquets. On porte souvent nos chaises pliantes dans l'eau de mer pour rester assis au frais.

De la côte, on observe la mer et on voit des raies géantes qui sortent de l'eau en sauts périlleux pour se défaire des mollusques qui leur collent au dos.

Durant mon séjour à l'hôtel, j'ai repris la plongée en bouteilles et acheté deux équipements complets pour Angela et moi.

On peut plonger toute l'année dans des eaux claires et très poissonneuses. Pas besoin d'aller trop profond, tout se passe entre 3 et 10 mètres. Il y a bien quelques requins qu'on appelle dormeurs, mais que nous ne trouvons pas si dormeurs que ça. Ils n'aiment pas le bruit de l'air des bouteilles et s'éloignent en nous entendant. Un jour, nous avons eu la chance de côtoyer un requin-baleine de plus de 7 mètres de long, inoffensif, mais très impressionnant.

On voit de grosses murènes aux dents crochues qu'il vaut mieux éviter. Il leur arrive de nous suivre quand nos petits filets contiennent des langoustes dont elles sont friandes.

Le danger principal vient de certaines méduses, « box jelly fish » dont la piqûre peut être mortelle. On doit se méfier aussi des pêcheurs locaux qui passent très près de nous avec leurs barques à moteur puissant, à bonne vitesse dans l'espoir de voir un bikini féminin.

J'ai fréquenté le dentiste français, Patrick F. très sympathique, bon vivant et fin pêcheur sous-marin. Il m'a montré les bons coins de pêche.

L'un de nos amis s'est fait casser une jambe par le shaft du moteur d'un pêcheur qui ne s'est pas arrêté. Il a eu de la chance de ne pas être déchiqueté par l'hélice.

En Oman, la pêche sous-marine est interdite. Si on se fait prendre avec un fusil harpon, c'est « port d'armes prohibé » et risque d'expulsion. Mon fusil et les flèches sont arrivés en cachette au fond du déménagement. On les cache bien quand on est sur la route. La police surveille les voitures d'expatriés pour la présence d'alcool interdit en dehors du domicile. Mais, là aussi, nous dérogeons à la règle.

La plus belle destination de mer se trouve à 400 km de Mascate. C'est la pointe extrême à l'est de la péninsule arabique. Au nord de la mer d'Oman, une baie rocheuse calme aux eaux claires sous laquelle on assiste à un ballet de tortues vertes, mâles et femelles qui s'ébattent dans un environnement très poissonneux. Un jour, en plongée avec Angela, nous nous sommes retrouvés entourés d'une multitude de petits barracudas qui formaient autour de nous un puits de trois mètres de diamètre par trois mètres de fond. Un peu impressionnant quand même. On ne voulait pas leur servir de petit déjeuner.

Côté Est, sur l'Océan Indien, ce sont de grandes plages de sable fin sur lesquelles on distingue les traces des tortues venues pondre dans la nuit.

La zone est, en principe, interdite aux touristes, mais nous sommes rebelles, attendons la tombée de la nuit pour s'approcher en voiture tous feux éteints et planter notre campement derrière les rochers à quelques mètres de la plage. Nous pourrons ainsi assister à la ponte des tortues en faisant attention à ne pas les déranger. Quelle surprise, le matin quand on voit sortir du sable une nuée de bébés tortues qui se précipitent vers la mer !

Le temps passe vite à Mascate. Hélène est pensionnaire en Angleterre dans une école magnifique qui lui permet de faire de la danse avec un enseignement professionnel au rythme de 15 heures par semaine en plus des cours académiques. Elle est courageuse, car les entraînements sont durs et ses copines sont déjà bien formées à cette discipline compliquée, prodiguée par les professeurs russes dont la tendresse n'est pas la meilleure qualité. Mais elle s'accroche. Elle abandonnera la danse en terminale pour se consacrer aux études et se concentrer sur le textile et la mode.

Les garçons ont intégré des écoles de commerces parisiennes et vivent dans l'appartement. Jeremy n'est pas encore totalement motivé pour les études et s'oriente vers la préparation d'un BTS qu'on obtient en deux ans après le bac.

Pour les vacances trimestrielles, ils nous rejoignent à Mascate où ils passent du bon temps. Pour leurs études, je leur trouve des stages de formation chez des entreprises locales. Mais la plage, la pêche, les wadis et les copains sont les vrais aimants qui les attirent.

Ils apprécient beaucoup les cassettes de musique pop piratées localement et en achètent par grandes quantités. On se demande s'ils ne les revendent pas à leurs copains quand ils retournent en Europe.

Un jour, profitant d'un long week-end, nous décidons d'aller beaucoup plus loin vers le sud pour trouver des plages différentes. Après 600 km de route, nous bifurquons sur une piste qui se dirige vers la mer, mais le chemin est encore long et c'est après encore 50 km de piste et dans la nuit noire que nous arrivons au bord de la mer. Un peu fatigués, nous plantons les tentes et préparons le dîner. Nous sommes 4 voitures et c'est l'anniversaire d'Hélène le 19 avril ; il ne fait pas encore trop chaud. Après une soirée bien arrosée, nous dormons au bruit des petites vagues voisines. Au réveil ; le soleil tape et une odeur pestilentielle nous envahit ? Nous découvrons que la mer s'est retirée à plus de 300 mètres, laissant un paysage vaseux d'où émergent des dizaines de cadavres de requins.

Il semble que les requins soient pêchés uniquement pour leurs ailerons exportés vers l'Asie. Les prises sont libérées de leurs ailerons et rejetées à l'eau où elles meurent inexorablement. Nous levons le camp et longeons le littoral pour trouver une meilleure plage pour la deuxième nuit. Ce jour-là, l'eau est trouble et la pêche décevante.

Le surlendemain matin, nous prenons le chemin du retour sur une piste vaguement tracée. Soudainement le sol devient mou sous mes pneus et je sens que l'on s'enfonce. Les autres voitures s'arrêtent à temps et, après avoir tiré ma voiture vers l'arrière, on rebrousse chemin pour se retrouver un kilomètre plus loin barré par l'eau qui monte. Une marée plus forte nous encercle et nous sommes à 700 km de Mascate sans téléphone. En reprenant le tronçon plus sec, on finit par apercevoir au loin le nuage de poussière d'une voiture qui semble rouler sur une digue. Par bonheur nous parvenons à cette digue sans encombre et reprenons la route du retour.

Deux ans plus tard, nous refaisons le même voyage avec les 3 enfants, nos amis australiens Cheryl et Larry et leurs deux filles et un couple d'Américains Alice et Virgil, nos partenaires de tennis et leurs deux fils.

C'est au cours de ce voyage que Thierry se rapprochera de Katrina qui deviendra sa femme.

Cette fois-là, sur la plage, nous trouvons un squelette complet de baleine qui a dû s'échouer là depuis plusieurs mois, car les os sont parfaitement propres. On est tenté de ramasser les os des nageoires qui mesurent deux mètres, mais ils sont un peu encombrants et on se contentera de quelques vertèbres.

Au cours de la nuit, le fils d'Alice est piqué par un scorpion. Nous sommes à des kilomètres du premier dispensaire (je rappelle, pas de téléphone, pas de GPS, juste une boussole).

Nous avons toujours dans nos affaires de campement une pierre noire récoltée par des moines belges, probablement au Congo.

Il faut entailler la peau avec une lame de rasoir à l'endroit de la piqûre et poser la pierre sur la plaie. Celle-ci s'y colle immédiatement et ne lâche que lorsque le venin a disparu. On ne comprend pas le phénomène, probablement la porosité de la pierre. Une fois récupérée, on lave la pierre avec du lait et elle pourra resservir. Notre jeune ami blessé ne ressent aucune douleur, même pas un mal de crâne.

La mer n'est pas la seule distraction. Les ballades dans l'intérieur du pays sont intéressantes. Le pays a une population importante, à l'inverse des autres émirats qui avaient à l'origine une population constituée de quelques tribus de Bédouins, l'Oman à des traditions maritimes ; Sinbad le marin est omanais. Les marins omanais ont conquis des territoires en Inde et on a même trouvé des tombes omanaises en Chine. L'île de Zanzibar en Afrique de l'Est a été régie jusqu'à son indépendance par un sultan omanais. Elle fait maintenant partie de la Tanzanie. La côte est de l'Oman est appelée « côte des esclaves » pour rappeler le commerce que les Omanais faisaient avec les peuples africains. On rencontre beaucoup de gens noirs dans les villages, tous descendants d'esclaves et, en voyant la manière dont certains locaux aisés traitent maintenant leur personnel domestique asiatique, on se dit que ces pratiques ne sont pas trop éloignées dans les mœurs.

Pour se défendre, les chefs de tribus omanais ont construit de nombreux forts souvent à l'image des forts portugais du moyen âge. La plupart ont été restaurés par des artisans marocains et le résultat est très réussi. Bahla, Jabrin, Nizwa, etc.

À Nizwa, ancienne capitale dans l'intérieur, il y a un fameux marché aux animaux dont la scène se concentre sous un arbre gigantesque (pour l'ombre). Les acheteurs sont assis en rond et le vendeur fait tourner son animal au centre tout en faisant monter les enchères. Ce marché sera vite remplacé par une construction en béton.

On trouve des villages abandonnés, construits en pisé sous les palmiers. Soit, ils ont été détruits au moment de la lutte contre la rébellion soit par simple exode rural. Les villes ont attiré une grande partie de la population pour les possibilités de travail qu'elles offrent.

Pourtant, le sultan est très généreux pour son peuple, matériels de pêche et d'agriculture sont subventionnés, l'eau d'irrigation des villes est fournie gratuitement. Chaque année, le Sultan fait un tour du pays ou d'une région avec un énorme convoi de voitures 4x4, campant dans le désert avec toute sa suite et distribuant des sommes d'argent à tout va.

Quand il va traverser une ville ou un village, la municipalité fait repeindre les façades de toutes les maisons situées sur sa route.

Les routes se construisent à vive allure et les nouveaux ronds-points font l'objet de décorations plutôt « Quitch », gigantesque cafetière ou brûle-parfum, mais tous sont fleuris et arrosés abondamment par des camions-citernes conduits par des Indiens. C'est la « beautification ».

Les Indiens, comme ailleurs dans le golfe, sont corvéables à merci.

Quand on se demande si, en Oman, faire l'amour est un plaisir ou un labeur, on dit que si, c'était un travail ; on le ferait faire par des Indiens. C'est cruel, mais on en rit !

Il faut aussi noter les souks, remplis de denrées diverses, mais aux senteurs d'épices et d'encens. Le marché aux poissons, lui empeste plutôt à cause de la chaleur, mais présente une variété infinie de trésors de cette mer très riche.

Bien entendu, la vie en Oman ne se passe pas que le week-end. On travaille dès 7 heures 30 le matin ; on rentre manger à pas d'heure et on y revient l'après-midi pour quelques heures.

La population du sultanat est nombreuse et la natalité très forte. Je crois me souvenir que la moyenne était de plus de 6 enfants par femme. Au début, la mortalité infantile était forte, mais le gouvernement a installé des maternités et des dispensaires dans tous les coins même reculés du pays et la démographie explose malgré un programme soutenu de planning familial.

Dans la Banque, le ministère des Finances impose un quota de 90 % d'employés omanais.

Le personnel local est mal éduqué et très peu motivé, les salaires sont confortables et on doit compter sur les quelques expatriés indiens ou pakistanais pour éviter les grossières erreurs.

Comme nous n'avons qu'une agence à Mascate, notre Chairman, originaire du Dhofar m'envoie dès mon arrivée à Salalah, capitale du Dhofar, à 1 000 km de Mascate pour y ouvrir une agence. Je n'y connais rien et ne sais pas par où commencer. Heureusement, je débauche un cadre pakistanais d'une autre banque qui travaille à Salalah depuis plusieurs années. L'ouverture se déroule en douceur.

Salalah, ville proche du Yémen, est très différente de Mascate.

Les locaux portent un genre de sari, robe qui s'enroule comme un pagne ; en haut une chemise sans col et une veste de costar ! On retrouve cet accoutrement au Yémen.

Chaque année la région reçoit la mousson et c'est le seul endroit dans le pays qui bénéficie de pluies abondantes. Il en résulte des prairies et des petits lacs dans lesquels on voit des chameaux se prélasser. La Riviera du désert !

Ici, pas d'opérations sophistiquées ; c'est de la banque de détail classique et les clients fortunés se contentent de comptes d'épargne avec des intérêts confortables. Les locaux sont plutôt rustres et il nous est arrivé de voir un chef de village entrer dans la banque avec son garde du corps armé d'une Kalachnikov !

Même les institutionnels ne sont pas très avertis en techniques financières. Quand les grosses pointures de Paribas viennent leur proposer des opérations lucratives, ils acceptent le profit, mais refusent le risque. C'est le beurre et l'argent du beurre !

Un jour, dans toute la presse, c'est la faillite frauduleuse d'une Banque pakistanaise, la BCCI dont le siège est à Abu Dhabi.

La banque a vendu ses actions à prix d'or aux habitants des états du golfe. Pour ce faire, elle leur a fait des prêts qui sont eux-mêmes garantis par les titres de propriété de la banque. Qu'arrivera-t-il si le titre ne vaut plus rien ?

Évidemment, les fonds recueillis par les animateurs sont détournés et disparaissent. À la fin, il ne reste qu'une coquille vide et des clients actionnaires, mais débiteurs furieux qui n'ont aucune intention de rembourser leurs prêts.

Notre Chairman s'appelle Rajab. C'est un homme originaire du Dhofar, puissant, autoritaire et un peu parano !

Il a été ministre plusieurs fois et dicte sa loi dans notre banque. Les rapports ne sont pas toujours faciles avec lui. Il décide que pour développer notre banque, il faut acquérir la banque en faillite.

Cela présente des problèmes énormes. Les agences, au nombre de 12, sont disséminées dans tout le pays, le personnel pakistanais n'a, apparemment pas été formé à la meilleure école. De plus les services de personnel et de crédits étaient centralisés au siège d'Abu Dhabi et les dossiers font défaut.

Ajoutons que la comptabilité est tenue par une banque concurrente établie à Mascate. Celle-ci a donc tout loisir de visualiser les comptes de nos clients.

On se met à la tâche et le boulot est rude. Pour ma part, ce qui m'intéresse le plus c'est la mise en place d'un système informatique pour la banque. Après avoir reçu plusieurs représentants, et un voyage à Dublin où siège la société de développement, je signe le contrat et une équipe d'informaticiens vient à Mascate pour l'étude et le développement. J'y passe beaucoup de temps, car c'est moi qui prépare les « requirements » ou cahier des charges pour toutes les opérations de la banque. Je rédige en même temps les procédures sur mon ordinateur (dossiers toujours sauvegardés sur les disquettes, car le disque dur n'a qu'une capacité réduite).

Quand je termine un dossier, je le remets au chef de mission irlandais ; celui-ci met son nom en bas, à la place du mien et il a bien gagné sa croûte !!

La vie continue, mais en 1993 un incident survient. Sirènes de police, coups de frein devant la banque, les policiers pénètrent dans le bureau du directeur général, le coiffent d'une cagoule et l'embarquent au secret. Impossible de savoir où ils l'ont emmené. Je le vois le lendemain, à la prison, pour lui apporter un pull, car on ne l'a pas laissé prendre d'affaires et il a froid dans sa cellule.

Plus tard, j'apprends que le chairman a également été mis au secret sans explications. Il y aura des accusations de corruption et de pots-de-vin, mais on pense plutôt à un règlement de comptes politique.

Je deviens patron malgré moi avec la police qui vient de temps en temps me cuisiner pour avoir des informations que je ne détiens pas.

Je gère les affaires courantes, content de ne pas avoir été embarqué dans la tempête. Ils enverront plus tard un nouveau patron venu d'une compagnie d'assurances parisienne avec lequel je ne m'entends pas. Il est imbu de sa personne, il a inventé le mot « MOI JE » en anglais ; « ME I » et se prend pour la Joconde.

Il est en train de divorcer d'un mariage avec l'une des filles du parfumeur Guerlain dont il a dilapidé la fortune en quelques années de vie commune.

Je continue le travail informatique sans enthousiasme et j'apprends que les actionnaires omanais ont demandé mon remplacement. Je vais donc partir trois mois avant que le système que j'ai créé soit « live ». Je ne suis pas sûr que les administrateurs s'en soient rendu compte. Je reçois mon remplaçant, anglais, ancien de la banque Worms en faillite qui coûte moins cher que moi en contrat local. C'est ce qui compte pour nos actionnaires.

On va donc se préparer à faire les valises. Ce n'est pas grave, on a déjà vécu dans 10 pays. On ne sait ce que sera le prochain.

Par malheur, chez Paribas, il faut prendre son CV en main et parcourir le siège avec l'espoir de convaincre un directeur de vous prendre chez lui. Ma casquette africaine me colle au crâne et on me propose Abidjan ou Libreville où je n'ai plus du tout envie de revenir. Pour moi, pas de retour en Afrique. L'avenir dira que j'ai fait le bon choix, car des troubles politiques graves vont se produire dans ces deux pays avec de violentes émeutes.

Ce sera donc la France en mai 1994. L'expatriation avait commencé par L'Algérie en 1966 ; 28 ans hors de France, il va falloir retrouver la mentalité étroite de nos compatriotes.

Section II
Les pays visités

Chapitre 1
1982/2012 – La Thaïlande

Pendant notre séjour au Qatar au début des années 80, et ne connaissant aucun pays d'Asie, nous décidons d'aller passer une semaine à Bangkok sans les enfants que nous confions à des amis dans trois familles différentes.

Nous avons réservé notre chambre à l'Hôtel Intercontinental et bien nous en a pris. Il a été construit dans un magnifique jardin au milieu duquel avait été érigé l'ancien palais de la reine mère.

La végétation est luxuriante et une plantation d'orchidées superbement entretenue fait partie du décor.

On peut aussi s'extasier sur le restaurant qui offre une cuisine Thai raffinée avec cuisson des poissons à la vapeur. Les poissons et crevettes sont suspendus au-dessus d'une grande bassine bouillante et, cuits à la vapeur, conservent toute leur saveur. On peut aussi les commander grillés selon le goût.

Sur la table, une bouteille de Beaujolais avec le fameux panneau « Le beaujolais nouveau est arrivé ».

Elle coûte le prix du repas pour deux. On a compris qu'en Asie, les vins sont souvent de qualité médiocre et toujours excessivement chers. En Thaïlande, la bière locale « Singha » est bonne et va très bien avec les plats épicés. Nous découvrons cette cuisine avec délice. Elle restera un choix de restaurant pour nous dans le futur ; Tom Ka Khai, Tom Yam Sum, curry rouge ou vert avec parfums de coco, galanga et autres épices.

Nous entreprenons une visite complète de Bangkok, avec le palais royal, le bouddha couché, la croisière sur le Chao Phraya jusqu'au temple de l'Aube, un apéritif sur la terrasse de l'Hôtel Oriental et une soirée de danses Thai avec dîner typique. On doit se déchausser pour entrer au restaurant et Angela se casse le petit orteil avant de s'asseoir à table.

On ajoute un petit tour dans les khlongs ou canaux bordés par les maisons et temples sur pilotis.

En 1982, l'excursion au marché flottant à 80 km de la ville reste très typique et le lieu est encore peu fréquenté par les étrangers. Il ne mettra pas longtemps à changer d'aspect à cause du tourisme de masse. Les femmes vendent leurs légumes et tous les autres produits sur des pirogues qui s'enchevêtrent dans un embouteillage inextricable, mais toujours bon enfant.

On fait aussi le voyage du pont de la rivière Kwai, rendu fameux par un film culte des années 50 et qui a été le cadre du travail forcé des prisonniers anglais par les Japonais pendant la Deuxième Guerre mondiale. Nous visitons le musée des prisonniers de guerre très émouvant et décidons de grimper sur le pont. En équilibre sur des traverses avec le vide sous nos pieds à plus de 20 mètres, on voit arriver un train. Il avance doucement, mais Angela s'agrippe à un poteau !

Nous y prenons une masse de photos qui, développées, remplissent aisément un album. Pour ramener nos pellicules non développées, nous achetons un sac en plomb ; on dit que les détecteurs des aéroports risquent d'endommager les films. Le numérique est encore loin.

C'est un séjour complet pour le tourisme, nous faisons aussi une excursion d'une journée à Ayutthaya, ancienne capitale d'un puissant royaume qui a envahi plusieurs de ses voisins et donné un style d'architecture aux temples bouddhistes.

Nous adorons les marchés, spécialement le marché de nuit pour les vêtements aux marques copiées, les logiciels informatiques et les cassettes audio et vidéo. Le CD n'est pas encore apparu.

Le marché du week-end à Bangkok est une vaste esplanade où l'on trouve de tout, des animaux les plus exotiques aux antiquités en passant par les tissus, vêtements et bibelots en tous genres. Nous achetons un chapeau Thai en osier de grande dimension qu'il faudra caler dans la valise avec nos affaires.

Rien à dire sur la nourriture dont nous raffolons, même si les yeux en pleurs et la bouche en feu on se dit qu'on fera attention la prochaine fois.

Nous y retournerons plusieurs fois, au fil des années. Une fois, au départ du Cameroun, nous y passerons une autre semaine chez nos amis Brigitte et Michel.

Michel y a un poste à la BNP et Brigitte nous montre des endroits que nous ne connaissions pas, notamment la maison de Jim Thomson, artiste du début du 20e siècle qui a rétabli l'artisanat de la soie en Thaïlande et dont on visite la maison avec son mobilier d'origine et des objets de collection magnifiques.

On passe bien sûr par la boutique, superbe mine pour les cadeaux, cravates, foulards, coussins en soie, etc.

En ville, un chauffeur de taxi nous dépose devant une bijouterie. On voit défiler saphirs, émeraudes et rubis et je finis par acheter plusieurs saphirs pour 200 dollars US. Je ne sais pas trop ce qu'on m'a refilé, mais, plus tard quand on les fait monter par un joaillier français, il nous félicite pour leur qualité ! Où est la vérité et peut-on faire confiance à l'expert ? Ma vilaine mentalité de banquier soupçonneux ne penche pas vers l'avis des soi-disant experts.

À Bangkok, le transport en taxi est bon marché, mais les embouteillages sont terribles et on y perd un temps fou. On prend les tukh-tukh, scooters à trois roues, bruyants et peu confortables ; on s'assied sur une banquette métallique dans la benne et on s'agrippe à ce qu'on trouve pour éviter les sauts. Mais ils se faufilent entre les voitures et ne coûtent presque rien. Toute course se négocie avant de monter et, souvent, sans l'avoir demandé, on se retrouve devant une boutique de tissus, tailleur ou autre où l'on n'a pas envie d'acheter quoi que ce soit, mais le chauffeur nous pousse à l'intérieur, car il va récupérer un bon d'essence dans la boutique.

Au cours de ce deuxième séjour, nous prendrons un avion pour Chang Mai, ville du nord avec un très grand marché et une ferme où l'on voit travailler les éléphants. À cette époque, le nord est moins fréquenté par les touristes et donc plus authentique. On peut faire abstraction de certains villages où les habitants revêtent le costume traditionnel pour le touriste et les enfants réclament les bonbons.

À l'issue d'un voyage ultérieur au Laos, nous débarquerons dans le nord de la Thaïlande d'un bateau qui a remonté le Mékong. Nous séjournons dans un superbe hôtel : « Anantara Resort » qui a cassé ses prix pour attirer les touristes. Pour 100 dollars, nous avons des suites présidentielles avec la salle de bains qui donne sur la chambre et un lit de plus de 2 mètres de large. Au petit déjeuner un immense buffet est déployé et tous les excès alimentaires sont permis !

J'ai regardé leur site récemment, c'est devenu inabordable.

La direction de l'hôtel accueille des éléphants maltraités par les fermiers et on peut les approcher.

On en profite pour visiter un musée qui montre avec beaucoup de réalisme tous les mauvais effets causés par la drogue. C'est vrai qu'on est en plein dans le triangle d'or et il n'est pas trop conseillé de s'y aventurer en trekking.

À quelques centaines de mètres de l'hôtel, on entend une musique très forte. La frontière birmane est toute proche et ils ont installé des casinos dans cette partie du pays éloignée de Rangoon. Les Asiatiques sont fervents des jeux de hasard.

La ville de Chang Rai est intéressante, mais ne dispose pas d'un aéroport. Pour rejoindre Bangkok, nous devons prendre un taxi vers Chang Mai.

Bangkok restera une escale pour nos futurs voyages, notamment en Birmanie. Nous avons trouvé un petit hôtel un peu glauque, mais confortable dans Silom Village, à quelques centaines de mètres du night market et du quartier chaud de Pat Phong.

Nous sommes entrés une fois dans ces bars à spectacle sexuel. C'est trivial et on ne s'y attarde pas. En plus c'est fréquenté par de la viande saoule avide des « happy hours » pour consommer la bière en grande quantité.

Au marché de nuit, on cherche notre vendeur de vêtements et j'achète mes chemises à 5 dollars chacune qui me dureront plusieurs années. Angela y trouve aussi des pierres semi-précieuses pour ses colliers.

Nous n'avons pas fréquenté les sites touristiques de Phuket et Pattayah trop artificiels et bondés de gens qui nous déplaisent, mais, quand les longues soirées d'hiver se succèdent dans le froid et la grisaille, nous nous prenons à rêver à des îles enchantées et des plages de sable blanc.

Peut-être n'avons-nous pas dit adieu à la Thaïlande ?

Chapitre 2
1983/2011 – La Turquie

Nous avons passé trois courts séjours en Turquie et Angela en a fait un de plus, au départ d'Oman, avec trois amies. À noter également une belle croisière entre îles grecques et Turquie avec nos amis Jacqueline et Alain en 2007 sur leur voilier de 45 pieds : L'Amadeus.

Pour notre premier voyage depuis le Qatar, nous nous sommes contentés de la ville d'Istanbul qui regorge des trésors infinis.

À Istanbul, il est déconseillé de conduire. La circulation est dense et aucune règle ne s'applique sauf celle du Klaxon et du plus gros qui intimide le petit.

Nous avons prévu une semaine de séjour en ville avec un programme chargé.

Pas très loin de notre hôtel sont la mosquée bleue d'architecture byzantine construite au 17e siècle avec ses 6 minarets et la Basilique Sainte-Sophie beaucoup plus ancienne qui a subi toutes les velléités de l'histoire de la Turquie : pillage par les croisés, dégâts causés par de nombreux séismes ; transformation en mosquée par les Ottomans qui détruisirent la majorité des signes chrétiens, transformation en musée par Attaturk pour tenter de montrer la variété des cultures et, enfin retransformation en mosquée par Erdogan malgré les protestations du monde occidental.

Le musée Topkapi mérite une journée entière de visite. C'est un immense palais, résidence du sultan depuis l'époque ottomane et transformé en musée au moment de l'avènement de la République turque.

J'ignore le nombre de pièces qu'il contient, mais on n'en voit jamais le bout. Il expose des collections d'objets, armes, statues, vaisselle, bijoux, etc.

Plusieurs salles sont consacrées à des collections de porcelaines chinoises antiques absolument incroyables. En les examinant, on retrouve les formes reprises par la porcelaine contemporaine. On pense qu'on n'a rien inventé en matière d'arts de la table.

On admire également le clou du musée : diamant de 86 carats le Kasicsi.

On va aussi consacrer une visite approfondie du Bazar d'Istanbul, immense marché couvert de 58 ruelles, accessible par 18 portes et comprenant plus de 4000 boutiques. Consacré au commerce de tout ce qui se vend, il abrite un artisanat de tous les domaines dont les Turcs sont des virtuoses.

Bijoux, tapis, cuirs en tous genres et tout ce que l'on peut imaginer. Avec tous les moutons que les musulmans abattent pour leur fête de l'Aïd, ils ont assez de peaux pour nourrir une belle industrie du vêtement de cuir.

On dit même que certaines personnes disparaissent dans le bazar et sont retrouvées plusieurs jours après avec un organe en moins. Perspective peu réjouissante !!

Nous achetons une veste en cuir ample de couleur beige pour Angela et mettons deux jours à marchander un petit tapis en soie qui nous plaît beaucoup.

Les rives du Bosphore sont le but d'une belle promenade avec des jardins qui descendent jusqu'aux berges. La petite excursion en barque vaut le détour. On va dîner au coucher du soleil dans des restaurants au bord de l'eau. Le repas consiste en une série de petits plats que l'on commande au serveur et qui ne sont pas très copieux, mais délicieux. Au moment de payer l'addition, on s'aperçoit que le nombre de plats a doublé. Difficile de ne pas se faire avoir avec nos têtes de touristes. Le garçon rectifie la note en bougonnant et on se quitte bons amis.

1994 Deuxième séjour en Turquie au retour du sultanat d'Oman.

Une agence de voyages de Mascate a réservé les hôtels et nous commençons par Ismir où nous louons une voiture. En dehors d'Istanbul, la circulation est fluide et les routes correctes. Première destination Éphèse qui doit être le plus beau site gréco-romain du pays. C'est très prisé des touristes et il y a foule, mais le site est colossal et on en profite un maximum.

Par la route nous rejoignons le site de Pamukkale, vaste montagne calcaire ou un cours d'eau a creusé des bassins remplis d'eau blanchâtre. Le spectacle est féerique. On se déchausse et on se promène dans les bassins ; il y a aussi beaucoup de monde ; il paraît que l'eau du coin soigne les maladies de peau. Pourvu qu'on n'attrape rien !

L'étape suivante est la ville côtière de Bodrum. Elle aussi, très prisée des touristes, propose, outre quelques ruines romaines de belles croisières en Méditerranée sur des Kaics, boutres géants avec skipper et cuisinier. On se fait héler par les skippers avides de remplir leur quota de passagers pour appareiller.

La ville elle-même n'est pas très excitante, mais on mange dans des petits restos sympas et on flâne dans le marché Bazar ou les faux vêtements de collection sont vendus au grand air. On a déjà fait le plein au moyen orient donc on n'est pas tentés.

Nous passons la nuit dans un grand hôtel moderne très prisé des touristes allemands avec vaste piscine offrant la vue sur la mer qui s'étend à nos pieds au bas d'une falaise de 30 mètres.

Le matin, les Allemands mettent leurs serviettes sur les fauteuils de piscine avant le petit déjeuner afin de se garantir une bonne place et, le soir, dès 18 heures, ils font la queue devant le restaurant « buffet à volonté » pour se goinfrer au point que lorsque les petits Français que nous sommes arrivons à 20 heures, les plats sont quasiment vides.

Notre chambre est au 7e étage d'un immeuble qui doit en comporter 12. Au milieu de la nuit, un grondement suivi d'une vibration nous réveille. La lampe de chevet et la table remuent frénétiquement. Nous comprenons qu'il s'agit d'un séisme. Quelques minutes plus tard, nouvelle secousse, plus forte ! Que faire dans ce cas ? Attendre que tout s'écroule, ou partir à toute vitesse en pyjama dans l'escalier. En fait nous ne bougeons pas et plus rien ne se passe. Le lendemain dans les journaux on apprend que la magnitude était de 6 sur l'échelle de Richter, mais aucune victime n'a été signalée.

Nous avons loué une voiture et longeons la côte, nous arrêtant pour visiter des sites gréco-romains intéressants, mais rien à voir avec Éphèse qui vaut vraiment le voyage.

En 2007, avec notre ami Alain, notre magnifique croisière sur son voilier nous porte d'île grecque à la côte turque au gré des vents. Une panne d'alternateur nous impose une escale dans une ville turque du nom de Kishibokou. Pas besoin de se creuser la tête pour trouver un mauvais jeu de mots. À la capitainerie, nous trouvons un chantier naval dont le chef, dans un bon anglais, promet de nous envoyer son ouvrier pour la réparation.

Plus tard nous arrive un jeune gars en mobylette à qui s'apprête à réparer la panne. Il doit nous entendre parler français. À chaque question que nous lui posons, il nous répond « On s'en fout ». Un peu choqués on se demande s'il a toute sa tête, mais il effectue la réparation et nous quitte avec son « on s'en fout » en guise d'au revoir. C'est probablement la seule phrase qu'il connaissait en français.

On se souvient d'une nuit très agitée à bord au mouillage dans une crique pourtant abritée alors qu'un vent violent souffle toute la nuit et le bateau ne tient pas au mouillage. Les Kaiks turques avaient prévu le coup et choisi toutes les bonnes places protégées du vent.

Notre dernier voyage en Turquie a eu lieu en 2011 suite à une pub dans un journal qui annonçait un séjour d'une semaine en Turquie pour 170 euros, vols aller-retour compris. On n'en croit pas nos yeux, mais en fouillant un peu on voit qu'il faut prendre une option gastronomie qui fait remonter la note à 500 euros, faute de quoi on ne sera pas nourris. Détail important pris en considération, on réserve pour huit personnes avec mon frère François et des amis à eux.

Départ de Marseille pour Antalya, ville de la côte. À l'arrivée, dans la soirée, une organisation implacable ; chacun reçoit un carton avec le numéro du bus dans lequel il doit monter selon le séjour qu'il a choisi. On se retrouve une trentaine qui allons passer la semaine ensemble pour une bonne heure de trajet qui nous mène à un hôtel du nom de Belkon. Le jeu de mots est facile, mais l'hôtel est situé dans une zone très touristique qui regorge de parcours de golf, d'où une bonne concurrence sur les prix et une prestation tout à fait honorable. La première impression est bonne.

Le voyage se passe très bien ; les repas sont toujours présentés sous la forme de grands buffets ou chacun trouve son bonheur et les horaires sont calculés à la minute pour que l'arrivée des nombreux cars de touristes s'échelonne dans le temps afin de ne pas créer de blocage des restaurants. Chapeau l'artiste !

Dans le bus, le guide nous explique comment la Turquie est un pays paisible et pacifique dont les armées ont atteint Vienne en toute tranquillité sans créer de tort à personne. Nous n'entamons pas le débat.

Les visites sont intéressantes, et on découvre des villes énormes dont on ignore jusqu'au nom. Cela ne manque pas de mosquées, mais on sent que le pays est au travail.

Entre les excursions on a intercalé des visites de commerces ; le cuir, les tapis et les bijoux.

Pour le cuir, dès notre entrée, chaque touriste est flanqué d'un vendeur, mais auparavant nous avons assisté à un défilé de mode en musique avec autant d'hommes que de femmes et j'avoue que la longueur des jupes en cuir des mannequins ne fait pas penser à une abaya. Le tout est présenté par un interlocuteur qui semble avoir passé sa vie en France tant son français est parfait.

Quand les vendeurs finissent par lâcher prise, on passe à l'étage inférieur pour gagner la sortie et on trouve la même salle que la nôtre, remplie de touristes allemands. On peut imaginer les Anglais au deuxième étage.

Pour les tapis, c'est le même topo ; avec une démonstration de filature à partir de vers à soie, nous sommes répartis dans plusieurs salles où on déroule des tapis en masse. Pour arracher une décision, on vous amène dans une plus petite pièce avec votre futur tapis pour que la négociation soit plus discrète devant une tasse de thé.

Avec mon frère on se dit qu'il vaudrait mieux envoyer nos étudiants en Turquie plutôt qu'à HEC.

De retour à la maison à Solliès Ville, je reçois la livraison de notre tapis par une camionnette blanche.

Par le haillon ouvert, je vois une cinquantaine de tapis emballés. Ça vient de Turquie ? Oui, dit le gars, c'est pour La Farlède (ville de moins de dix mille habitants). Nous ne sommes pas les seuls à avoir cédé à l'appel du voyage.

La cerise sur le gâteau c'est la région de Cappadoce avec ses reliefs incroyables, ses églises taillées dans la roche et pour clôturer le voyage, nous nous levons à 4 heures du matin pour un départ à l'aube en montgolfière (tarif non compris dans le package voyage plus gastronomie).

Au petit matin, on découvre une cinquantaine de ballons en train de se gonfler et, grimpés par groupes d'une douzaine, dans de grosses nacelles, tout le monde décolle au lever du jour.

Le Pilote s'amuse à frôler la paroi de la falaise au moment du décollage pour déclencher un frisson général et c'est ensuite un ravissement de flotter dans les airs au-dessus de ces reliefs magiques.

Dernière nuit dans un énorme hôtel d'Antalya avec piscine, mais une clientèle russe bruyante et grossière qui détruit le charme de notre dernier soir.

Le lendemain à l'aéroport, je regarde les destinations des vols. 90 pour cent vont dans des villes d'Ukraine et de Russie dont je ne soupçonnais pas l'existence.

On apprend que notre voyage est financé à 50 pour cent par les fédérations d'hôteliers, les chambres de commerce et l'état turc.

Nous avons bien fait d'en profiter ; ce n'est plus le cas aujourd'hui.

Chapitre 3
Les Philippines : Noël 1984

Premier séjour à Hong Kong, le côté béton de la ville, le grouillement perpétuel, les longues heures au travail donnent envie de s'évader.

La concurrence est telle que les compagnies aériennes pratiquent des prix abordables pour toutes les destinations asiatiques, mais il faut s'y prendre à l'avance. Quand vous avez un projet à Hong Kong, d'autres ont déjà pensé en même temps que vous.

Sur les conseils d'anciens voyageurs asiates, nous avons trouvé un petit îlot aux Philippines proche de l'île de Cebu qui s'appelle Badian Island.

Nous y partons pour une semaine en vacances de Noël. Voyage en avion jusqu'à Manille, petit avion pour Cebu et minibus pendant trois heures pour arriver à l'embarcadère pour Badian Island où nous attend une barque avec un petit moteur pour nous déposer à l'hôtel un peu fourbus.

Dépaysement total, les chambres sont des paillotes en branches de palmier, mais très confortables avec douche. Le restaurant est sympa ; nous ne sommes pas nombreux et il y a une école de plongée sous-marine Paddy tenue par de jeunes Allemands.

Je m'inscris au cours qui permet de passer le brevet dans la semaine avec les deux garçons. Hélène n'a pas encore l'âge. Nous découvrons des fonds magnifiques. C'est une chance ! Les fonds marins ont été préservés autour de l'île de Badian. Ailleurs, la pêche à l'explosif a fait des ravages dans la flore et la faune marine.

Les dégâts sont tels qu'il est interdit de ramasser quoi que ce soit au fond de l'eau.

Nous passons une bonne semaine de repos et de soleil et fêtons notre brevet de plongée joyeusement en ingurgitant une bière par le Tuba de plongée.

Au retour, nous pourrons nous arrêter quelques heures à Manille pour se faire une idée, mais, au bout du compte nous ne connaîtrons rien de ce pays pauvre, ancienne colonie des États-Unis qui vient de subir la dictature du fameux Marcos et de son épouse Imelda aux trois mille paires de chaussures qui seront retrouvées dans le palais après leur fuite précipitée.

Le pays fournit du personnel de maison à tous les pays d'Asie et du Moyen-Orient. Depuis quelques années on trouve un peu partout du personnel qualifié dans l'hôtellerie et des marins pour les équipages des cargos.

À l'époque où nous vivions à Hong Kong, un organisme gouvernemental philippin donnait des visas de sorties aux pauvres gens qui voulaient s'expatrier contre l'engagement de renvoyer chaque mois une partie de leur salaire vers les Philippines. Faute de quoi le visa serait supprimé.

Pour les expatriés de Hong Kong recherchant un tourisme de plaisirs charnels, Manille était une destination de choix.

Nous ne retournerons pas aux Philippines, car d'autres destinations asiatiques auront notre préférence durant notre bref séjour à Hong Kong.

Chapitre 4
La Malaisie 1985

Ce chapitre ne devrait pas exister, car nous ne connaissons rien de ce pays.

La grisaille bétonnée de Hong Kong en hiver nous pousse à rechercher le soleil et la chaleur pour une petite semaine de vacances et, suivant les conseils d'amis, nous nous sommes inscrits pour un séjour au Club Med de Sherating en Malaisie.

Première tentative au club Med pour nous qui y étions plutôt défavorables en pensant au film « les bronzés » tourné en Côte d'Ivoire et la convivialité d'une cohabitation un peu envahissante.

Mais en Asie les conditions sont différentes et nous avons décidé de tenter l'expérience.

Avion de Hong Kong vers Kuala Lumpur où nous passons une nuit avant de reprendre le vol vers Sherating.

Premier contact avec un pays asiatique musulman. Au dîner, pas d'alcool et au petit déjeuner du bacon de bœuf sans goût.

Une petite promenade à pied autour de l'hôtel nous donne le sentiment d'une grande ville moderne aux larges avenues avec des arbres gigantesques. Vision fugitive qui ne peut nous donner une idée de la réalité.

Vol sans encombre et séjour agréable pendant lequel les enfants : Thierry, 16 ans accompagné de sa copine du moment Claire. Jeremy 14 ans et Hélène 9 ans sont en liberté totale et peuvent faire du sport et des ateliers de toutes sortes.

Nous jouons un peu au tennis, faisons du snorkling et gagnons au moins 3 kilos en nous gavant sans modération sur les multiples buffets à volonté. Chambres au décor minimaliste et couloir extérieur en bois qui résonne sous les pas des clients qui passent à n'importe quelle heure.

Il y a même un restaurant japonais qui est pris d'assaut par de jeunes couples japonais, tous venus au Club pour leur voyage de noces. Un marketing bien ciblé pour l'agence club med du Japon.

Chapitre 5
Un petit bout de l'Inde 1985

Une petite semaine de vacances en novembre et c'est une occasion de partir pour l'Inde et comme c'est très grand et que nous n'avons qu'une semaine à lui consacrer, nous allons nous contenter du Radjahstan. En fait, c'est déjà un challenge !!!

Ce n'est pas une improvisation, car le voyage est organisé depuis le mois de juillet. Nous partons avec un couple d'amis français Sophie et Patrick avides comme nous de connaître le Radjahstan. Une agence de voyages de Hong Kong tenue par un jeune Indien et sa femme, « Punam » organise vols et hôtels 5 mois à l'avance.

C'est absolument indispensable, car, malgré cette précaution, nous sommes en liste d'attente sur tous les vols intérieurs. Punam optimiste nous rassure : il y aura des désistements. Je me méfie quand même.

Nous avons choisi de bons hôtels 4 ou 5 étoiles pour être certains de leur sérieux. L'Inde n'a pas bonne réputation pour les touristes.

Premier jour, arrivée à Jaiphur, ville rose, grouillante de monde. La foule innombrable est magnifique, femmes en saris de toutes les couleurs avec des foulards en soie également colorés qui leur couvrent la tête ; hommes en blanc, pantalon façon sarouel et tunique blanche, la tête ceinte de turbans rouges ou oranges. Ils ont des profils à couper au couteau.

La circulation est intense alliant autos, motos, rickshaws et charrettes en tous genres sans oublier les vélos dans un grouillement inextricable.

Nous visitons la ville rose et montons au fort d'Amber à dos d'éléphant.

Le lendemain, journée chargée sur la route vers Ajmer pour rejoindre Pushkar, ville au bord du désert dans laquelle, chaque année, autour de la lune de novembre se déroule une colossale vente de chameaux qui sont en fait des dromadaires.

Dans la religion hindouiste, les vaches sont sacrées. Elles ne tirent pas les charrues ni les charrettes, mais se promènent librement dans les rues, créant des embouteillages quand bon leur plaît et en se nourrissant aux étals des maraîchers qui doivent laisser faire et les éloigner avec diplomatie.

Le dromadaire est donc un animal de trait fort utile dans ces régions désertiques et le marché de Pushkar un évènement qu'il ne faut pas rater. Aux abords de la ville est un lac sacré où les fiancés viennent se déclarer leur flamme à la lune de novembre et cela ajoute à la magie de ce grand rassemblement.

Dans la ville, en 1985, pas d'hôtel pour touriste, mais un campement d'immenses tentes en toile dans lesquelles les chambres sont délimitées par des cloisons amovibles ; les WC sont communs et les douches sommaires. Au petit déjeuner, Omelette au curry de poulet pour bien démarrer la journée. En fait nous nous sommes levés très tôt pour voir le lever du soleil au campement et la lumière du petit matin si précieuse pour les photos.

Les chameaux sont à terre, les hommes font de petits groupes frigorifiés autour de feux alimentés par du crottin de chameau seul combustible dans ce pays désert. On se retrouve au moyen âge ; çà et là, des femmes et des enfants ramassent le crottin dans des paniers pour le revendre.

Après le petit déjeuner retour au marché. Les transactions vont bon train et les billets changent de mains allègrement. Pour paraître attirants, les dromadaires sont maquillés avec du Khol (minerai de plomb) autour des yeux, des dessins au charbon sur le museau et des pompons de couleurs vives autour de la tête.

Un attroupement de vautours s'anime autour d'une carcasse de chameau nauséabonde qui sera bien vite nettoyée.

Dans le village, c'est la fête foraine avec des manèges en bois pour enfants, actionnés par des manivelles ou des hommes qui pédalent. Plus loin, un arracheur de dents a déployé son matériel qui ne donne pas très envie de souffrir des dents.

Toujours les beaux saris des femmes et les turbans des hommes. Nos appareils photo mitraillent. C'est un évènement qu'il n'est pas permis de voir tous les jours.

Nous reprenons la route pour une autre demi-journée de voyage. Le taxi roule à moins de 50 à l'heure. Les taxis sont de vieilles Morris Ambassador dont la chaîne de montage a dû être abandonnée par les Anglais dans les années 60. Un passager est à côté du chauffeur ; la place du mort est une épreuve féroce, car les dépassements se font sans tenir compte de la configuration de la route. Le chauffeur entame le dépassement d'un camion sans se préoccuper de ce qui peut venir en face et, bien sûr, sans visibilité. On arrivera sûrement à se pousser au dernier moment. Notre amie Sophie un peu nerveuse pousse quelques hurlements qui ne désarment pas notre chauffeur. À l'arrière, les trois passagers se cognent dans les cahots de la route, celui du milieu est le jambon, les deux autres, les tranches de pain. On ne sait pas quel est l'endroit le plus confortable.

On se dit qu'en cas d'accident entre deux autocars, le bilan se chiffrerait en centaines de victimes. Les passagers sont entassés sur le toit des cars avec les bagages et les animaux ; ça nous change des règles de sécurité en vigueur à Hong Kong où la ceinture arrière est déjà obligatoire.

Nous parvenons enfin et sans encombre à notre destination suivante Jodhpur.

Jodhpur est une grande ville surplombée d'un palais fortifié, domaine du Maharadjah. Du fort on aperçoit les maisons au-dessous de nous dont les cours intérieures sont peintes en bleu. Dans la lumière du soir, c'est un spectacle féerique. La visite de ce fort colossal vaut le voyage.

Pour l'hôtel nous avions choisi le Rambagh Palace, 5 étoiles et ancien palais de Maharadjah. Là, pas de chance : Notre réservation n'a pas été prise en compte et nous sommes bien dépités. Le guide local ne désespère pas et va nous trouver une solution chez l'habitant. On commence à maudire Putnam, notre organisatrice.

Un notable local met sa maison à disposition des touristes malchanceux. Il s'avère que c'est une magnifique demeure avec un haras de chevaux pur-sang. Le maître de maison a joué au Polo avec le Prince Philip d'Angleterre et nous montre des photos historiques. Nous dînons confortablement avec notre hôte qui a vraiment beaucoup de classe et plein d'histoires à raconter.

L'eau chaude n'est pas encore installée dans les salles de bains, mais les filles de l'hôte nous apportent des bassines d'eau chaude pour notre toilette. Finalement, un contretemps bien agréable.

Le lendemain, vol sans encombre vers Jaisalmer. La liste d'attente s'est estompée en notre faveur.

Cité construite à la frontière du désert, Jaisalmer doit sa prospérité aux caravanes qui y faisaient escale depuis des siècles et ont enrichi les commerçants.

Les plus riches ont construit des palais en pisé ou mortier couleur ocre sombre, avec des décorations en stuc ; c'est très impressionnant.

Arrivés à l'hôtel, nouvelle déconvenue ; il est plein et on nous a gardé des chambres dans une annexe sans intérêt qui n'a rien avoir avec celles du palace réservé avec soin. Nous nous installons en bougonnant après Punam, mais nous n'avons pas le choix et nous demandons à être réveillés avant le lever du soleil avec une tasse de thé pour pouvoir photographier les remparts dans la première lueur. La boisson se nomme « bed tea » et est servie avec du lait concentré et une bonne dose de sucre. « Not my cup of tea », dirait Angela.

Les fortifications de la ville sont impressionnantes et le lever matinal est récompensé par un spectacle superbe.

Avant d'atteindre les remparts, nous traversons la ville à pied dans l'obscurité. Devant nous des gens sont accroupis au milieu de la rue dans une position sans équivoque. Mieux vaut passer sans regarder et éviter de marcher dans la rigole centrale de la rue. Le camion-citerne passera un peu plus tard pour nettoyer. On passe discrètement près des officiants.

C'est quand même une grande première pour nos esprits civilisés.

À l'aéroport, nouvelle surprise, nous sommes toujours en liste d'attente pour ce vol et on nous met sur le côté.

Après une heure et demie d'attente, on voit la porte se refermer devant nous. Notre ville de destination Udaipur est à plus de trois cents kilomètres et on ne nous offre pas d'autre vol.

Nous entamons donc un voyage en taxi pour la journée entière avec les péripéties habituelles de dépassement, mais en prime l'Ambassador tombe en panne et nous voilà devant un garage miteux du nom de « Modi Motors », joli jeu de mots pour nous, qui ne présage rien de bon. Mais tout s'arrange toujours dans ce pays où l'on hoche la tête de droite à gauche pour dire OUI et nous reprenons la route avec bonne humeur.

Notre chemin passe par un temple « Jain » en marbre de toute beauté que nous n'aurions jamais pu voir avec l'avion. Ranagphur. C'est une belle consolation et nous sommes les seuls à le visiter. Il consiste en une multitude de colonnes en marbre blanc toutes décorées de manière différente.

Arrivés à notre étape d'Udaipur c'est pour nous le clou du voyage et nous avons réservé au Lake Palace, magnifique hôtel au centre du lac qui a été rendu célèbre dans le film de James Bond « Octopussy » sorti l'année passée et là : pas question de rater.

Nous chargeons les bagages sur le petit ferry qui mène à l'hôtel avec un grand espoir.

À la réception, devinez : pas de réservation. Je suis maintenant convaincu que notre agent n'était pas très compétent, mais c'en est trop et je commence à élever la voix en présentant à l'employé de la réception le fax de confirmation qui nous a été remis au départ. Imperturbable, il refuse de comprendre. Heureusement un cadre de l'hôtel entend mes éclats de voix et prend les choses en main. Bien entendu nos chambres sont bien réservées. L'employé a dû se tromper. Il voulait simplement un bakchich.

Bien installé dans notre chambre au rez-de-chaussée, j'ouvre la fenêtre juste au-dessus du lac et déguste un whisky bien mérité, les pieds sur la fenêtre pendant qu'Angela prend sa douche.

Quand elle sort de la salle de bains, elle pousse un cri : la chambre est emplie de moustiques, de véritables nuées qui tapissent entièrement les murs. Pas question de dormir là-dedans.

Avant d'aller dîner, toutes issues fermées, je prends la bombe insecticide que nous avons eu l'idée d'acheter par précaution et la vide dans la chambre.

Au retour, nous trouverons le tapis et le lit couverts d'insectes morts et la nuit sera bonne, fenêtre fermée et en climatisé.

Le lendemain, une ballade très matinale en barque nous permet de voir, outre le paysage lacustre trempé dans la brume matinale, les ablutions des habitants de la ville immergés dans l'eau du lac. Spectacle que nous photographions avec discrétion.

Plus tard, dans la ville, un émerveillement avec le palais, le musée, des trésors d'orfèvrerie, de sculptures et peintures où se mêlent plusieurs civilisations, dont les Moghuls musulmans, qui ont occupé la région pendant quelques siècles et ont laissé des œuvres splendides. Nous achetons des gravures peintes au dos de pages du Coran.

Dernière étape, retour à Dehli en avion.

Nous avions prévu une excursion vers le fameux palais d'Agra, le Taj Mahal qui est une des 7 merveilles du monde, mais le lever très matinal ajouté à une condition physique diminuée par l'alimentation des restaurants (Dieu merci pas d'empoisonnement ou difficulté gastrique grave) nous avons préféré rester à New Dehli et visiter le fort rouge qui est également très intéressant.

Voyage un peu mouvementé, mais dont nous gardons les images colorées avec toujours beaucoup d'émotion.

Là encore, nous n'aurons pas l'occasion de revenir en Inde, mais tout n'est pas perdu.

Chapitre 6
Singapour 1986

En 1986, nos bons amis H. de Hong Kong nous quittent. Patrick prend un poste à la BNP de Singapour.

Nous profiterons des fêtes de Noël pour prendre une semaine des congés et les y rejoindre.

Nous découvrons une grande ville bétonnée comme Hong Kong, mais avec la végétation tropicale en plus ce qui donne un aspect plus ouvert et plus aérien malgré la taille gigantesque des immeubles. Le climat est beaucoup plus chaud et humide que Hong Kong. La ville a pu, en outre, se développer sur un périmètre que Hong Kong, bloquée entre son île et l'étroitesse des nouveaux territoires, n'a pas eu la chance d'avoir.

Ici tout est propre, interdiction de jeter des ordures ou même un papier dans la rue sous peine d'amende. Dans la rue, devant nous, un petit garçon perd un papier qui tombe de sa poche ; Angela le lui signale et il se précipite, apeuré pour le ramasser, craignant de se faire gronder.

Un jeune européen a été pris, en train de taguer un mur. Il comparaît en justice et sera condamné à plusieurs coups de bâton. Toute la presse internationale se mobilise pour s'émouvoir de ce traitement inhumain. Je pense que ces quelques coups l'auraient dissuadé de recommencer. Il devient une vedette de la presse internationale.

Singapour située au bout de la Malaisie a une position stratégique sur le détroit de Malaka et a donc fait l'objet de nombreuses convoitises.

Occupée par les Anglais à l'époque coloniale, elle a été conquise par les Japonais en 1942 puis a pris son indépendance et s'est dotée d'un gouvernement autoritaire.

La population est partagée entre des origines malaises et chinoises. Un vieux quartier chinois très typique nous replonge dans ce que nous connaissons avec la préparation du Nouvel An chinois et ses décorations rouge et or. Un autre quartier appelé Little India est le fief des Indiens également présents et dispose de son temple hindouiste.

Nos amis sont logés par la banque dans un beau quartier résidentiel ou de grandes maisons coloniales avec terrasses sont cachées dans de vastes jardins luxuriants. Les enfants sont du voyage et retrouvent leurs copines de classe de HK. Il y a assez de place pour nous loger tous. On se promène en ville pour le shopping, et on joue au tennis. Un Noël bien chaud qui nous fait penser à l'Afrique.

Par la suite, quand j'aurai pris ma retraite, Singapour deviendra une escale où nous passerons quelques jours avec nos amis avant d'entreprendre un nouveau voyage pour l'Australie ou un autre pays d'Asie.

Après que Patrick ait quitté la profession bancaire, nos amis gèrent trois boutiques d'antiquités dans la même galerie marchande. La boutique principale contient les antiquités collectées par Annig au cours de ses voyages.

Patrick lui s'est spécialisé dans le mobilier colonial. Curieuse reconversion après la gestion de clients privés de la banque, mais plusieurs essais avec différentes banques de Singapour l'ont convaincu d'abandonner cette voie.

La troisième boutique vend des œuvres de peintres asiatiques, mais surtout vietnamiens, collectés à Hanoi.

Le jardin botanique de Singapour vaut le détour ainsi que le parc des oiseaux. On y déguste aussi toutes les cuisines du monde avec l'embarras du choix.

Depuis la ville, on peut se rendre dans des îles voisines indonésiennes dont celle de Bintan ou nous avons passé quelques jours au bord de la mer en jouant au golf sur un parcours de bonne qualité. Les caddies, obligatoires sur ce parcours, sont de jeunes indonésiennes qui conduisent la voiturette (de rigueur) et montrent, quand on leur donne l'occasion de jouer une balle, qu'elles ont un excellent niveau de jeu.

Une autre sortie de golf s'est passée en Malaisie à une centaine de kilomètres de Singapour.

Parcours, tiré au cordeau, vestiaires luxueux avec douches, parfums, etc., et un retour, conduit par le copain de Patrick qui roulait en BMW à 200 à l'heure sur une autoroute limitée à 110. et nous a procuré quelques frissons.

Je suis sûr que nos amis, ayant vécu 27 ans dans cette ville, auraient plus de choses à raconter que moi.

Les quartiers traditionnels chinois et indien avec leurs rues étroites bourrées de monde et leurs boutiques authentiques sont un choix à chacun de nos voyages.

La ville prend, chaque année, plus d'ampleur malgré les crises économiques et les nouveaux édifices font preuve d'une architecture avant-gardiste.

La mainmise de HK par la Chine accentue encore la domination de Singapour sur l'ancienne colonie britannique.

Notre plus court séjour dans la ville a eu lieu lors d'une escale de 5 heures en route vers Perth.

Nos amis, venus nous accueillir, nous ont invités chez eux pour dîner, occasion de prendre une bonne douche après 11 heures de vol. Retour en Taxi vers l'aéroport pour la correspondance vers l'Australie. On aura même pu sortir la guitare pour pousser la chansonnette. On a toujours eu beaucoup de plaisir à retrouver nos amis dans ce cadre magnifique.

Chapitre 7
Un tout petit bout de Chine 1987

Mon travail à la banque ne me laisse pas d'opportunités de voyages professionnels qui pourraient se transformer en voyages touristiques.

Pour une courte semaine de printemps, nous décidons, avec l'aide de ma secrétaire, dont le mari travaille dans un hôtel en Chine, de partir à la découverte de cet immense pays en commençant par un petit morceau.

Les parents d'Angela séjournent avec nous et sont du voyage avec un couple d'amis de la BNP.

La balade commence par un vol vers Canton, ancien comptoir de commerce pour les Français qui y ont laissé quelques traces architecturales sans grand intérêt. Nous séjournons dans un hôtel immense de plus de 1000 chambres à l'architecture soviétique sans goût.

Le restaurant de l'hôtel grand comme un hall de gare est rempli de tables de 8 à 10 personnes qui mangent dans un brouhaha insupportable.

Les « table manners » laissent à désirer. Les déchets de tables, os de poulet, arêtes de poisson sont crachés par terre sur la belle moquette rouge qui a connu des jours meilleurs.

Dans les toilettes, je trouve une dame en train de changer les couches du bébé dans le lavabo. Pas besoin de faire un dessin pour la propreté du lieu.

La qualité de la nourriture n'a rien à voir avec ce que nous connaissons à Hong Kong et il vaut mieux s'aventurer avec précaution dans le choix des plats d'ailleurs traduits en Anglais avec une précision qui laisse à désirer.

On nous dit que les approvisionnements ne sont pas faciles.

Dans la vieille ville, nous visitons un marché gigantesque et passons rapidement dans le quartier des bouchers où toutes sortes d'animaux dont de nombreux chiens dépecés pendent des crochets de boucher. Je passe sur les viscères d'animaux et autres produits peu appétissants ainsi qu'à l'odeur nauséabonde qui domine dans le marché.

Nous flânons un peu chez les antiquaires, mais sans enthousiasme, car ce n'est pas le but du voyage et notre ville de Hong Kong a des boutiques à profusion. Je garde peu de souvenirs de cette ville où piétons et vélos sont rois. Motos et voitures ne sont pas encore arrivées. À Pékin, les collègues de la banque qui y vont pour le travail disent qu'il y a si peu de voitures que l'on se gare facilement devant le magasin que l'on recherche.

Le lendemain nous prenons un autre avion pour Gui Lin, petite ville à une heure de vol de Canton célèbre par sa rivière « Li » entourée de reliefs karstiques.

Le mari de ma secrétaire nous reçoit comme des princes dans son hôtel. La Chine s'ouvre au tourisme, mais ne dispose pas de personnel qualifié pour gérer, diriger, entreprendre… Pour l'hôtellerie ils recrutent à Hong Kong qui regorge de cadres qualifiés.

Toutes ces années de fermeture intérieure ont bloqué le développement économique.

Pour remettre en place le trafic fluvial sur le Yang Tsé Kiang, abandonné depuis 1949, ils ont fait appel à d'anciens employés en retraite de la société britannique qui assurait le service avant la révolution de Mao.

Le directeur de l'hôtel met à notre disposition une guide qui parle anglais correctement et nous visitons la ville.

En découvrant la cité, on a l'impression de se retrouver au moyen âge ; rues non couvertes d'asphalte qui servent d'égout ou de toilettes, transport des marchandises en pousse-pousse et une misère que l'on devine en voyant les vêtements des passants.

Un temple taoïste, un petit musée et quelques artisans peintres et sculpteurs ; nous ne nous attardons pas vraiment. À notre départ, notre guide nous offrira un tableau qui montre les reliefs du coin.

Le clou de la visite c'est la remontée de la rivière Li dans un bateau à fond plat.

Nous sommes les seuls étrangers du groupe de touristes à bord. Les Chinois sont bruyants ; ils recherchent dans les reliefs karstiques, mélange de rochers de différentes couleurs et d'arbres perchés sur les parois verticales, des figures fantastiques, dragons, chevaux, éléphants et les découvrent avec des Oooohs et des aaaahs tout en se faisant photographier devant les paysages.

Les paysages sont vraiment magnifiques et nous passons une très bonne journée sur le bateau avec un repas qui ne vaut pas de commentaire sinon une soupe de tortue pleine de cartilages et plutôt mauvais goût.

Cette petite incursion dans un monde inconnu pour nous nous donnera envie de voir d'autres parties de la Chine, mais ce ne sera pas possible. Un autre voyage organisé pour voir Pékin, Shanghai et Tsiang et son armée de guerriers en terre cuite avortera pour les besoins du travail.

C'est donc avec un peu d'amertume que nous avons totalement raté la découverte de cet immense pays.

Chapitre 8
1992/1994 – Les pays du Golfe

Révélés au monde occidental grâce à l'exploitation du pétrole qui les a sortis de leur situation de Bédouins nomades propriétaires de chameaux, ces pays ont été l'objet depuis les années 1970 d'un développement économique incroyable.

J'ai déjà longuement parlé du Qatar et du Sultanat d'Oman où nous avons vécu plusieurs années.

Les autres émirats ont été pour moi l'objet de visites pour le boulot dans le cadre de courtes missions.

Au Qatar au début des années 1980, les hôtels et restaurants ne servent pas d'alcool et on sait qu'à Bahreïn, la situation est différente. Profitant d'un long week-end, nous prenons l'avion pour Bahreïn, ayant réservé un hôtel où nous sommes sûrs de trouver à boire. C'est drôle comme la restriction d'une denrée attire la convoitise de nous, pauvres humains.

Bahreïn est une petite île du golfe arabique rattachée à l'Arabie Saoudite par un pont routier qui permet aux saoudiens de venir goûter des plaisirs qui leur sont interdits chez eux. Cet état de choses est toléré par le grand frère saoudien et apporte des devises à ce petit émirat qui ne possède pas de gisements de pétrole. Ils espèrent en trouver en mer et ce sera une cause de conflit avec leur voisin qatari qui contrôle les eaux territoriales et ne veut pas se faire chopper son magot !

Je crois que les banques ne payent pas trop de taxes et de nombreux bureaux offshore traitent une clientèle fortunée qui pratique l'évasion fiscale au détriment de leur pays d'origine.

Rien de bien excitant dans cet émirat sinon le souk de l'or et des bijoux que nous visitons rapidement.

J'ai eu l'occasion de passer un week-end à Abu Dhabi pour une réunion des cadres de la Banque travaillant dans les agences du golfe et, à part des immeubles plus modernes, plus nombreux et plus hauts qu'au Qatar qui n'a pas encore atteint son pic de développement, il n'y a pas encore grand-chose à découvrir dans cet émirat.

L'émirat voisin, plus strict au point de vue religieux, est Sharjah. Mon copain Alain, ancien de la BIAO Nigéria, y travaille comme cadre à la banque Indosuez. Il me fait visiter le souk de Sharjah important et typique.

Depuis Oman, travaillant sur un projet de refonte informatique de la banque, je fais une mission à Riyad en Arabie Saoudite où une banque de la ville est en train d'implanter le système qui nous intéresse.

On m'a réservé un hôtel luxueux et je suis avec le responsable informatique de la banque d'Oman.

Après le travail, nous flânons dans les boutiques, vers 17 heures, aux cris des nombreux muezzins de la ville, toutes les boutiques du souk et de la ville baissent le rideau et ferment pour 20 minutes afin que chacun puisse procéder à la prière. La police religieuse effectue des rondes et veille à ce que la fermeture soit respectée. Ici, les femmes sont totalement voilées, y compris les étrangères et aucune femme ne peut conduire une voiture.

À la tombée de la nuit, c'est un ballet de voitures luxueuses qui roulent à faible allure dans les vastes avenues. Les femmes ne conduisent pas, mais elles sont assises à l'arrière des limousines conduites pas leur chauffeur et se font admirer par les passants. Elles sont totalement voilées, mais la richesse peut se mesurer à la qualité des abbayas (longues tuniques qui cachent la totalité du corps).

Les hommes, eux, ont le visage découvert et prennent beaucoup de soin à ajuster leur keffieh. C'est un grand foulard blanc avec des motifs géométriques rouges qui tient au sommet du crâne avec une cordelette noire que les Européens appellent la courroie de ventilateur (fan belt).

Cela ne doit pas cacher le profil. Les hommes arabes sont très narcissiques et leur voiture est équipée de deux rétroviseurs intérieurs dont l'un est braqué sur leur visage.

On prétend que certaines princesses repèrent de futurs amants dans leurs voitures, notent l'immatriculation et font convoquer le jeune premier à leur palais pour un divertissement où ils doivent se montrer performants ! Est-ce vraiment le cas ?

Ici l'adultère est puni de lapidation, mais la royauté doit pouvoir jouir de certaines exceptions.

L'alcool est totalement interdit, mais tous les expatriés en consomment. Ils vivent dans des compounds isolés des habitations de Saoudiens et certains sont passés maîtres dans les techniques de l'Alambic.

On me raconte : un expatrié est à la caisse du supermarché ; dans son caddy, du sucre en poudre et du raisin blanc. Le caissier lui dit : Monsieur, je crois que vous avez oublié la levure (indispensable pour faire son vin).

À Riyad, j'achète un tapis Kilim long pour notre maison du midi et une raquette de tennis qui est un peu moins chère qu'en Oman et nous quittons ce pays sans regret.

Dernier émirat de la liste : **Dubaï**.

De Mascate, on peut rejoindre Dubaï par la route et on entre aux émirats par Al Ain, seule frontière ouverte aux étrangers et où l'on peut acheter son visa d'entrée et de sortie.

La route est longue et monotone, montagneuse en Oman, sablonneuse aux émirats.

En 1992 Dubaï est en plein Boom de construction. Sans réserve de pétrole, l'émirat mise sur une ville de services consacrée aux affaires et au tourisme, banques offshore et boutiques hors taxes à l'aéroport qui en fait un must pour le shopping. Le développement de l'aéroport est spectaculaire et la compagnie Emirates devient rapidement l'une des plus grosses flottes d'avion au monde.

Au cours de ce premier voyage en voiture, je me contente d'acheter quelques cassettes vidéo pour les enfants. Elles manquent de ne pas pouvoir passer la douane, car il faudrait les visionner pour vérifier qu'elles n'ont pas un contenu pornographique ou des éditeurs israéliens. Après une demi-heure de palabre, le policier laisse passer de guerre lasse.

Plus tard, de retour d'Australie en 2010, nous faisons escale à Dubaï et avons réservé une chambre au Sofitel, tout juste restaurée et d'un luxe incroyable.

La chambre vaste au 20e étage donne sur la mer ; au-dessous de nous dix étages plus bas une piscine chauffée ou l'on peut se faire servir des cocktails alcoolisés dès 18 heures. Notre clé nous permet d'accéder directement à la plage au rez-de-chaussée. Drôle d'impression que de se baigner dans cette eau limpide devant une barre d'immeubles vertigineux.

Hélène nous a conseillé de réserver une table pour prendre le thé au dernier étage de la tour Burj al Arab qui est, pour le moment, avec plus de 300 mètres de hauteur l'édifice le plus élevé de l'émirat.

C'est un hôtel 5 étoiles avec escalier roulant dans le lobby entouré de centaines de bouquets de roses.

L'ascenseur qui a l'air d'être construit en or massif nous propulse à grande allure au dernier étage. Le « package thé » coûte environ 80 euros, mais cela vaut le détour : petits canapés sur un présentoir en forme de voile et suprême luxe, une coupe de champagne. La visite est minutée, car les réservations sont nombreuses. Puis vient le thé que l'on choisit à la carte parmi 15 variétés et les petits fours sans oublier les scones à la crème du Devonshire ; sa Majesté britannique a laissé des traces !

On profite d'une superbe vue sur les buildings et le désert, mais, à Dubaï, l'air est toujours empli de brume et la vision n'est pas nette.

Prochaine étape l'aquarium géant situé en dessous de l'immense hôtel Atlantis qui est situé sur une île artificielle où l'on accède par un tunnel. Par de grands hublots, on voit une ville en ruine telle que l'on peut imaginer l'Atlantide et on voit défiler une multitude de poissons, dont des mérous géants et des requins de bonne taille. Parmi les attractions, une colonne de minuscules méduses qui brillent sous les projecteurs de leur petit bassin.

Par un hublot, on distingue un autre hublot derrière lequel des gens sont attablés au restaurant de l'hôtel pour un déjeuner façon « capitaine Nemo » dans 20 000 lieues sous les mers.

Une autre visite s'impose : the Mall of the Emirates, gigantesque centre commercial qui regroupe toutes les enseignes de luxe du monde et la piste de ski climatisée où l'on peut voir descendre skieurs et luges en buvant un Costa café en climatisé.

Visite au souk de l'or toujours très prisée des touristes et au port commercial d'où des boutres énormes traversent le golfe en direction de l'Iran, chargés de marchandises qui laissent penser que la contrebande est fructueuse avec ce pays. Quand nous vivions au Qatar, ces boutres ramenaient du caviar iranien en grande quantité que nous achetions sans modération à un prix très abordable.

Le soir on va dans Dubaï Marina, sorte de petite Venise du Golfe avec des mini bateaux en forme de gondoles qui promènent les locaux et une quantité incroyable de restaurants au bord de l'eau. Pour se rappeler nos années passées dans ces régions, nous mangeons de la viande argentine d'excellente qualité.

Une dernière visite à Dubaï aura lieu en 2017 lors d'un voyage Émirats et Oman qui nous permettra de visiter le Musandam, péninsule rocheuse faisant partie du sultanat d'Oman, mais accessible seulement par les émirats.

Au cours de ce voyage, nous découvrirons l'immeuble le plus haut du monde Burj al Khalifa de plus de 800 mètres de hauteur avec sa galerie commerciale qui contient un aquarium sur deux étages.

Un ascenseur nous mènera à plus de 500 mètres d'altitude au-dessus de la ville.

Au cours de notre visite de la ville, une pluie torrentielle s'abat sur nous et, au moment de reprendre notre taxi dans une longue file d'attente, nous apprenons que l'autoroute de 6 voies a été fermée à la circulation pour cause d'inondation faute de drainage (la pluie est si peu fréquente que le prix n'en vaut pas la chandelle) et nous nous dirigeons vers le métro aérien. À 8, nous pénétrons dans un wagon et, au bout de quelques instants et des regards accusateurs autour de nous, nous comprenons que les compartiments sont « Unisex » et les hommes, penauds se dirigent vers le compartiment qui leur est réservé.

La crise de 2008 avait vidé Dubaï d'une partie de sa population expatriée, du fait de licenciements massifs et de chute des marchés. Certains expats quittaient la ville en abandonnant leur voiture à l'aéroport.

La vie a repris sans problème depuis et de nouvelles constructions apparaissent tous les jours.

Chapitre 9
Le Yémen 1993

Nous vivons à Mascate, Sultanat d'Oman et avons entendu des récits passionnants de voyages au Yémen.

Ce pays montagneux, sauvage, peuplé de guerriers dont les différentes tribus n'ont jamais cessé de se battre entre elles et contre les nombreux envahisseurs. Autrefois divisé en deux pays distincts le Nord (Sanaa) et le sud (Aden), les provinces se sont réunies pour former une seule nation, mais le problème est loin d'être résolu au moment où nous y arrivons. Il demeure un pays pauvre par comparaison aux riches émirats voisins malgré une production de pétrole naissante.

Avec nos amis Larry et Cheryl, nous organisons les vols. Pour atteindre Sanaa, capitale du Yémen, il faut passer par Dubaï. Les vols ne sont pas fréquents et nous devons passer la nuit à Dubaï avant de prendre la correspondance. Je n'ai pas de visa pour Dubaï et on reste sur des fauteuils jusqu'au matin.

L'avion n'a pas le droit de survoler l'Arabie Saoudite, ennemie du Yémen, donc il fait un grand détour passant au-dessus du Sultanat d'Oman dont nous venons.

Dans l'avion, je joue avec l'altimètre de ma montre de plongée qui donne des altitudes farfelues en fonction de la pressurisation de la cabine. On n'a pas encore les jeux vidéo pour occuper les doigts.

À la descente, je surveille la décompression et vois que nous continuons de monter au lieu de descendre. L'avion de pose ; mon altimètre me donne la réponse : la ville de Sanaa est à 2400 mètres d'altitude.

Il y fait frais surtout par rapport à Mascate où la température, en mars, commence à monter.

La société qui emploie Larry possède un appartement de passage dans Sanaa et nous pouvons y loger pour quelques jours.

Nous apprécions tellement la fraîcheur du soir que nous dormons fenêtres ouvertes. C'est presque la fin du ramadan, vers 3 heures du matin, les muezzins nous appellent à la prière de tous les haut-parleurs de la ville et, cerise sur le gâteau, la prière dure une heure.

On s'en remet bien vite et dès le matin nous attaquons la visite de la ville.

La ville moderne n'a aucun intérêt, elle rappelle un peu les villes coloniales d'Afrique avec les ordures partout. Par contre la vieille ville est étonnante. Les immeubles de 5 à 9 étages sont construits en briques de boue d'argile rouge avec les encadrements de fenêtres peints en blanc. On dit que la base est faite en pierres pour garantir la solidité des édifices.

Les pièces sont ordonnées suivant un ordre rigoureux du rez-de-chaussée pour les animaux au dernier étage réservé aux fumeries de Qat en passant par le Majlis, la cuisine et les habitations. Les murs sont très épais pour tenir compte des variations importantes de température entre le jour et la nuit.

Les ruelles sont sombres et non pavées. De temps en temps tombe d'une fenêtre supérieure une douche nauséabonde. Pas de tout-à-l'égout. On ne sait pas si le jet est intentionnel. On voit très peu de touristes en ville et, peut-être, ne sommes-nous pas bienvenus ?

La ville de Sanaa

Dans la rue, on est revenu quelques siècles en arrière. Les hommes ont une drôle de tenue vestimentaire que nous avons rencontrée au Dhofar, province du sud de l'Oman. Un pagne de couleur sombre leur serre la ceinture parfois remplacé par une sorte de tunique blanche. En haut une chemise à col et une veste de costume à l'européenne ou blouson militaire kaki. Sur la tête un turban. Dans le marché certains ont le fusil à l'épaule et les cartouches en bandoulière. Ils ont des mines plutôt patibulaires et on ne va pas les chatouiller pour voir ce qu'ils pensent. Les femmes ont des vêtements sombres avec pantalon sarouel et sont masquées pour la plupart. Nous ne prenons pas de photos.

À part cette découverte du marché, nous ne nous attardons pas en ville et mangeons dans un hôtel international qui semble le mieux approprié.

Nous sommes toujours à la recherche d'objets et de bijoux en argent, affectionnés par les femmes yéménites, mais qui, devant des besoins de liquidité, doivent les vendre au poids de l'argent à des commerçants qui les feront fondre. Heureusement on peut encore en trouver chez les brocanteurs et Angela fouille avec énergie.

Au Yémen, et malgré le boycott d'Israël par tous les pays arabes, les artisans du cuir, cordonniers, les bijoutiers et les orfèvres sont juifs. Ils ne sont pas persécutés et on les voit dans la rue avec leurs rouflaquettes sur la tête et leurs habits noirs.

On nous dit qu'ils sont expulsés en principe, mais ont l'interdiction de quitter le pays avant d'avoir prouvé qu'ils ont transmis leur savoir à un yéménite. Vu l'ardeur des locaux au travail, ils doivent y être encore !

Nous achetons une Jambiya, c'est un poignard à la lame pointue et courbe qui doit bien éventrer un ennemi. Le manche est en bois précieux ou en corne, mais aussi en argent et le fourreau très incurvé est en argent ciselé. On dit que la qualité de l'argent est mauvaise au Yémen à cause d'alliages avec des métaux moins nobles.

J'en achète un qui s'alliera très bien avec son cousin omanais qui s'appelle le Khanjar et dont le fourreau est plié en angle pour un but purement décoratif.

On reconnaît la noblesse de l'homme à la qualité de son poignard.

À l'aéroport de Mascate, le douanier m'annoncera que ma Jambiya ne peut pas entrer dans le pays. Je m'étonne de cette restriction et le douanier me montre des étoiles juives à six branches gravées sur la lame du poignard. Je propose de lui laisser la lame et une demi-heure de négociation, terminée par un « KHALASS » dégoûté, permettra à la Jambiya de pénétrer en Oman (NDLR : Ça Suffit).

Nous décidons de tenter une sortie dans le pays.

À notre descente d'avion, un fonctionnaire de l'Ambassade britannique nous avait remis un papier nous déconseillant de quitter la ville à cause des risques d'enlèvement et de demandes de rançon qui avaient eu lieu récemment dans le pays.

Nous pensons qu'en utilisant des taxis pour aller dans la campagne on ne risque pas d'éveiller l'attention des bandits de grand chemin qui recherchent les gros 4x4 avec de riches entrepreneurs à rançonner.

On trouve donc un chauffeur de taxi qui accepte de nous conduire dans l'intérieur du pays. Le Yémen dispose de trois routes goudronnées : l'une construite par les Russes, la deuxième par les Français et la dernière par les Allemands. Elles restent de bonne qualité bien que très sinueuses dans cette contrée montagneuse. On a voulu économiser sur les ouvrages d'art !

Le véhicule est une grosse Mercedes des années 60 qui affiche 600 000 kilomètres au compteur. On se demande si on a fait le bon choix, mais ça roule.

Nous prenons la route des Français, construite par la société Dumez, qui va de Sanaa vers la côte sud vers Mocha, fameuse pour ses plantations de caféiers au 19e siècle.

Partant de 2400 mètres d'altitude, la route grimpe encore. En pleine montagne le chauffeur gare la voiture et nous enjoint de marcher vers le village. C'est un endroit totalement perdu et perché au-dessus d'un précipice vertigineux. Le spectacle est époustouflant. Nous devons être à trois mille mètres d'altitude et les pentes rocailleuses sont désertiques.

Du village sortent quelques femmes qui vendent des tissages et des enfants habillés très pauvrement. En m'entendant parler en français à Angela, un gamin de moins de 10 ans se met au garde-à-vous et chante

« frère Jacques… dormez-vous ? Sonnez les matines… » On est abasourdis. Qui est cet enseignant qui leur a appris cette chanson d'origine chrétienne au fin fond du Yémen ?

Dans le village on voit des femmes porter de l'eau et du bois pour le feu. Les hommes, eux, sont allongés dans une grande pièce et mâchouillent les feuilles de Qat. J'ignore comment ils font, mais leurs joues sont gonflées par l'accumulation des feuilles comme celles d'un trompettiste en pleine action. Et ils ont l'air particulièrement amorphes. Dans les montagnes, la culture du Qat a supplanté toutes les autres et se traduit par des taches vertes très reconnaissables. Il ne semble pas que le gouvernement cherche à l'éradiquer malgré les ravages qu'il crée.

On dit que c'est un grand fléau national ; les hommes ne travaillent plus et négligent leurs femmes nous dit le chauffeur. Ce sont des guerriers et ils sont désœuvrés. On en achètera une botte pour goûter, mais on ne connaît pas le truc et aucun de nous ne découvre le nirvana local !

Sur la route, nous sommes arrêtés par quelques barrages de police et armée qui vérifient notre identité et nous atteignons la côte sans encombre à la ville de Hudaydah, deuxième ville du pays et ancien port turc de la mer rouge. Une partie de la population est noire, manifestement descendants d'esclaves dont la traite ne s'est arrêtée que récemment. Ce port a, paraît-il, abrité le plus grand marché d'esclaves de tous les temps. Ici, pas de mea culpa sur cette lucrative activité.

La particularité de la ville est son marché au bord de la mer rouge qui est très riche en poissons.

Il accueille les tribus des montagnes avoisinantes qui viennent vendre leurs produits et acheter du poisson et des produits d'importation. Autour du marché et de la ville, une multitude de sacs en plastique provenant du marché et des tas d'ordures voisins sont pris dans les épines des buissons qui constituent la végétation désertique du coin. Petits buissons d'épines avec de grosses fleurs bleues artificielles. Le guide touristique nous apprend que cela a un certain charme !

Nous trouvons un hôtel en ville. Nous demandons au chauffeur s'il connaît un hôtel pour lui. Non, il dort dans le coffre de la Mercedes.

La nuit sera courte et agitée. L'hôtel est en travaux et ceux-ci doivent impérativement être achevés pour la fête de la fin du ramadan dans deux jours et les coups de marteau et autres bruits de chantier nous empoisonnent jusqu'à trois heures du matin qui je le rappelle est celle de la prière du ramadan. On dit que les voyages forment la jeunesse !! Notre réclamation du matin n'affecte pas le directeur de l'hôtel.

Nous prenons la route de la côte, celle des Russes qui est belle et droite. De temps en temps, des voitures garées en sens inverse nous font des appels de phares. « Des amis à toi ? On demande au chauffeur. Non, répond-il c'est la contrebande d'alcool qui est bien entendu interdit à la vente au Yémen, mais se décharge impunément sur les côtes de la mer rouge en provenance de Djibouti, port franc de l'autre côté.

Notre programme trop court ne nous permet pas de visiter Mocha ni Aden au sud et nous passons une nuit à Ta'izz avant de remonter par la route des Allemands.

Les maisons de la ville de Ta'izz qui date du 11e siècle sont construites en pisé ocre avec de belles façades et des fortifications qui expliquent son air moyenâgeux. Pas de grand souvenir de cette ville au cœur des montagnes et on repart le lendemain vers les hauteurs de Sanaa.

Nous avons eu beaucoup de chance de pouvoir visiter ce pays en 1993, car les hostilités ont vite repris et les frontières ont fermé d'une façon quasi définitive. La guerre actuelle avec l'Arabie a dû créer de terribles ravages avec les bombardements aériens.

Chapitre 10
La Jordanie 1992

Coincé entre Israël, l'Irak, la Syrie et l'Arabie, le petit royaume de Jordanie n'a pas grand-chose que le monde lui envie. Toutefois, le lieu de naissance de Moïse, les ruines romaines de Jerash, le site incroyable de Pétra et les bords de la mer morte en font une destination touristique à ne pas manquer.

Nous avons organisé notre voyage à deux, Angela et moi en route vers la France à partir d'Oman avec une escale suivante en Turquie.

Débarqués de l'avion à l'aéroport d'Amman, nous louons une voiture au guichet.

Elle est loin d'être neuve et on espère ne pas tomber en panne. Clé sur le contact, le réservoir est vide. Pas de problème, dit l'agent, vous la rendrez comme cela.

Arrivés à la station-service, je regarde la pompe quand l'employé commence à me servir et vois que le compteur affiche déjà plus de 25 litres. Je stoppe le gars qui, penaud, remet le compteur à zéro avant de recommencer le service. Ça commence bien !

Au centre nous avons une chambre dans un bel hôtel moderne où nous tombons par hasard dans l'ascenseur sur d'anciens amis du Qatar perdus de vue depuis dix ans.

La ville grouille de voitures, mais nous nous débrouillons assez bien sans nous perdre (pas de GPS ni de portable à cette époque) avec le plan de la ville donné par l'hôtel.

Nous visitons les souks et retrouvons un atelier de tissage que l'on nous a recommandé depuis Mascate. Ils produisent des tapis pour de bonnes œuvres charitables et nous faisons quelques achats.

Nous ne nous attardons pas en ville, car le site de Pétra nous attend.

La route est longue, mais bonne et nous arrivons à Pétra dans l'après-midi.

J'achète un guide touristique à un étal près du site, et je m'aperçois le soir que le guide a déjà 10 ans. Décidément il faut se méfier de tout ici. Un hébergement pour touristes nous accueille à distance à pied du site archéologique.

Cet ensemble gigantesque, incroyable, creusé dans la roche, regorge de trésors. Occupé par les nomades nabatéens au 6e siècle avant Jésus-Christ ; ceux-ci se sont sédentarisés à Pétra et ont prospéré grâce au commerce de la route des épices entre l'Orient et l'occident.

Le site est protégé par les montagnes et son entrée encaissée se défend très facilement des invasions des tribus ennemies. Il recueillera plus de 20 000 habitants à son apogée.

C'est à cette époque qu'est construit le somptueux tombeau de Gaïa connu du monde entier. Pour y parvenir, on suit un chemin encaissé entre les falaises où l'on a du mal à croiser les promeneurs à dos d'âne qui préfèrent ce mode de transport à la marche.

En contemplant ce monument d'une cinquantaine de mètres de hauteur, on ne peut que rester perplexe devant une telle réalisation artistique vieille de plus de 2000 ans. De nombreuses autres tombes sont creusées dans les montagnes voisines dans une roche qui allie les couleurs rouge, jaune et ocre.

Le site récupéré par les Romains au premier siècle avant notre ère contient un théâtre et des thermes.

Pétra n'a été découverte par les Européens qu'au 19e siècle lorsqu'un explorateur suisse a réussi à y pénétrer incognito, déguisé en bédouin, mais a dû fuir pour sauver sa vie.

Nous nous promenons toute la journée entre ces monuments et tombeaux historiques et passons une deuxième nuit à Pétra avant de continuer le voyage.

Direction la mer Morte. Nous visitons en passant la maison de Moïse et nous circulons sur les bords du Jourdain. Impressionnant de se retrouver au milieu de cette région chargée de notre histoire chrétienne.

Nous attaquons la descente vers la mer morte dont l'altitude est à moins 400 mètres. En passant au niveau zéro indiqué sur un panneau, j'arrête la voiture et je mets mon altimètre à zéro. En contrebas on voit s'étendre la mer morte et, de l'autre côté, la première ville d'Israël dont on distingue les immeubles élevés.

Arrivés au niveau de la mer l'altimètre indique « erreur », mais le policier qui m'arrête m'accuse d'avoir pris des photos de ce site stratégique et menace de confisquer l'appareil photo. Difficile de lui faire comprendre le coup de l'altimètre, mais je sauve ma pellicule photo.

Au bord de la mer, il y a un « resort » avec restaurant au bord de la plage.

Bien entendu, on va se baigner. Au Qatar, on nageait dans une eau de mer très salée qui brûlait les yeux, mais avec la mer morte c'est une autre paire de manches : on ne peut pas nager sur le ventre, car les fesses se retrouvent hors de l'eau. Une fois sur le dos, on peut rester assis en flottant et même lire un journal.

Mon copain Larry, en bon australien, dit qu'il a eu de l'eau sur les lèvres par accident et qu'il lui a fallu 12 bières pour enlever le goût du sel.

À côté de nous, derrière des palissades, un camp de nudistes, tous barbouillés de boue salée, tentent de soigner leurs maladies de peau.

Dernière étape de notre voyage, le site romain de Jerash.

Nous longeons la route des chevaliers qui y ont construit des châteaux forts au temps de croisades.

L'ensemble archéologique de Jerash est aussi exceptionnel. Les nombreux tremblements de terre qui ont détruit les monuments antiques autour de la mer Méditerranée n'ont pas atteint Jerash qui est établi dans une zone sablonneuse.

Les monuments, enfouis dans le sable, ont survécu aux siècles sans être altérés.

Un forum ovale entouré de colonnades toujours debout est majestueux. Au sol, on peut distinguer les ornières laissées par les chars romains. Le théâtre est en excellent état et unique par sa condition de conservation.

Plus loin dans la ville, les monuments romains ont parfois été remplacés par ses maisons et temples byzantins qui ont utilisé les pierres des Romains.

Le site est gigantesque et au moment où nous le visitons au moins les deux tiers du programme de fouilles n'ont pas été exécutés.

J'ignore si la Jordanie est ouverte au tourisme en ce moment. C'est une belle destination.

Chapitre 11
L'Afrique du Sud

1998, derniers mois de ma carrière bancaire, car j'ai accepté la proposition de la Banque pour une préretraite à l'âge de 54 ans avec soixante-dix pour cent de mon dernier salaire sans avoir besoin de travailler. Je n'ai pas hésité très longtemps du fait du peu d'intérêt que je portais à mon travail actuel avec mon équipe marseillaise.

J'attends l'arrivée du cadre qui doit me remplacer dans mon poste et je ne peux pas prendre plus de 15 jours de congés malgré l'accumulation de jours non consommés.

Susan, très bonne amie d'Angela depuis notre séjour à Hong Kong, marie sa fille Claire, également une ancienne petite amie de Thierry, à un jeune métis anglo-malais, très beau garçon dans la ville de Johannesburg.

Afin de profiter pleinement de ce pays qui nous était fermé depuis de nombreuses années du fait de l'Apartheid et que les pays africains sanctionnaient totalement, nous avons organisé le périple autour du mariage : une semaine autour de Cape Town et une semaine dans les réserves du Nord.

Arrivés à l'aéroport du Cap où nous avons loué une petite Opel Corsa, nous rejoignons notre B & B à Constancia, ville banlieue périphérique résidentielle. Au Cap, comme à Johannesburg, le centre-ville ou « downtown » est le repaire du banditisme et on n'y va pas. D'ailleurs, nous dit la logeuse, il n'y a rien à voir, car l'Afrique du Sud est un pays très jeune, donc pas de bâtiments historiques dans la ville. On est à la merci de bandes armées souvent issues du Nigéria qui pillent et dévalisent. Les gens qui veulent s'y rendre y vont armés.

La logeuse aime bien parler et il nous est souvent difficile de nous extirper du petit déjeuner tant elle alimente les conversations. Elle a même décidé de venir nous voir en France, mais cela ne se fera pas malgré quelques échanges de correspondance.

Heureusement, presque partout ailleurs, la sécurité est maintenue à condition d'éviter les townships, gigantesques bidonvilles aux abords des grandes villes.

Notre première visite est pour le cap de Bonne Espérance, pointe extrême sud de l'Afrique battue par des vents violents et cauchemar des skippers à voile. La côte est sauvage et le littoral plein de rochers menaçants.

Sur la route à côté de nous, une femelle autruche marche avec ses quatre petits.

La route des vins est un must ; on s'y rend le jour de l'anniversaire d'Angela et on visite quelques vignobles, en général de grands domaines avec de beaux bâtiments d'architecture hollandaise. Mais les Français surtout y ont marqué leur présence. Ce sont les huguenots qui ont fui la France au moment des guerres de religion et qui ont développé la vigne dans la région du Cap.

Les dégustations sont payantes à cause de l'abondance de touristes. Les vins sont intéressants et nous en goûtons sans modération et sans utiliser le crachoir. (Je crois qu'on me connaît pour ça) et après trois dégustations, on s'arrête dans un domaine appelé Chamonix pour dîner avec une bonne bouteille de vin.

Le retour se fit tout doucement en craignant une vérification à l'alcootest. Mais tout finit bien.

Ici le vin se boit jeune et subit toutes les transformations nécessaires pour être buvable immédiatement ; emploi du sucre pour ajouter de l'alcool, goût boisé obtenu en mettant des poutres de chêne dans les cuves ou en y ajoutant de la sciure de bois. Aucune des contraintes qui régissent les vins français. Dans les restaurants, les vieux vins sont en général moins chers que les nouveaux.

Le jour suivant nous prenons la route de fleurs autour de laquelle on admire des jardins pleins de Protéas, fleur nationale d'Afrique du Sud aux nombreuses couleurs qui se présente comme un artichaut épanoui.

Le but de cette excursion est la ville côtière d'Hermanus. En longeant la côte, ce jour-là, on a vu une bonne dizaine de baleines qui sillonnent les eaux très poissonneuses du coin.

Au déjeuner, nous mangeons un Hamburger de calamar. Premier essai très concluant.

Le vendredi, nous prenons l'avion pour Johannesburg située à 1 000 kilomètres du Cap. Le voyage en voiture ne se justifie pas.

Nous louons une voiture et prenons la direction de Sandton, ville satellite de Jo'burg où vivent les européens avec tous les commerces et les banques.

L'autoroute se bloque devant nous, trois voitures de police barrent le passage. Que se passe-t-il ?

Un accident est arrivé. Au bout de 5 minutes, un hélicoptère se pose sur l'autoroute, charge les blessés et la circulation reprend rapidement. On mesure l'efficacité des autorités.

Nos amis habitent une belle villa entourée de hauts murs surmontés de barbelés avec un panneau signalant une alarme installée en permanence. Le jardin est plein de beaux arbres. La confiance règne !

Le samedi, départ pour le lieu du mariage, à proximité de Pretoria, la capitale. Ils ont choisi un domaine hôtelier entouré d'une réserve d'animaux. La réception avec un dîner à table se passe sur une belle terrasse décorée d'une multitude de roses blanches. De là, on voit passer quelques animaux, éléphants et girafes.

Les discours se suivent comme toujours chez les Anglo-saxons.

Je me souviens de l'histoire qu'a racontée le Bestman :

« À sa sortie de prison, Nelson Mandela est abordé par un journaliste qui lui dit : Monsieur Mandela, vous venez de sortir de prison après 22 ans de captivité. Quelle faute aviez-vous commise ?

J'ai été arrêté, car je n'avais pas de lumière sur mon vélo, dit Mandela.

Je trouve que la peine était très lourde pour la faute, dit le journaliste.

Et que pensez-vous qu'il serait arrivé s'ils m'avaient arrêté la nuit ? demande Mandela. »

Le mariage de Claire n'aura pas duré longtemps. Le jeune marié n'ayant pas trouvé de travail en Afrique du Sud dans les semaines qui ont suivi le mariage est parti seul pour l'Angleterre rejoindre son frère et n'en est pas revenu. Je pense aux parents qui ont organisé à grands frais ce beau mariage.

Nous nous mettons au lit un peu tard, mais vers 5 heures du matin, nous sommes réveillés par un bruit de motos qui passent sur la route à proximité, suivi par le même bruit à intervalles réguliers jusqu'à ce que nous décidions que nous ne pourrons pas dormir plus longtemps.

Dans la salle du petit déjeuner, nous apprenons que le lac voisin est un rendez-vous non contournable des motards type Harley-Davidson bien connus pour leur sacré vacarme. Ce doit être leur grand-messe, vu le bruit !

Nous prenons donc la route assez tôt pour nous diriger vers les réserves d'animaux du Nord en passant par la ville de Pretoria.

Capitale du pays, nous traversons les quartiers bordés de bâtiments administratifs, mais le côté magnifique est que les rues sont bordées de Jacarandas, grands arbres aux fleurs mauves et qu'octobre est la période de floraison.

En route vers les réserves, on s'arrête à Pilgrim's rest, dans la province du Mpumalanga, ville mythique de la recherche de l'or à la fin du 19e siècle qui après l'arrêt de l'exploitation minière a été transformée en ville musée. La ville minière avait grandi avec ses habitations, boutique, églises et hôtel. Plusieurs des anciennes maisons ont été rénovées en hôtels en conservant leur architecture.

Notre chambre est équipée d'une salle de bains avec baignoire en émail montée sur pieds comme au 19e siècle.

Notre première étape de réserve d'animaux est un domaine privé du nom de « Thorny bush. Nous avons tenu à y passer deux nuits, car c'est le moyen de voir des animaux dans les meilleures conditions possibles.

Le lodge est magistral, belle bâtisse située au cœur d'une savane boisée. Un ranger armé d'une carabine nous accompagne à notre bungalow construit sur pilotis au bord d'une rivière. La chambre est en hauteur et la salle de bains est entièrement en vitres pour pouvoir admirer les animaux depuis la baignoire. Cela n'a pas échappé au gardien qui en profite pour se rincer l'œil quand la baignoire est occupée. À chaque déplacement, le ranger armé nous accompagne.

Nous visitons la réserve avec 4 autres personnes, installés en hauteur dans une Land Rover avec sièges en gradin.

Le ranger a un talkie-walkie pour communiquer avec ses collègues qui ont déjà repéré les animaux ce qui nous permet d'en voir un bel assortiment dont un troupeau de buffles, des éléphants et un léopard.

Au creux d'un virage, on tombe sur des rhinos.

Le soir, ils ont organisé un dîner barbecue dans la brousse et durant l'expédition nocturne nous découvrons une douzaine de lions en train de dévorer une girafe. Le camion est garé au milieu des lions et quand on veut partir, on s'aperçoit qu'il y en a un qui, bien repu de son dîner, dort derrière les roues. Il faut un petit quart d'heure pour le déloger en douceur.

Après cet inoubliable séjour, nous attaquons le parc national du Kruger. Il fallait s'inscrire à l'avance pour le droit d'entrée et les réservations dans les campements. Le parc fait près de 200 kilomètres de long avec une grande variété de paysages allant de la brousse sèche à la savane boisée.

Les campements sont distants d'une quarantaine de kilomètres et permettent de se restaurer.

Les règles de la réserve sont très strictes : limitation de vitesse sur routes et pistes, interdiction de nourrir les animaux ni de sortir de la voiture. « Ne pas oublier de prendre ses précautions avant le départ ».

En général, on quitte le campement vers 5 heures du matin pour surprendre les animaux à la fraîche et c'est là qu'on en voit le plus. On revient vers 8 heures pour un solide breakfast sous les arbres.

Avec mes œufs au bacon dans l'assiette, je me lève pour chercher une serviette. Au retour mon bacon a disparu avec un magnifique oiseau bleu (un Rollier) qui a mis ses pattes dans les œufs. C'est la loi de la jungle. Nos voisins se marrent de ma déconfiture, on a dû déjà leur faire le coup !

Durant ces trois jours dans le parc avec notre petite voiture on aura la chance d'avoir pu observer les big five (éléphants, lions, buffles, rhinocéros et léopards). La période de mi-octobre était favorable à la vue des animaux, car les herbes de la savane étaient encore basses.

Belle balade trop courte que nous aurions aimé prolonger ou refaire. Espérons que ce sera possible.

Chapitre 12
1999 – L'île de Saint-Martin

Janvier 1999

Ça y est, la retraite est arrivée plus tôt que je ne l'aurais imaginé, mais c'est ainsi : la vie est pleine d'opportunités et le fait d'arrêter le travail à 54 ans me remplit de joie. Les projets de voyage abondent dans mon esprit.

Après une tournée en camping-car dans le sud-ouest de la France avec nos amis Gisèle et Michel nous sommes sollicités par d'autres amis du Cameroun, Jérôme et Albine pour partager avec eux un appartement en time-share sur l'île de Saint-Martin proche de Porto Rico, Anguilla et de la Guadeloupe au nord des caraïbes.

Nous voyageons le jour de l'an, contents de quitter la froideur de l'hiver, et retrouvons la bonne température tropicale.

L'appartement est très moderne, équipé pour satisfaire les vacanciers. Nos amis ont acheté un appartement en time-share en Espagne et peuvent faire des échanges avec des appartements situés partout dans le monde avec une sorte de bourse aux logements. Ces échanges se font moyennant finance et les charges de copropriété sont énormes. Nous n'avons jamais été tentés d'acheter ce genre de logement de vacances. Les techniques de vente sont en fait un attrape-nigaud ; on vous aborde dans la rue pour dire que vous avez gagné un séjour dans un merveilleux « resort » et, pour bénéficier de ce magnifique cadeau, vous êtes invités à une présentation exceptionnelle. En fait, vous perdez l'après-midi à écouter un vendeur qui tente de vous convaincre que cet achat est le meilleur moyen pour passer chaque année des vacances de rêve.

L'île de Saint-Martin a été découverte le 11 novembre 1493 par Christophe Collomb le jour de la Saint-Martin. Elle est coupée en deux par une frontière : d'un côté la France, de l'autre la Hollande suite à un traité de partage.

Les méthodes de gestion sont différentes. Côté français des restaurants et des boutiques, chers ; côté hollandais des golfs et des casinos.

Nous programmons un parcours de golf, car nous avons apporté nos clubs.

Le « practice » se fait en face d'un étang au milieu duquel sont plantées des balises pour indiquer la distance. On envoie des balles dans l'eau et comme elles ne flottent pas, elles tombent au fond.

On les croit perdues, mais soudain apparaissent des nageurs qui plongent et récupèrent les balles dans leur tee-shirt. On se demande s'ils ne reçoivent pas une balle sur la tête de temps en temps, car, leur présence n'empêche aucunement les tirs de balles. Quand ils sortent de l'eau, leur tee-shirt rempli de balles, on dirait des grenouilles géantes.

Les plages sont belles comme on les aime avec des cocotiers, mais l'eau n'est pas limpide.

Un gros typhon a balayé l'île en 1995 et a fait six morts, laissant une île dévastée. Fin 1998 les dégâts sont visibles partout, un autre typhon est passé par là cette année. Côté français, il semble que l'on attende le paiement des indemnités et des subventions pour reconstruire les maisons.

Nous visitons l'île qui a peu d'intérêts ; la capitale, Marigot présente un joli petit port et des bungalows en bois peints de couleurs vives. Nourriture tropicale et bonnes rasades de rhum. Le soir, sur la terrasse, les « pina colada » coulent à flots.

Sur une borne kilométrique, au bord de l'unique route de l'île, je vois que nous sommes sur la Nationale7. Non, ce n'est pas la fameuse Paris-Marseille, mais j'apprends que c'est un prolongement de la nationale 7 située en Guadeloupe, à 250 kilomètres de là qui a permis d'obtenir les subventions de l'État, car, en Guadeloupe, la longueur de la nationale était trop courte pour autoriser le déblocage des fonds.

Nous décidons de nous inscrire pour une journée de croisière en catamaran. C'est un gros bateau qui accueille une quarantaine de passagers. Les voiles sont hissées et nous profitons d'un instant magique.

Le bateau mouille dans une baie en face de l'île d'Antigua très proche ; nous faisons un peu de snorkling sans grand intérêt et terminons la journée rouges comme des langoustes, mais contents d'avoir fait une belle balade.

Le soir, je m'aperçois qu'un des passagers m'a volé les jumelles que je portais dans mon sac.

J'imagine que le port de pêche est très actif au lever du jour et décide de mettre le réveil à 5 heures du matin pour acheter du poisson et, peut-être des langoustes aux pêcheurs dès l'arrivée des bateaux.

Les amis préfèrent rester au lit. J'arrive donc en pleine nuit sur un quai désert. Au bout d'une bonne heure, un maraîcher vient installer un étal de bananes à côté de moi.

Enfin, vers 8 heures, un petit bateau arrive avec quelques menus poissons immangeables.

Ici, le poisson importé coûte moins cher et les indemnités de chômage permettent de vivre. « La misère est moins pénible au soleil », chantait Aznavour.

Nous n'aurons pas l'occasion de refaire un séjour aux Antilles malgré la tentation de soleil qui nous prend chaque hiver.

Chapitre 13
Les États-Unis

Immense programme quand on veut parler des États unis. Nous n'en connaissons qu'une infime partie.

Personnellement, je n'ai jamais été tenté par un voyage aux US, trop grandes métropoles, énormes distances à parcourir la mentalité des Américains si différente de notre esprit gaulois.

Bref, en 1999, nouvellement retraités et de concert avec nos amis L. B., nous envisageons un voyage dans les parcs nationaux du centre des USA.

Mon cousin Roger, installé là-bas depuis son enfance, habite à Denver, Colorado que nous choisirons comme base de départ et il se charge de réserver pour nous des camping-cars ou « Recreational Vehicles » comme on les appelle ici.

Nous sommes arrivés à Denver 15 jours avant nos amis pour profiter du cousin américain et de son frère qui vit au Wyoming.

Roger est médecin pédiatre et sa femme infirmière-chef ; ils ont quatre enfants, adultes comme les nôtres. À notre arrivée, pas de dîner prévu, Roger nous emmène dans un fast-food manger un gros steak avant de nous conduire chez lui. Les portions sont si copieuses que l'on nous propose un doggy bag.

Pendant notre court séjour, il nous engage à visiter le frigo quand nous voulons manger. Tout semble ici très décontracté par rapport à notre vie réglée sur les trois repas du jour. En ville au cours de nos balades à pied, nous sommes étonnés de la quantité de gens obèses que l'on voit dans la rue. Dans un restaurant d'autoroute, je regarde un gars plutôt costaud qui s'installe avec un triple burger et un litre de Coca-Cola. Avant de reprendre sa voiture, il remplit son godet à la pompe avec un autre litre de coca !!

Visite de la ville sans grand intérêt puis un week-end dans son chalet situé à 150 km de Denver dans la station de Vail. Ce chalet correspond à ce que nous voyons comme le rêve américain.

Terrain acheté bon marché dans les années 60 prend soudainement de la valeur quand la station de ski se développe. On lui en offre dix fois le prix d'acquisition. Le terrain, proche du centre de la station, est bordé par une rivière. Il prend son temps et il y fait construire deux chalets identiques d'architecture Nouvelle-Angleterre en bois. Il revend le deuxième pour récupérer son investissement. En 2000 son chalet vaut plus d'un million de dollars et est géré comme un hôtel avec changement de linge par une société hôtelière.

Sur la terrasse un Jacuzzi chauffé à 40 degrés en permanence permet de se prélasser en regardant la neige autour. Nous sommes très impressionnés.

La semaine suivante, Roger nous prête une petite Toyota rouge décapotable et nous partons vers le Wyoming pour voir Armand, le cousin aîné qui vit à Jackson Hall ville connue pour sa réunion annuelle des banquiers centraux et proche de la montagne des « grands tétons » et du parc national de Yellowstone.

Armand a été tour à tour Shérif de la ville (il était surnommé « Frenchie » par ses électeurs) et professeur de français à l'université. Quand le doyen a réalisé qu'Armand n'avait aucune qualification académique, il a résilié le contrat. Armand a plus de 70 ans ; il donne des cours de français à des millionnaires désœuvrés et conduit le bus de l'école.

Dans son 4x4, il nous emmène au parc de Yellowstone, magnifique espace avec des arbres gigantesques et une faune importante. Nous avons même vu un ours au détour d'un chemin.

On admire les geysers, il y en a plus de 400 et notamment the « old faithful » qui se réanime toutes les dix minutes. Dans le parc, des pièces d'eau avec les bords colorés de soufre. On dit que de jeunes gens ayant décidé de s'y baigner y ont plongé sans réfléchir et se sont retrouvés rôtis.

Belle balade avant de revenir à Denver pour accueillir nos amis.

Deux autres couples se sont joints au voyage. Couples d'enseignants dont les idées politiques diffèrent des miennes, mais on évitera les sujets qui fâchent.

Le camping-car américain pour 4 personnes est vaste, 9 mètres de long, totalement équipé de salon-salle à manger confortable, deux grands lits, douche et WC, frigo et micro-ondes. Heureusement que les routes sont larges malgré une circulation importante.

Sur l'autoroute, nous nous familiarisons avec nos engins encombrants sans dépasser les limites de vitesse. En chemin, à la vue d'un panneau « Right lane goes right » nous avons compris trop tard que nous sommes dans la mauvaise file et il faut rouler 40 kilomètres pour faire demi-tour et retrouver notre route.

L'itinéraire a été savamment préparé par notre ami Mickelik qui a déjà fait le voyage et, pas question de dévier d'un iota. Avec lui, on ne remet pas en cause un programme établi.

Premier soir dans un parc du Colorado, nous préparons notre dîner sur le barbecue voisin et mangeons vers 20 heures 30 près de nos véhicules. Le vin aidant, les voix s'échauffent et, il n'est même pas 21 heures quand le gardien du parc vient nous demander d'arrêter le bruit. Ici les gens mangent tôt et se couchent immédiatement.

Le voyage se passe bien et nous passons du Colorado à l'Utah, visitons Monument Valley, cadre de tant de grands westerns qui nous ont fait rêver. Nous voyons le pic au sommet duquel Ray Charles avait fait un concert avec son piano déposé à 30 mètres du sol. Aveugle, il ne risquait pas d'avoir le vertige.

Nous passons ensuite en Arizona pour ne pas manquer le grand Canyon.

Une autre excursion nous mène à « Durango silver mine » que l'on atteint par un petit train à voies étroites. Pour économiser le billet de train, un groupe monte en train et redescend en camping-car.

La mine d'argent est intéressante à visiter.

Une visite au Lake Powell est prévue. C'est une réserve d'eau construite par l'homme pour alimenter la ville de Las Vegas. On loue un bateau pour 8 avec un bon gros moteur hors-bord. Aucun de nos amis n'a conduit de bateau avant. Je me charge du pilotage. On navigue sur un canyon inondé. Il n'y a aucune végétation. Nous mangeons notre pique-nique sur un rocher et décidons de ne pas nous attarder, car le vent s'est levé et a forci à vue d'œil. Le retour est long avec le vent de face et nous arrivons trempés et transis pour payer une note d'essence astronomique. On comprend qu'il soit interdit de remplir le réservoir à la station-service, car le prix pratiqué par le loueur est de 50 pour cent plus cher et le moteur est gourmand.

En route vers Las Vegas dans le Nevada, nous visitons Bryce Canyon et la réserve d'Indiens de Mesa Verde.

En chemin nous sommes attirés par un panneau qui indique « Kodachrome valley » et qui ne fait pas partie de notre itinéraire. La route se transforme en piste alors que le règlement du camping-car nous l'interdit.

Pas question de rater l'occasion, on pense que ça vaut le détour et on se lance.

La piste est en latérite est en tôle ondulée formation faite par les camions qui roulent entre 60 et 80 km/heure. Si vous n'atteignez pas cette vitesse, le camion vibre et vous n'avancez pas.

Tout bouge dans les véhicules et chez nos amis, le micro-ondes manque de tomber au sol.

Les amis sont furieux.

Au milieu du trajet, on tombe sur un radier à sec. Le camping-car est si long, et dépasse d'un bon mètre des roues arrière que nous restons bloqués au milieu. Il va nous falloir deux heures avec des rondins trouvés sur place pour surélever les camping-cars et les faire passer.

Mon initiative ne m'a pas valu l'admiration de mes amis et nous repartons penauds.

Arrivés à Las Vegas c'est un changement brutal ; circulation intense où l'on se fait arracher le rétroviseur par une camionnette qui nous double et ne s'arrête pas. Nous nous dirigeons vers le centre de restitution des camping-cars et nous finirons à pied.

Nous avons trouvé une chambre dans l'hôtel en forme de pyramide ; le Luxor décoré façon Égypte ancienne avec son casino et ses machines à sous partout, même au comptoir du bar où l'on s'attable pour boire une bière.

Partout des hôtels luxueux et des casinos. Le Bellagio vient de sortir de terre et on voit les premiers spectacles de jets d'eau animés en musique. Angela est accro aux machines à sous et malgré son ardeur, on arrive à s'en sortir avec un léger gain.

De là, nous prenons un avion pour Los Angeles pour retrouver la sœur d'Angela, Genny qui vit dans une ville voisine avec son mari et ses deux garçons.

Nous visitons Santa Monica, la route des milliardaires à Carmen et Pebble beach le fameux golf dont l'accès et réservé aux milliardaires. Nous passons à Malibu dont le feuilleton « Alerte à Malibu » fait fureur en France et passons une journée aux studios Universal pour voir les attractions, décors et trucages de cinéma. Une autre ballade nous conduit à Big Sur pour voir les Sekoyas géants puis l'aquarium de Monterey et la ville de San Francisco. Nous n'aurons pas le temps de visiter le parc de Yosemite, mais ce sera pour une prochaine fois.

15 ans plus tard, le mariage du neveu d'Angela, Christopher nous ramène en Californie et nous avons loué un petit bungalow sur une plage près de la maison de Genny.

La fête qui suit le mariage civil se fait dans une grande bâtisse qui veut imiter un château avec des pièces en boiseries sombres et des meubles du 19e siècle. Le thème de la soirée est le daft punk qui ne nous inspire pas du tout. On dirait que les convives se sont enlaidis pour l'occasion. On dîne dehors sur la terrasse et quand vient le tour de notre table d'aller se servir, il ne reste rien au buffet, les jeunes Américains de la table d'honneur se sont servis de telles platées sans contrôle et le maître de maison doit nous commander un chinese takeaway.

Aves Gerald, nous sommes entrés dans un magasin d'armes et nous sommes surpris de voir l'étalage d'armes lourdes à la portée du premier venu.

Nous prenons un avion pour la Louisiane et atterrissons à New Orleans où nous attendent nos vieux amis américains d'Oman, Alice et Virgil.

Quelques années avant, leur maison a été totalement inondée lors du typhon Katrina et le niveau d'eau a atteint plus de 2 mètres. Ils ont perdu tous leurs souvenirs et ont mis bien longtemps à se faire indemniser.

Ils nous ont organisé un super périple, visite de la ville où la statue dorée de Jeanne d'Arc à cheval est une attraction. Les locaux l'appellent « Joanie on her pony », de quoi la faire retourner dans sa tombe.

Dans les restaurants on déguste la cuisine cajun épicée, on a même mangé des huîtres grillées au barbecue avec une sauce crème et fromage. Surprenant, mais très bon. C'est aussi le paradis des fruits de mer.

Le soir on a sillonné Bourbon street et passé deux soirées musique l'une en Jazz new Orleans l'autre en Blues chanté par un type tellement gros qu'il a fallu 4 personnes pour l'évacuer à la fin de sa performance.

On citera une belle excursion dans une plantation au bord du Mississippi et une visite passionnante du musée de la Deuxième Guerre mondiale.

Voilà, c'est à peu près tout ce qui me revient sur ces voyages aux États-Unis. C'est peu quand je pense aux multitudes de lieux à découvrir. Disons que ce n'est pas totalement perdu pour nous.

Chapitre 14
Le Myanmar, anciennement la Birmanie – 2000 et 2012

Vaste pays qui partage ses frontières avec la Chine, l'Inde, Le Laos et la Thaïlande. En 2000, il est peu fréquenté des touristes, car dirigé par une dictature militaire, la Junte qui a pris le pouvoir dès l'indépendance du pays, régime communiste qui bafoue les droits de l'homme, persécute les minorités et se trouve au ban des nations, boycotté par tout le monde occidental. L'opinion internationale n'engage pas les gens à visiter ce pays. Et pourtant, quelle merveille !

Tout financement international est impossible et les relations diplomatiques sont au plus bas. Ambassadeurs et banquiers installés à Rangoon, devenue Yangoon depuis, n'ont pas grand-chose à faire comme c'est le cas de notre ami Michel qui y séjourne en tant que responsable du bureau de représentation de la BNP, officine qui reçoit les missions d'hommes d'affaires et de fonctionnaires recherchant des projets. Son emploi du temps n'est pas trop chargé et il se révèle un excellent guide touristique.

Nous arrivons à Rangoon au début du mois de janvier 2000, ayant évité le bug informatique que tous les pessimistes attendaient au moment du passage au nouveau millénaire. Cela ne semble pas avoir affecté la Birmanie non plus, car l'internet y est totalement inexistant, mais nous n'en avons pas besoin.

Notre amie Annig a organisé le voyage, vols intérieurs et hôtels car, ici aussi, les bons hôtels sont rares et les vols intérieurs surchargés. Elle vit à Singapour depuis déjà quinze ans et connaît bien la Birmanie.

Elle y vient régulièrement acheter des objets pour sa boutique d'antiquités de Singapour : Statuettes, boîtes de mariage, bois de temples, etc. Avec son œil expert, elle ne rate pas les bonnes affaires. Elle prend l'avion avec deux grosses valises vides pour ramener son butin.

Le séjour débute à Rangoon dont l'architecture urbaine n'avait pas prévu le développement de la circulation automobile. Les motos chinoises ne sont pas encore arrivées. Dix ans plus tard, elles auront tellement progressé en nombre qu'elles seront interdites à Rangoon.

Ici le pays, ancienne colonie britannique, a changé récemment le sens de la circulation de gauche à droite, mais les dirigeants ont jugé bon de maintenir l'importation de véhicules avec le volant à droite. Il s'avère un peu périlleux de sortir du minibus par le côté rue et non le trottoir.

Dans la ville, le vieux quartier chinois regroupe tout ce que nous aimons en Asie, vielles bâtisses, marchands ambulants, cantines sur le trottoir, marchés aux légumes et aux épices.

Nous flânons dans ces vieilles rues très animées, mais où la pauvreté saute aux yeux. Cela n'altère pas la jovialité des Birmans.

La population bouddhiste est très fervente. Partout des petits sanctuaires ou les gens déposent des offrandes de fleurs tressées de toutes les couleurs.

Le point capital de la ville est la grande pagode appelée Schwedagon. Vaste temple consacré aux dévotions par de nombreuses chapelles, son dôme est couvert de feuilles d'or et le chapiteau au sommet contient, paraît-il, un trésor en pierres précieuses plus important que celui de la couronne d'Angleterre.

On y pénètre par quatre entrées monumentales débouchant sur des allées bordées de boutiques de commerces divers, mais principalement dédiées aux dévotions.

Dans la cour centrale, les pèlerins font le tour de la grande pagode sans chaussures et, pour maintenir la propreté, des équipes de balayeuses passent leurs balais alignées par dizaines pendant toute la journée.

Après deux jours dans la capitale et visite de plusieurs temples, nous sommes près au départ pour l'intérieur du pays.

Très peu ouvert au tourisme et, du fait que l'armée continue de lutter contre les minorités, le circuit touristique se fait en avion avec trois destinations principales : Pagan, Mandalay et le lac Inlé.

Nous commençons par Pagan ou Bagan. C'était, au onzième siècle, une ville royale où furent construits plus de 4000 temples et pagodes. En l'an 2000, il en reste pas moins de 2000 et, afin d'éviter une dégradation par les habitants, le régime les a tous évacués du village et les a installés à plus de 10 kilomètres de là.

Nous séjournons dans un hôtel magnifique et nos fenêtres donnent sur l'immense fleuve Irrawaddy qui charrie de la boue et un trafic fluvial important, spectacle dont nous ne nous lassons pas.

Le soir, nous dînons à l'hôtel ; nourriture asiatique correcte, personnel peu expérimenté à cette époque. Pour agrémenter le dîner, des musiciens nous abreuvent de la musique locale avec une jeune artiste dont la voix super aiguë me donne des secousses dans le nombril.

Dans la journée nous louons des vélos et nous promenons entre les temples en charrette à cheval. Certains temples peuvent se visiter. Le plus grand, Ananda est très fréquenté par les pèlerins. Avant la tombée du jour, on choisit la pagode que l'on escaladera pour admirer le coucher du soleil. Dans ce paysage féerique, on voit passer des ballons dirigeables qui doivent jouir d'un panorama sublime. Ce sera pour une prochaine fois.

Au bord du village un énorme marché s'est installé pendant toute la période de la lune de janvier. C'est notre cerise sur le gâteau ; on s'y promène pendant des heures.

Les tenues traditionnelles des femmes sont très colorées et on se régale à contempler les étals des marchands.

Le tabac se vend en feuilles entières ou en gros cigares très prisés que l'on appelle Cheeroot.

On voit des femmes fumer ces cigares gros comme des bâtons de chaise. Il y a des manèges actionnés manuellement et des boutiques de friandises où les gamins s'agglutinent sans pouvoir les acheter faute de moyens.

Nous reviendrons à Bagan en 2012 et la restauration des pagodes bat son plein. C'est bien pour la conservation des lieux, mais je trouve que l'ensemble de ce site ancestral a perdu une partie de son charme. Les artisans fabriquent des milliers de briques neuves dont la couleur choque dans les constructions anciennes.

Après deux nuits à Pagan, départ en avion pour Mandalay, ville importante située plus au nord, sur les bords de l'Irrawaddy. C'est la deuxième ville du pays avec une circulation abondante et le port de destination pour les grumes de bois de teck qui arrivent sur le fleuve tirées par des péniches. Le teck doit représenter une des premières richesses de la Birmanie, il y a aussi les pierres précieuses et la drogue, mais ce n'est pas l'objet de notre voyage.

Nous assistons au débarquement des grumes avec le travail des éléphants. C'est impressionnant. En ville on visite des quartiers d'artisanat, notamment la fabrication des feuilles d'or que les fidèles achètent et collent sur les statues des Bouddhas.

Ces feuilles sont regroupées par dizaines séparées individuellement par une fine feuille de papier dans un genre de sachet et des artisans les martèlent pendant des heures pour les affiner. Nous visitons la rue des tailleurs de pierre qui sculptent des statues religieuses ou décoratives dans une pierre blanche qui doit être du marbre ou der l'albâtre. La rue entière est blanche de poussière. Un peu plus loin on fabrique des Bouddhas géants à partir d'armatures métalliques recouvertes par la suite de stuc.

Le palais royal de Mandalay avait subi de gros dommages au moment du bombardement de la ville par les Anglais en 1945 dans la lutte contre les Japonais.

Entouré de douves profondes, il contient les salles du palais royal et des anciens ministères et mérite le détour.

Durant les années 2000, la Chine a construit une voie ferrée qui arrive à Mandalay et, en quelques années, elle est devenue une ville chinoise avec des dizaines de milliers de motos. La population de

800 000 en 2000 est passée à 1 200 000 en 2014 suite à cette immigration chinoise massive.

À notre deuxième voyage, nous avons dû apprendre à traverser les rues entre les motos. Heureusement, en Asie, tout se passe en douceur. Les boutiques traditionnelles de la ville ont fait place aux supermarchés chinois auxquels on accède par un escalier roulant.

En dehors de Mandalay on peut prendre un bateau pour une promenade sur l'Irrawaddy pour visiter les sites de Mingun et Sagaing.

En descendant du bateau à Mingun on prend le taxi local, charrette tirée par un bœuf qui nous amène paisiblement vers ce qui devait être la plus grande pagode au monde, mais qui a subi un tremblement de terre et seule la base reste au sol.

Sagaing est une ancienne ville royale qui contient de nombreuses pagodes dans un site de forêt tropicale.

Une autre excursion extraordinaire est le pont de U Beng, gigantesque pont en bois de teck qui relie deux villages. Le bois provient d'un ancien temple qui s'était effondré. Les villageois ont offert le bois au Roi qui a refusé d'accepter ce qui appartenait aux Dieux et a fait construire ce pont qui relie deux villages pour les habitants.

Sous le pont, des femmes accroupies dans l'eau pêchent à la main des petites crevettes qu'elles recueillent ensuite dans un sac en plastique posé sur leur tête.

En fin d'après-midi, on loue une pirogue qui trouve une bonne place pour admirer au coucher du soleil tous les passants qui empruntent le pont dans un embrasement somptueux du crépuscule.

La dernière excursion au départ de Mandalay a été pour Meymo, petite ville nichée dans les montagnes que les Britanniques avaient développée en station balnéaire pour profiter de l'air frais lors des grandes chaleurs qui précèdent la mousson. Joli village avec ces anciennes constructions coloniales et un marché coloré par les habitants des tribus montagneuses.

En route, on passe près d'un chantier où des hommes terrassent la route en pierre avec des outils manuels. Le chauffeur nous dit que ce sont des prisonniers politiques. Il vaut mieux ne pas prendre de photos.

Après la vie trépidante de la grande ville, nouveau départ en avion pour Heho, ville située à 30 kilomètres de notre embarcadère vers l'hôtel qui nous attend au milieu du lac Inle.

Nous passons la nuit à Nyong Schwe, petit village au bord du lac dans un hôtel pour back packers avec des cloisons en bambou et pas de climatisation. Les matelas sont raides.

Au réveil, nous sortons dans la rue sombre et brumeuse et nous assistons à la procession des moines pour la quête du riz. Une ligne de moines en robes orange d'une bonne centaine de mètres dans la brume, marchant en silence et tendant leur panier aux fidèles accroupis au bord du chemin qui les servent avec une louche. Ce sera la seule pitance pour la journée des moines. Par la suite, ces quêtes ont perdu leur sérénité du fait de l'envahissement par les touristes prenant des photos et elles tendent à disparaître. Celle-ci, gravée dans notre souvenir, était parfaitement authentique.

Au bord du lac, nous négocions le passage vers l'hôtel lacustre et nous garderons le bateau et son skipper pendant trois jours afin de pouvoir visiter les villages et leurs marchés.

Les chambres sont en bambou, montées sur pilotis au-dessus de l'eau. Pas de climatisation, mais des moustiquaires. On craint le pire, mais tout se passera bien.

La nuit est très calme, mais le réveil intervient dès 4 heures du matin par les pirogues au moteur puissant qui vont déposer les habitants au marché.

Autour du lac quelques villages se partagent les jours de marché et notre skipper sait quelle direction prendre pour nous conduire à un marché. En arrivant à terre, c'est un embouteillage de pirogues qui viennent de toutes parts. Les Shans sont une tribu dissidente du pouvoir et la lutte n'est pas terminée.

Sur les marchés, pas de militaires et l'ambiance est paisible. La foule déambule d'étal en étal et les restos sont bondés. Les femmes shans sont vêtues de noir avec des turbans très colorés dans les roses, rouges et oranges. On en voit qui ont fabriqué leur turban avec des serviettes éponges. Toujours les gros cigares aux lèvres des femmes ; j'ai constaté sur une de mes photos que la femme à l'étal du marché portait des rubis en boucle d'oreille.

Leur pain consiste en énormes galettes façon Pappadum indien que les hommes portent sur leur dos et font un volume de près de deux mètres cubes.

On trouve toujours quelque chose de surprenant en Asie.

En achevant notre périple, outre la variété des quatre destinations choisies, nous gardons en mémoire la gentillesse de la population rencontrée au cours de nos promenades en souhaitant que la prospérité puisse bientôt être leur lot avec la fin des querelles internes maintenues vives par la dictature au pouvoir. Les médias français ont fait une mauvaise publicité au Myanmar en insistant sur la présence militaire permanente, mais, au cours de nos deux voyages, nous n'avons pas du tout ressenti cette impression.

Notre deuxième voyage au Myanmar en 2012 a suivi le même cheminement. Je l'avais organisé avec une agence locale tenue par un Français, Hervé Fléjo, marié à une Birmane et dont le service a été d'une qualité exceptionnelle. Son agence s'appelle Gulliver travels et je l'ai déjà recommandée à plusieurs amis. Les hôtels se sont multipliés et ont amélioré leurs prestations, mais il est recommandé de s'y prendre plusieurs mois à l'avance et choisir la bonne saison pour éviter la chaleur excessive et la pluie diluvienne.

Chapitre 15
2005 – La Tunisie

Ayant vécu au Maroc et en Algérie, la Tunisie n'est pas pour nous une priorité. D'autant que l'on en parle surtout pour de luxueux hôtels pas chers ou on mange aux mêmes buffets et on se dore la pilule dans la journée sur des plages façon club Med. Nous avons ce qu'il faut à la maison.

Notre grand ami Alain, parrain d'Hélène et sa femme Jacqueline qui vivent à quelques kilomètres de chez nous en Provence et que nous voyons très souvent, a décidé de faire mouiller son magnifique voilier de 45 pieds à Monastir, ville côtière près de Sousse.

Nous les rejoignons là-bas en mars 2005. Le bateau est à quai et ne naviguera pas pendant ce séjour ; ce sera notre hôtel. Alain et Jacqueline y viennent souvent, vivent sur le bateau et jouent au golf en hiver attendant la belle saison pour naviguer en Méditerranée.

Nous louons une voiture et entamons un périple qui s'avère passionnant.

Nous commençons par le site romain d'El Jem avec un amphithéâtre antique en excellente condition à proximité, ils ont reconstitué une villa romaine qui regroupe une magnifique collection de mosaïques colorées d'une grande qualité.

Nous continuons par Kairouan et sa mosquée qui date de l'arrivée des musulmans en Tunisie au 8e siècle et s'est imposée comme école de l'Islam dans toute l'Afrique du Nord. La mosquée est superbe.

Nous passons ensuite dans une ville troglodyte où les maisons sont creusées dans des grottes souterraines à ciel ouvert. C'est le site de Matmata.

Puis nous filons vers le sud et découvrons la gigantesque oasis de Tozeur qui fournit la Tunisie en dattes largement exportées.

Enfin, nous faisons une escale sur l'île de Djerba, joli petit port avec ses maisons blanches aux volets bleus très touristique dont l'activité artisanale est centrée sur la poterie.

Djerba est aussi la ville natale de la plupart des épiciers tunisiens qui ont des boutiques en France. Quand l'épicier a pu économiser un peu d'argent, il se fait construire une maison à Djerba.

À cette époque qui a précédé le fameux printemps arabe, le pays est à la fois pauvre et calme. Le dictateur Bin Ali qui a remplacé le fondateur Bourghiba est un tyran qui s'enrichit aux dépens de son peuple et contrôle toute tentative d'opposition avec une quantité d'espions et une police secrète très efficace. On verra par la suite que le parti politique des frères musulmans qui va le remplacer fera bien pire et c'est dommage pour ce beau pays qui avait bien démarré son développement sous le régime de Bourghiba.

Bourghiba avait tenté de moderniser le pays, comme son homologue égyptien Nasser, il avait interdit aux femmes le port du voile et avait créé une société laïque moderne. Les choses ont changé, mais, en 2005, le voile ne s'est pas généralisé. Nous nous rendons à Sousse par le train et entamons une conversation intéressante avec des étudiantes pas farouches du tout. La ville de Sousse est intéressante. Des restes de bâtiments datant du protectorat et une médina animée contenant un souk typique.

Il semble malheureusement que la révolution du printemps arabe qui a débuté en Tunisie par l'immolation par le feu d'un jeune vendeur de fruits qui ne pouvait pas vivre décemment à Sidi Bou Saïd n'ait pas comblé les espoirs des habitants. Les supermarchés et les sociétés appartenant au dictateur et à sa famille ont été pillés, créant une remontée supplémentaire du chômage déjà trop présent.

Une multitude de partis politiques aux mains de personnalités avides, une corruption généralisée et un chômage de masse dû au départ des investisseurs européens inquiets de la tournure qu'ont pris les évènements.

Nous avons tenté d'y retourner en avion, mais nous avons dû annuler le voyage à cause des attentats jihadistes du Musée du Bardo à Tunis suivi de manifestations hostiles au gouvernement, et quand nous avons pensé que la visite était enfin possible, la compagnie aérienne nous a annoncé que nos billets n'étaient plus valables.

Adieu la Tunisie, nous n'y retournerons pas.

Chapitre 16
L’Australie 2005 et suivantes

Durant nos séjours africains, nous n’avons pas envisagé de visiter l’Australie qui nous semblait un continent lointain et présentant peu d’intérêt touristique et peuplé essentiellement de kangourous et d’anciens bagnards.

Durant notre séjour à Mascate nous fréquentons Cheryl et Larry qui habitent le même compound que nous et qui deviendront bientôt très proches de notre famille par le mariage de nos enfants Thierry et Katrina. Ces deux-là se sont rencontrés à Mascate pendant les vacances de Noël et ont vite fait de se déclarer leur flamme au point que Katrina rejoindra Thierry à Paris à la fin de l’année scolaire 1993 et qu’ils s’envoleront pour l’Angleterre afin de trouver un travail pour tous les deux. En effet, pour un Australien, il est plus difficile d’obtenir un emploi en France et bien sûr, il y a l’obstacle de la langue.

Ils passeront plusieurs années à Londres où Thierry se confirme dans sa carrière informatique. Pendant cette période, trois enfants naîtront : Patrick en 1997, Nicholas en 1998 et Ben en 2001.

Ils rejoignent Perth en Australie de l’Ouest en 2003 pour s’y installer définitivement même si Thierry qui a du mal à trouver un travail sur place continue à accepter des contrats de courte durée en Angleterre.

Larry et Cheryl habitent à Perth. Larry a acheté une terre de 40 hectares dans la région de Margaret River au sud de Perth dans le but de planter un vignoble, car le cépage Chardonnay se développe à merveille dans cette région et promet de belles perspectives.

Cheryl, de son côté, rénove une vieille maison de ville à Perth afin d'en faire un Bed and breakfast luxueux pour hommes d'affaires fortunés.

L'idée de visiter l'Australie prend forme dans nos têtes, d'autant que je ne travaille plus et que l'inversion des saisons permet d'aller passer les longs mois d'hiver au soleil.

Vers la fin de l'année 2005 nous faisons un voyage asiatique Thaïlande, Cambodge Laos avec nos amis H. et décidons de poursuivre vers l'Australie dès le périple asiatique terminé.

L'hôtelier de Bangkok, charmant, avait accepté de garder nos sacs de golf pendant notre absence de 15 jours et nous voilà partis pour la découverte de ce continent.

Thierry a acheté une vieille maison rafistolée par petits morceaux qui était occupée auparavant par un militaire, mais dont le potentiel fait entrevoir de nombreux travaux pour loger une famille de six. Nous avons notre chambre au rez-de-chaussée et chaque matin à 6 heures les enfants déboulent et sautent sur notre lit pour entendre des histoires que leur raconte Angela tout en chahutant abondamment.

Dans le jardin une piscine en forme de haricot et entourée d'une haute barrière de sécurité permet de bonnes parties de baignade et de rire.

Un matin, on aperçoit Nicholas, 5 ans, porter une chaise vers la barrière pour atteindre le loquet trop élevé pour sa taille. Heureusement qu'il sait nager, mais Ben est encore trop petit.

En novembre le temps est magnifique malgré un vent très souvent présent (Perth est une des villes les plus ventées du monde). Nous allons à la plage presque tous les jours et les changements sont étonnants. On passe du calme plat aux vagues qui permettent le surf.

En Australie, le sport tient une place de choix dans la vie quotidienne.

Les adultes se lèvent très tôt pour faire de l'exercice avant d'aller travailler. C'est ainsi que, le jour à peine levé, les rues sont pleines de joggers et de cyclistes. Un jour, je décide d'aller jouer au golf pour un départ à 6 heures du matin. En arrivant, je découvre que plusieurs groupes de 4 joueurs font la queue devant les 4 aires de départ du parcours. À l'accueil on me dit que c'est plus tranquille à 9 heures quand les joueurs sont partis au boulot.

J'ai pu faire des parcours avec Thierry et ses amis, tôt le matin et avoir la joie de se retrouver au bar du club à 8 heures du matin devant une bière pression et une assiette de frites à la crème !

Sur le parcours, c'est le grand dépaysement avec une végétation à base d'eucalyptus géants et d'arbres à fleurs inconnues des Européens. Des perroquets volent autour de nous en poussant des cris stridents et on voit passer des kookaburras dont le cri ressemble à un rire humain.

Sur certains parcours de golf, des kangourous ont élu domicile, car ils se savent non chassés par les fermiers, même si le risque de prendre une balle sur la tête existe. On les voit assis au milieu des greens et ne laisser la place aux joueurs qu'au dernier moment. Certains grands kangourous peuvent attaquer l'homme et il vaut mieux ne pas les approcher.

Les activités sportives des enfants sont remarquablement organisées, cours de natation et de secourisme sur les plages, clubs de foot et de cricket pour tous les âges, etc.

Nous sommes ravis des séances de « junior athletics » le samedi matin.

Les parents, volontaires et bénévoles organisent l'évènement dans un parc public et mettent en place toutes les disciplines, course à pied, saut, javelot, etc., les enfants sont regroupés par tranche d'âge et les compétitions se suivent toute la matinée. Chaque enfant est suivi sur ordinateur pour chaque discipline et s'il est bon de gagner une course, l'essentiel est de faire des progrès et d'obtenir un « personal best » qui consacre l'engagement.

On se rend compte de ce que le côté positif de l'éducation prime ici et que chacun est jugé selon ses capacités et non selon ses performances comme le démontre tristement notre système français du 5 fautes = zéro à la dictée.

À l'école primaire, la journée commence souvent par une assemblée de tous les élèves, maîtres et certains parents au cours de laquelle on donne des distinctions à certains élèves et des groupes se produisent pour une scénette, une chanson ou un poème.

Cela laisse une impression de confiance et de bonne humeur partagée par tous.

Perth, au bord de l'océan, est bâti sur du sable. Ici pas besoin de pioche pour faire un trou, la pelle suffit et on se demande comment les immeubles peuvent tenir sans des fondations très profondément plantées dans le sol.

Dès les premiers jours de notre arrivée, nous décidons de prendre le bus pour aller au centre-ville. Une fois dans le bus, nous demandons au chauffeur de nous indiquer ou descendre pour visiter la ville. Avec beaucoup de bonne volonté, il nous explique ce que nous pouvons faire, le bus arrêté, tranquillement sans se préoccuper des autres passagers qui attendent stoïquement la fin de sa tirade et le départ du bus.

Arrivés au centre, il nous indique qu'il faut descendre ici et ne pas oublier que le retour se passe de l'autre côté de la double voie.

On a du mal à imaginer une telle situation chez nous.

En dehors de la végétation australienne qui nous émerveille à chaque instant, la vie en ville est très semblable à celle que nous vivons en Europe. Notre séjour dure plusieurs semaines et on profite des enfants qui sont en vacances d'été jusqu'à mi-février.

Nous avons loué une voiture et passons du temps avec nos amis Larry et Cheryl dans leur vignoble qui prend forme, mais nécessite beaucoup d'attention.

Larry travaille seul sauf dans les périodes de presse, taille de la vigne, vendanges, etc., où il doit recruter de la main-d'œuvre locale.

La passion du surf est ici plus forte que le besoin d'argent et, si la vague est prometteuse, les journaliers ne sont pas au rendez-vous à la vigne.

Le vin est cher en Australie et de grands domaines appartiennent à de riches industriels qui font connaître leur production à grand renfort de publicité. Les petits domaines ont du mal à faire surface du fait de leur coût de production élevé.

Larry a diversifié son vignoble avec plusieurs cépages et, au bout de quelques années a réussi à gagner une médaille avec son vin rouge vinifié par un voisin. Son plus grand succès viendra du Chardonnay dont il vend les raisins à un grand domaine à réputation établie.

Il a beaucoup de mérite quand on pense qu'adolescent, il s'est sauvé de chez lui par deux fois vers les îles Fidji et a trouvé du travail dans les transports puis dans l'industrie pétrolière dont il est devenu l'un des rares spécialistes mondiaux du traitement des boues de pétrole.

Thierry n'est pas très chaud pour participer à la vie du vignoble et vient avec les enfants pour des week-ends récréatifs.

Pour Cheryl le tourisme en Australie de l'Ouest est sans intérêt.

Il faut parcourir de grandes distances pour ne rien voir ! selon elle.

Au cours de nos différents séjours dans l'ouest, nous pousserons vers le grand sud pour voir cette côte sauvage sur laquelle de nombreux navires se sont heurtés notamment des expéditions scientifiques françaises qui ont laissé leurs noms aux lieux. Cap Entrecasteaux, cap Espérance, etc.

À la pointe extrême sud-ouest de la route, un restaurant affiche sur son panneau publicitaire : « Last decent food before the South Pole ».

Dans cette région du sud-ouest, le climat est beaucoup plus frais. En décembre, au cœur de la saison chaude, nous arrivons en short et tee-shirts dans un B & B à Albany. La température dans notre chambre est de 18 degrés et nous faisons du shopping le lendemain pour acheter jeans et polaires. Les plages sont magnifiques avec du beau sable et des rochers énormes qu'ils appellent « Elephant rocks ».

On y trouve aussi les plus belles forêts d'Eucalyptus qui ont été sauvées du défrichement abusif des 19 et 20e siècles.

Les traverses du chemin de fer et les pavés des rues de Londres étaient taillés en Bois Jarra, une des plus dures essences d'eucalyptus.

Nous visitons un top tree walk, promenade sur un pont léger à 40 mètres d'altitude qui n'est pas du goût d'Angela qui appréhende les hauteurs.

Dans la région nous parcourons une vaste zone qu'on appelle la wheat belt pour aller visiter « Wave rock » un énorme rocher en forme de vague qui était un lieu sacré pour les populations aborigènes. On se demande comment un rocher si spectaculaire et si isolé a pu se retrouver là. À proximité, une grotte contient quelques dessins préhistoriques de mains qui indiquent une présence humaine ancienne.

La culture aborigène apparaît dans des galeries avec des peintures sur toiles, écorces, etc., faites de petits pointillés qui ne nous enthousiasment pas beaucoup.

Les populations aborigènes ont été décimées pendant la période de colonisation et les représentants que l'on aperçoit dans les villes donnent une impression de laisser aller et d'alcoolisation à outrance.

Dans le bush, le Xanthorrhoea, arbuste de 1 à 2 mètres de hauteur avec un tronc noir et des palmes de petite taille qui semblent former une jupe avait été baptisé Black boy par les colons en analogie avec les populations locales.

Le mot black boy a été interdit depuis en langage courant.

La wheat belt est désertique à cette saison, les quelques points d'eau sont des plaques de sel. Il apparaît que le continent a, dans le passé lointain, été totalement submergé par la mer et la croûte de sel n'est pas loin du sol.

Au nord de Perth, une côte interminable orientée ouest est plutôt inhospitalière. On trouve de bonnes destinations comme Geraldton, ville de pêche où l'on aurait aimé acheter des langoustes, mais ce n'est pas possible. Elles sont vendues aux importateurs chinois avant d'être pêchées.

Le site des pinacles est intéressant pour ses rochers en relief sur un sol plat.

La route de la côte est belle, mais longue et dès que l'on s'en éloigne de quelques kilomètres la température grimpe au-dessus de 40 degrés.

Fin 2005 nous faisons notre grand périple en Thaïlande, Laos et Cambodge et arrivons à Perth pile pour la naissance d'Alex. Les 4 enfants donnent beaucoup de travail à Katrina et Angela vient aussi pour aider. Beau Noël en famille et balades dans la région, sans oublier les parcours de golf sur ces terrains magnifiques et leur faune exotique.

Les petits enfants grandissent leurs activités sont toujours très sportive et le foot demeure la vedette, chacun dans son équipe, beaucoup d'entraînement et les matchs tous les week-ends.

À Perth nous profitions toujours des plages surtout en plein hiver européen.

Lors de notre avant-dernier voyage, nous avons organisé une balade en camping-car qui va nous conduire d'Adelaïde à Melbourne par la magnifique route côtière « Great Ocean road » avec comme point culminant les 12 apôtres, rochers escarpés qui se sont détachés de la côte et continuent de s'éroder du fait de la force des flots. Il n'y en a d'ailleurs plus 12, mais cela n'enlève rien au paysage.

Le temps sur cette côte est très capricieux et dans la même semaine, on est passé de 41 degrés à Adelaïde à 18 degrés 100 kilomètres plus loin.

Sur cette même route se trouve une petite île qui a été rattachée à la terre par un petit pont et que l'on visite à pied.

Le sol est jonché de trous qui s'avèrent être des nids d'oiseaux. Ces volatiles qu'on a baptisés Mutton birds parcourent 100 à150 miles par jour en quête de nourriture pour leurs petits qui sont nés dans l'île. À leur maturité, les parents les abandonnent sur l'île et repartent faire 15 000 kilomètres jusqu'à l'Arctique.

Les petits suivront par on ne sait quel miracle pour le même voyage vers le nord et reviendront à « Mutton bird island » pour pondre l'année prochaine.

Triste conséquence de ces longs voyages, on trouve beaucoup d'oiseaux morts d'épuisement sur ces plages.

Dès la nuit tombée, tous les oiseaux s'abattent sur l'île pour rejoindre leur nid et, paraît-il, ce nid est unique pour chaque couple.

Nous rencontrons un couple d'Australiens qui assistent au spectacle. Ils ont importé des buffles pour faire du yaourt et de la mozzarella et durant leur temps libre écrivent des bandes dessinées. Rencontre insolite !

Nous visitons quelques vignobles trouvés dans les guides touristiques. Certains vins atteignent des prix astronomiques et nous n'osons pas les goûter. La côte reçoit les vents du sud polaire et les cépages cultivés sont différents : Riesling, Pinot noir, surprenant pour ces latitudes.

Nous sommes contraints de passer nos nuits dans des campings officiels car toute la campagne est clôturée et on ne peut pas s'arrêter n'importe où. En fait cela rend inutile l'utilisation du camping-car, peu maniable et cher à la location alors qu'on peut circuler en voiture de tourisme et louer des bungalows climatisés partout. On le note pour la prochaine fois.

Notre itinéraire passe par une forêt équatoriale avec des fougères géantes et on termine le séjour à Melbourne que nous pouvons visiter brièvement.

Retour à Perth en avion, 2 700 km et 3 heures 30 de vol et de décalage horaire. Au-dessous de nous le désert et d'énormes surfaces blanches de sel.

Dans le hall d'arrivée, un chien policier renifle mon sac à dos emprunté à notre petit fils Patrick. Le policier me demande si je transporte des pommes, car c'est interdit par la loi entre les deux états d'Australie, je l'assure que non. Il me dit que le chien n'est pas de cet avis et il me fait vider mon sac pour vérifier. Patrick met des fruits dans son sac pour son déjeuner à l'école. L'odeur ancienne a fait flipper le chien.

Notre dernier voyage en 2014 nous permettra, entre autres, une escapade à Bali et Lombok en Indonésie et un voyage à Sidney et sa région.

Belle étape dans un inlet, sorte de rivière qui communique avec la mer et profite d'une belle faune d'oiseaux.

Grande excursion dans les Blue Mountains qui viennent d'être durement touchées par les incendies et on voit des maisons carbonisées. C'est à l'ouest de ces montagnes prétendues insurmontables que l'on a retrouvé un grand troupeau de vaches dont on ne soupçonnait pas l'existence.

Importées du Royaume uni par les premiers immigrants, elles avaient fui la sécheresse de Sidney en se dirigeant au Sud et avaient contourné les montagnes pour y trouver de meilleurs pâturages en altitude. Il a fallu 50 ans pour les retrouver.

Pour nous bien de paysages à explorer dans ce vaste continent, mais, en aurons-nous le temps ?

Chapitre 17
Le Cambodge 2005

De retour du Laos en passant par le nord de la Thaïlande, nous prenons un vol à Chang Mai destination Phnom Penh avec escale à Bangkok.

Petite anecdote amusante.

Au contrôle de sécurité de l'aéroport de Chang Mai, l'agent tombe sur mes petits ciseaux à ongles pliants que j'adore et que j'emporte partout avec moi, laissés par erreur dans mon bagage à main.

Fâché contre moi, je les retire de l'étui avant de les abandonner. L'agent me demande l'étui. Je m'exécute de mauvaise grâce. À mon arrivée à Bangkok, une hôtesse m'attend à la descente d'avion avec une enveloppe à mon nom qui contient mes ciseaux. C'est déroutant et toujours formidable l'Asie !

Patrick a décidé de nous abandonner pour rejoindre Singapour et nous continuons le voyage à cinq.

L'avion nous dépose à Phnom Penh, capitale du Cambodge et l'hôtel est une belle villa coloniale. Avec Annig qui connaît bien la ville, on visite des temples et quelques antiquaires.

La ville ne présente pas beaucoup d'intérêt.

Nous sommes reçus très généreusement par son amie Sotho, cambodgienne, ancienne hôtesse de l'air de la compagnie locale dont le mari, pilote de la même compagnie a été exécuté en 1975 par les Khmers rouges. Elle-même a été violée sur la place publique par un officier khmer rouge qui la prendra ensuite comme épouse. Il en sortira un enfant, une fille qui devra vivre avec sa demi-sœur, fille du pilote ; situation qui ne manquera pas de poser des problèmes à l'avenir.

C'est elle qui a organisé notre visite du site de Siem Réap qui abrite le site d'Angkor et nous recevra dans son guest house de Siem Réap durant notre séjour.

Pendant notre bref séjour à Phnom Penh, Annig nous conduit dans une école dirigée par un couple de Français, Christian et Marie France Despallières présents au Cambodge depuis trente ans et qui ont commencé leur œuvre humanitaire en nourrissant les enfants travaillant sur la décharge d'ordures de Phnom Penh dans un état de pauvreté et de manque d'hygiène terrible.

Par la suite, ils ont indemnisé les parents des enfants concernés avec des sacs de riz pour pouvoir les scolariser et leur offrir un avenir.

L'école s'est considérablement développée au fil des années grâce aux nombreux donateurs privés et institutionnels et scolarise plus de 1000 élèves qui trouvent du travail sans problème à leur sortie.

Une élève de terminale nous fait visiter l'école qui tourne dans un ordre impeccable.

Après le déjeuner, la sieste est obligatoire, car les parents continuent de faire travailler les enfants la nuit pour assurer leur nourriture. Tous les élèves sont allongés par terre pendant une heure de repos. Ils ont aussi créé des formations en mécanique, cuisine, coiffure, informatique et soins d'infirmiers afin de leur assurer un avenir décent.

Nous prenons l'avion pour Siem Réap et sommes logés chez Sotho.

Son Guest-house est aussi un musée qui contient les collections d'antiquités qu'elle a accumulées depuis que, libérée de la tutelle de son mari khmer rouge, elle s'est instituée guide touristique pour survivre. L'influence d'Annig qui la connaît depuis longtemps est évidente ; elle a fait les bons choix d'objets à collectionner.

Pour la visite du site d'Angkor, elle nous a affublés d'un guide francophone particulièrement érudit. Il connaît tous les monuments, leur origine et leur histoire et cite les noms de tous les archéologues qui ont contribué aux recherches n'hésitant pas à préciser le nom de celui qui a traduit l'article en français si celui-ci était en langue étrangère.

C'est aussi un humaniste protecteur de la nature. Dans les forêts on n'entend pas un oiseau, la famine fait qu'ils ont tous été mangés et la chasse continue. Quand il ne travaille pas, il charge sa camionnette de baguettes de pain et sillonne les villages en échangeant pain contre catapultes. Espérons qu'il a pu sauver quelques volatiles !

Il connaît aussi les circuits des autres guides et s'arrange pour nous faire profiter des sites en dehors de la foule.

Il est vrai que, déjà en 2005, il y a foule à Angkor. Pour pénétrer sur le site, il faut allonger 60 dollars américains en billets neufs à une officine gouvernementale qui appartient à ce qu'on dit à des magnats vietnamiens qui continuent de s'enrichir et rien ne profite au pays pas plus qu'au site archéologique dont les fouilles et les restaurations sont financées par des organisations internationales sans but lucratif. Il est vrai que c'est le Vietnam qui a débarrassé le pays des Khmers rouges et qui continue de le leur faire payer.

Les nombreux temples, souvent dans un état de conservation déplorable à part le grand temple d'Angkor Vat, sont entourés d'une végétation équatoriale luxuriante et dominante dont les racines envahissent les pierres des monuments jusqu'à en menacer la structure.

Il est impossible de se rappeler toutes les explications du guide ni de toutes les anecdotes mythologiques des dieux et des génies qui ont peuplé ce site gigantesque. Et on se demande bien comment une civilisation qui a pu bâtir de telles merveilles a pu être anéantie totalement et disparaître à jamais.

On dit que les pierres qui ont constitué cette multitude de temples au 10e siècle étaient traînées par des éléphants sur une distance de 60 kilomètres. On pense que la disparition des populations est due à une sécheresse qui aura duré plusieurs années et, asséchant les plans d'eau, a plongé la population dans la famine.

Quand on regarde les outils agricoles qui figurent sur les bas-reliefs du temple d'Angkor Vat, on retrouve les mêmes en vrai dans la campagne environnante, comme si la civilisation s'était endormie pendant sept siècles et que la vie s'écoule doucement comme avant, mais dans une pauvreté dont les dirigeants doivent endosser la responsabilité.

Je me demande toujours comment un peuple pacifiste, dirigé par des fous sanguinaires a pu pendant quelques années s'adonner à une violence inouïe poussant les enfants à tuer leurs parents puis reprenant la vie tranquillement en pansant ses blessures.

Encore un mystère de l'Asie.

Chapitre 18
Le Laos – 2005 et 2020

Décidément, nos projets de voyage se tournent toujours vers l'Asie, mais nous sommes attirés par ces régions et leur climat qui nous accueillent en hiver quand la température devient moins supportable en Europe.

En plus nos amis H. de Singapour, sont des organisateurs de voyages offerts par la nature et toujours disponibles pour partir quand on le leur propose.

C'est donc vers le Laos et le Cambodge que nous nous dirigeons en octobre 2005.

Passage obligé à Bangkok pour deux nuits dans notre petit hôtel glauque de Silom Village, le Silom village Inn.

Le personnel est charmant. Nous voyageons avec nos sacs de golf, car le voyage se poursuivra vers l'Australie où nous pensons rester au moins deux mois et ils acceptent de nous les garder pendant quinze jours gratuitement jusqu'à notre retour du Cambodge. J'y ai même caché la bouteille de whisky achetée en duty free.

Nous retrouvons Annig et Patrick à l'hôtel et nous voyagerons à 6 avec mon frère François et Brigitte sa femme.

Le soir, au marché de nuit, nous faisons le plein de chemises à 5 dollars US pièce, nous régalons d'un bon repas Thai et nous sommes prêts pour l'aventure. Les embouteillages sont terribles à Bangkok et il faut prévoir le départ bien en avance pour ne pas rater l'avion.

Nous atterrissons à Vientiane, capitale de ce petit pays colonisé par les Français et qui n'a jamais attiré la convoitise d'autres puissances étrangères, car privé de ressources naturelles sans ouverture maritime et enclavée entre le Vietnam et la Thaïlande.

Cette dernière n'aura jamais arrêté d'y faire des incursions pour en piller les richesses. Le seul temple qui reste sur pied en ville est un magnifique édifice en bois d'architecture Sukhothai qui a été préservé des destructions des Thai et demeure d'ailleurs un monument digne de la visite.

Depuis le départ des Français à l'indépendance, un régime mitigé entre la monarchie et les communistes s'est installé. La lutte entre les deux factions s'est transformée en guerre civile, les communistes recevant l'aide du Viêt-Cong et de la Chine, la monarchie soutenue par les États-Unis.

Pour lutter contre l'utilisation de la piste Ho Chi Min au nord-est du Laos par les Vietnamiens, les Américains ont déversé plus de deux millions de tonnes de bombes sur la région et notamment la plaine des jarres tuant les civils et provoquant un exode massif des populations.

En 1975, le parti du Pathet Lao a pris le pouvoir et destitué la monarchie pour imposer un parti unique et le régime communiste.

Aujourd'hui la rigueur communiste s'est affaiblie et l'initiative privée permet aux habitants d'améliorer leur ordinaire dans un socialisme bon enfant.

Nous visitons une belle fabrique de soie en ville et Annig rencontre des antiquaires qui lui expédient des objets vers son magasin.

Nous ne nous attardons pas à Vientiane et nous montons dans un minibus en route vers Luang Prabang, ancienne capitale royale du pays jusque dans les années 1970.

Nous empruntons la nationale 13 fameuse pour ses combats au moment de la guerre d'indépendance et qui est bien calme maintenant. On peut se demander si elle a été entretenue depuis le départ des Français, car les cahots et les nids de poule rendent le voyage pénible et font baisser la moyenne !

Le paysage de forêt tropicale et de rizières est charmant et paisible. C'est la bonne saison pour apprécier les rizières qui ont une belle couleur vert intense.

Au milieu des champs se dressent de petites huttes en bambou sur pilotis. On nous dit que les paysans y mettent leurs vieux parents inutiles aux champs pour surveiller les cultures et effrayer les oiseaux qui dévorent les graines.

On déjeune d'une soupe dans un petit estanco au bord de la route avant de nous diriger vers Van Vienh où nous passerons la nuit.

C'est un petit guest-house au bord d'une rivière. Nous sommes en bungalows individuels avec une terrasse qui donne sur la rivière et on se régale à contempler le ballet des pirogues qui transportent ménagères et enfants d'un côté à l'autre, car le village est coupé en deux par la rivière.

De l'autre côté, un paysage de reliefs karstiques s'étend majestueux devant nous. Il apparaîtra encore plus énigmatique le lendemain matin au réveil lorsque la brume matinale s'estompera progressivement pour laisser voir ces montagnes en forme de pain de sucre aux parois desquelles s'accrochent des genres de conifères.

Dans le village, on peut louer des vélos et des bouées en roues de camions que les touristes, en majorité hippies utilisent pour descendre la rivière en rafting. Nous avons compris que la facilité de se procurer des stupéfiants donne une justification supplémentaire à ce tourisme jeune.

Nous passons devant le dispensaire dont l'état de délabrement et l'absence d'hygiène nous font espérer de ne pas tomber malades durant notre séjour.

Le soir, après le dîner, notre hôte sort une guitare de derrière son comptoir et entonne des sucreries d'Elvis Presley avec une voix doucereuse.

Après quelques compliments, je me saisis de l'instrument et nous chantons « Nathalie », « Quand Jules est au violon » et « salut les amoureux ». Les autres convives acceptent notre bruyante démonstration avec bonhomie et on recueille même quelques applaudissements.

La nuit est longue, les lits sont très inconfortables ; le matelas est très dur, le sommier est une planche. Jamais couché sur un truc aussi dur !

Deuxième jour, reprise sur la nationale 13 toujours aussi chaotique.

On apprend que, récemment sur cette route, un couple de touristes suisses a été témoin d'une attaque d'un autocar par des bandits armés. Ceux-ci les voyant prendre l'incident en photo les ont assassinés pour éliminer les preuves. Cela fraîchit un peu notre enthousiasme.

Arrivons à Luang Prabang dans un bel hôtel confortable. Bon dîner avec une cuisine proche de celle du Vietnam.

Mon frère qui adore les nems en commandera à chaque repas et choisira le restaurant en fonction de leur présence au menu.

La ville ancienne, coloniale s'étire entre les bras de deux rivières, le Mékong et la Nam Khan.

De belles maisons coloniales ont été transformées en hôtels-restaurants ou boutiques.

La révolution qui a destitué la royauté a aboli la propriété privée et les belles demeures des notables Laotiens ont été confisquées puis graduellement utilisées aux fins du tourisme.

Nous pouvons visiter le palais royal et les temples avoisinants tous chargés de bas-reliefs dorés et de statues de Bouddhas et attaquons même les 750 marches qui mènent au temple au-dessus de la ville.

En ville c'est bientôt la pleine lune d'octobre et dans tous les monastères, on se prépare à la fête en construisant des pirogues en bambou, recouvertes de décorations en papier de soie colorées qui serviront à une procession dans les rues de la ville.

Sur le Mékong la fête se manifeste dans des courses de pirogues entre divers villages ou quartiers de la ville. Chaque pirogue est dotée d'au moins une douzaine de rameurs et la foule s'entasse sur les berges pour acclamer leurs équipes bruyamment et à grand renfort d'alcool de riz qui coule à flots.

Une belle ambiance festive pour les habitants qui ont peu d'occasions de manifester leur joie.

Après la pause de Luang Prabang, le voyage se poursuit par la remontée du Mékong. Nous avons loué un bateau à fond plat équipé des fauteuils bas qui ressemblent à de vieux sièges d'avion et nous sommes assis au niveau de la ligne de flottaison.

Le bateau peut prendre 20 personnes et nous sommes six. Cela vaut mieux, car la croisière dure deux jours pour aboutir à la frontière de la Thaïlande. Destination Huey Xai.

Au centre du bateau, une table nous accueillera pour prendre notre repas préparé dans une cuisine sommaire située à l'arrière du bateau près du moteur. La femme du skipper fait la cuisine et nous sert un menu de cinq ou six plats auxquels nous faisons honneur.

Ayant vidé tous les plats, on se demande si nos hôtes ne s'attendaient pas à manger les restes et nous avons honte de notre gloutonnerie.

En chemin nous nous arrêtons pour voir la grotte des 1000 Bouddhas de Pak Hou, immense caverne au fond de laquelle s'entasse une infinité de statues, souvent posées sur des carreaux de faïence prévus pour des cuisines ou des salles de bains. Personnellement, je ne suis pas très friand de ces accumulations kitch et peu artistiques.

En chemin, nous sommes dépassés par des bateaux qui naviguent à grande vitesse sur le Mékong. Sortes de pirogues en forme de cigares et dotées de moteurs puissants, elles parcourent en trois heures ce qui va nous prendre deux jours. Les occupants sont casqués et doivent protéger leurs oreilles du bruit assourdissant du moteur. On ne choisirait pas ce moyen de transport qui, du fait de nombreux accidents, a fini par être interdit.

D'ailleurs, à l'heure actuelle, cette croisière n'est plus possible d'un seul trait, car les Chinois ont construit des barrages pour l'énergie hydroélectrique sur le Mékong interdisant le transport fluvial et privant en plus le Laos du limon fertile et des poissons sans leur offrir de compensation sinon une influence politique plus soutenue. Il semble même que l'électricité produite ne profite qu'à la Chine qui donne une maigre redevance au Laos.

En outre, la Chine construit une voie ferrée qui reliera la province du Yunnan à Luang Prabang puis à Vientiane dans le projet de colonisation appelé route de la soie.

Par la suite nous visitons un village au bord de la rivière et pouvons imaginer la vie de ces paysans isolés de la ville avec leurs maigres cultures et leurs animaux.

En fin d'après-midi, nous atteignons notre étape de Pak Beng. Nous sommes accueillis avec un cocktail de bienvenue et des petites serviettes chaudes.

Les chambres sont construites en bois de teck avec un grand lit à baldaquin et une moustiquaire qui couvre le tout.

Bon dîner à l'hôtel suivi d'un lâcher de lanternes au bord du Mékong. C'est effectivement la pleine lune d'octobre et la fête des lanternes est célébrée dans toute l'Asie.

Sortes de parachutes en papier, elles portent un petit réceptacle empli de combustible ou d'une chandelle qui permettra le décollage de l'esquif.

Une dizaine de lanternes s'élèvent dans les airs ; beau spectacle bien que de petite envergure, mais organisé gentiment par l'hôtel pour faire plaisir à ses clients.

Les lanternes se perdent au-dessus de la forêt vierge et on se dit que cette coutume aurait du mal à passer en Provence avec le risque d'incendie.

Le lendemain, on se réveille dans une brume épaisse qui ne se dissipe qu'après une bonne heure de navigation. Une demi-journée de remontée du Mékong nous amène au poste-frontière de la Thaïlande dans la ville de Huey Xai.

En 2020 nous revenons au Laos directement sur Luang Prabang pour y séjourner avec Thierry et Victoria. Ce voyage est moins mouvementé que le précédent, car Angela sort d'une grosse opération du genou et ne gambade pas encore comme une gazelle.

Nous sommes en février ; la frontière avec la Chine est fermée à cause du virus qui est déjà apparu en Europe, mais que l'on croit limité à quelques individus ne prévoyant pas qu'il va singulièrement nous compliquer la vie.

En attendant, l'absence de touristes chinois est plutôt une bonne nouvelle et nous profitons de la quiétude des lieux.

Nous sillonnons la vieille ville et testons ses restaurants. L'hôtel donne sur le Mékong et nous prenons la plupart de nos repas en contemplant le spectacle du fleuve. Omelette et salade de fruits exotiques au petit déjeuner, Nems, salade de papaye et plats cuisinés aux autres repas.

En fin d'après-midi, chargés de bouteilles de bière, et de Gin Tonic, nous louons un bateau qui nous promène sur le fleuve jusqu'à la nuit. Les appareils photo mitraillent.

Le marché de nuit ouvre chaque soir dans la rue principale. Comparé à celui que nous avions connu en 2005, il a décuplé en nombre d'étals et on y trouve tous les produits d'artisanat local, dont les belles lanternes en papier qui ornent les boutiques le soir. La nourriture de rue est très populaire également.

J'ai tout de même organisé un périple routier de quatre jours qui nous permettra de visiter des endroits que nous ne connaissons pas.

Notre chauffeur conduit un van Kia climatisé et confortable, mais les routes du Laos ne se sont pas améliorées et les nids de poule sont bien présents.

Nous prenons la matinée pour arriver à Nyon Khiaw, ville située au bord de la rivière Nam Hou.

Petite promenade en ville sans intérêt. L'hôtel est confortable et donne sur la rivière. Soirée tranquille.

Le lendemain un batelier nous attend au pied du pont et nous faisons une belle croisière en admirant les berges et les grands arbres dont les branches atteignent l'eau. En avril, le niveau d'eau est au plus bas et le piroguier doit négocier habilement avec les hauts fonds. Nous visitons trois villages ; le premier, agricole où l'on assiste au traitement des feuilles de tabac. Le second est spécialisé dans le tissage de la soie et nous marchons entre une enfilade de petits ateliers. Nous marchandons pour le principe et prenons soin d'acheter à plusieurs femmes différentes, car il y a très peu de visiteurs et seuls les touristes achètent leur artisanat.

Le soir nous changeons d'hôtel pour un autre moins confortable, car le nôtre est plein. Ce dernier est en fait une péniche amarrée au bord de la rivière et comprend quatre chambres. Le bar est fermé. En ville on achète un seau en plastique, une barre de glace et quelques bières pour passer une bonne soirée au bord de l'eau.

Le lendemain, longue journée de routes sinueuses dans un paysage vallonné en direction de la fameuse plaine des jarres qui a été tellement bombardée par les Américains. On nous dit que 30 pour cent des bombes n'ont pas explosé et des équipes de déminage d'une association britannique continuent de travailler à la recherche des bombes, car les explosions font encore de nombreuses victimes. Un musée en ville est consacré à cette activité.

La particularité du lieu, ce sont les jarres, énormes pots en pierre creusés à l'intérieur et pouvant servir de sépulture. L'énigme est qu'on ne trouve pas de pierre alentour et que ces gros blocs de chacun une tonne et plus ont été amenés ici il y a plus de 2500 ans pour servir de silos à grains ou se sépultures. Les archéologues n'ont pas trouvé d'explication pour leur existence.

Sur les trois sites de jarres, deux seulement sont ouverts à la visite et nous nous promenons dans cet univers irréel de grosses jarres en pleine nature.

Notre hôtel est un ensemble de chalets en bois disséminés dans une forêt de conifères qui datent de la période coloniale. Le site domine la ville dont on perçoit les bruits au loin. Le bâtiment principal qui contient le restaurant a une cheminée ce qui fait imaginer des soirées fraîches à certaines périodes.

Le lendemain, tour inévitable au marché de Phonsavan très typique et reprise de la voiture pour une longue demi-journée de route déformée vers Luang Prabang.

Nous longeons la plaine pendant des dizaines de kilomètres. C'est la fin de la saison sèche et le riz a été récolté depuis longtemps. Le paysage est plutôt triste à cette saison.

Pour visiter cet endroit, il vaut mieux choisir les mois de novembre et décembre.

Pays magnifique aux habitants pauvres et accueillants que nous sommes prêts à revoir si le temps et la santé nous le permettent.

Chapitre 19 : Indonésie
Bali & Lombok 2008 – 2014

Fin janvier 2008 la saison hivernale en France nous rappelle vers l'Asie.

Petite escale à Singapour chez nos amis H dont l'accueil est toujours chaleureux et nous voilà dans l'avion pour Bali, Îlot parmi les milliers qui constituent l'archipel indonésien.

Mais pourquoi connaît-on Bali et qu'est-ce qui y attire les touristes plus que les autres îles ?

C'est la seule île qui n'est pas peuplée de musulmans et qui a donc attiré le tourisme par ses coutumes ancestrales hindouistes et une gastronomie digne des grandes civilisations.

Suivant les conseils d'autres amis, Brigitte et Michel qui passent trois mois d'hiver par an en Asie, pas besoin de réserver les hôtels ; le chauffeur de taxi nous mènera toujours à une bonne destination.

Nous avons tout de même réservé la première nuit pour la descente d'avion dans un hôtel de Kouta, ville la plus proche de l'aéroport de Jimbaran.

Surprise, un chauffeur brandit un panneau à notre nom ; magnifique, on ne s'y attendait pas ! L'hôtel fait bien les choses pour une réservation d'une seule nuit.

Déjà, en 2008, Bali est devenue la destination préférée des Australiens. À deux heures de vol de Perth, elle fournit logement, nourriture et bière à des prix inimaginables en Australie.

Du coup, l'ensemble de villes Kuta, Legian et Semignac ressemble à une station balnéaire de n'importe quelle côte avec bars, restaurants et boutiques qui vendent des thongs, maillots de bain, tee-shirts, lunettes de soleil et planches de surf.

Nous ne nous y attardons pas, mais nous décidons de passer la soirée au bord de la mer, au port de pêche de Jimbaran.

En fin d'après-midi, la lumière est belle. Une foule de pirogues à balancier, peintes de couleurs vives, accostent et déchargent leurs filets sur la plage ou des femmes extraient les poissons dans un ballet bien organisé. Nous prenons des quantités de photos. Les pêcheurs ne se soucient pas de nous.

Sur la plage, des restaurants offrent toutes sortes de poissons à déguster sur des petites tables plantées dans le sable pendant que la nuit tombe. On prend une noix de coco pour se désaltérer. Avec le poisson, ce sera la bière ! « Bintang » (règle d'or, toujours boire la bière locale).

Dans le restaurant, poissons, crevettes calamars sont exposés dans des paniers et l'employé me demande lesquels nous voulons manger. Dès le choix fait, il pèse le tout dans une balance archaïque et annonce le poids et le prix. De ma vie je n'ai jamais consommé un tel poids de poisson en une seule fois. Je pense que sa balance a une légère tendance à l'exagération, mais je ferme les yeux. Le poisson est délicieux.

Six ans plus tard, de retour à Jimbaran, nous voudrons tenter à nouveau l'expérience, mais les pêcheurs et les restaurants ont disparu. Ils vivent maintenant du tourisme de masse qui s'est développé rapidement, mais, peut-être que les poissons ont été surpêchés et que la pêche ne fait plus vivre. La plage est pleine de détritus.

Quel dommage !!

Pour découvrir une Bali plus authentique, nos amis nous ont conseillé de partir dans l'intérieur de l'île et, dès le lendemain matin, un taxi nous conduit vers la ville d'Ubud. Nous traversons des paysages de forêts et de rizières. Le pays est vallonné et les rangées des rizières épousent les courbes de niveau et cela donne un paysage exceptionnel.

Nos amis nous ont indiqué qu'ils seraient probablement à Ubud en même temps que nous ; ils voyagent à quatre, et nous ont donné le nom de l'hôtel qu'ils connaissent.

Le taxi nous y dépose et nous prenons une chambre à 50 $ US. Nous demandons s'ils ont une réservation au nom de nos amis ; réponse : inconnus au bataillon.

En sortant de l'hôtel pour déjeuner, nous tombons sur les amis qui se promènent. Ils ont quitté notre hôtel la veille, en ayant trouvé un autre moins cher à 35 $ avec piscine. Nous promettons de les y rejoindre le lendemain.

Ils ont loué une voiture spacieuse et nous proposent une excursion vers le volcan.

Dans la voiture, on cherche à se repérer pour trouver notre chemin. Munis de deux cartes routières, nous cherchons les noms des lieux : sur un même point de carte, les noms diffèrent et, de toute façon, il n'y a pas de panneaux routiers.

Arrivant près d'un village, on aperçoit des habitants bien habillés qui se dirigent vers une grande villa. Une cérémonie, comme il y en a régulièrement à Bali, se prépare.

Les hommes sont en blanc avec des turbans blancs, genre de bandanas autour de la tête ; les femmes en jupes longues ajustées et chemisiers transparents serrés sur des poitrines que nous trouvons généreuses, singularité de Bali par rapport à d'autres régions asiatiques. Le soutien-gorge est un élément de décoration. Les enfants courent partout.

Un orchestre de percussions s'est installé au sol et la danse du dragon commence. On nous a laissé entrer dans le jardin avec nos appareils photo ; les femmes nous sourient, les hommes nous ignorent et la fête continue sans se soucier des touristes qui n'ont rien à faire ici.

Plus loin nous abordons un site de temples au bord d'un lac. Le temps n'est pas au beau et nous sommes couverts. On ne s'attendait pas à avoir froid ! Au bord du lac, un ensemble de petites pirogues à balancier doivent se louer à la belle saison comme des pédalos.

Les temples sont des constructions en bois hautes appelées « Meru » avec des chapiteaux couverts de chaume qui se superposent comme des chapeaux vietnamiens et peuvent atteindre le nombre de 11.

Des jardins entourent les temples avec de grands arbres tecks et badamiers aux énormes racines sans oublier frangipaniers et Bougainvillées. Dans les allées, des familles se promènent avant de déposer leurs offrandes au pied des autels richement décorés. Tous portent des vêtements de fête par respect pour leurs divinités.

Bali est aussi un centre mondial de fabrication d'artisanat. Ateliers de menuiserie pour meubles, objets de décoration en bois. Au détour d'un chemin, on découvre une cour remplie de girafes en bois de toutes tailles prêtes à l'exportation. Il y a aussi des ateliers d'artistes peintres où le chauffeur de taxi nous arrête en espérant qu'une commission lui reviendra en cas de vente. Nous avons du mal à trouver des toiles qui nous plaisent dans ce fatras de couleurs trop vives.

Plus loin un marché aux oiseaux avec une multitude de cages en bambou suspendues au-dessus des étals.

Bien sûr, les boutiques de tissus regorgent de pièces de soie, dentelle, etc. On n'aura pas de mal à remplir les valises.

De Bali, nous retenons ces paysages vallonnés de forêt dense et de rizières sinueuses, mais surtout ces magnifiques cérémonies, héritage des célébrations hindouistes.

Processions, danses de dragons et de serpents, musique, offrandes de fruits et de fleurs assemblées en grappes et guirlandes et dévotions.

Après quelques jours à Ubud et des promenades dans les rizières, nous poursuivons vers le nord de l'île vers la ville de Amed au pied du fameux volcan.

Le chauffeur nous conduit à un hôtel en bord de mer. Nous marchandons le prix de la chambre malgré son prix modique ; il y a toujours place pour une petite négociation !

Ici, le sable est noir du fait de la roche volcanique. Les pirogues à balancier sont alignées le long de la côte. La pêche doit être bonne. Nous sortons de notre chambre au petit matin, espérant voir le départ des pêcheurs, mais ils ne nous ont pas attendus. La plage est vide à part les excréments des pêcheurs qui jonchent le sable ; la marée montante se chargera du nettoyage pour la joie des poissons.

Notre petit hôtel est merveilleux ; devant notre chambre in y a un grand lit, sous les cocotiers pour faire la sieste en écoutant les vagues. Au village il y a une école de plongée sous-marine, mais nous manquons de temps et reprenons la route sans oublier de négocier le prix avec trois chauffeurs de taxi tous avides de faire une course.

Six ans plus tard, en 2014, nous passons l'hiver en Australie chez Thierry et Katrina. Les enfants ont grandi, Patrick a 17 ans et le dernier, Alex, 8 ans.

Début janvier nous partons pour Bali, six personnes chez Thierry, nos amis Cheryl et Larry, parents de Katrina, une famille d'amis de Thierry avec quatre enfants soit un petit groupe bruyant de quatorze personnes dans l'avion.

Thierry a réservé des chambres luxueuses dans un « resort », Padma resort, immense hôtel moderne avec plusieurs restaurants installés à l'extérieur dans une pagode sous un toit immense et qui servent des petits déjeuners buffet à volonté de quoi prendre 5 kilos dans la semaine.

Thierry aime la bonne chère. Il a fait des recherches sur un site dénommé « Bali bible » qui liste les meilleures tables de Bali. Chacun a sa bible ; celle-ci est gastronomique.

Grâce à l'afflux de touristes du monde entier, Bali a également attiré des chefs cuisiniers de renom qui ont bâti des cathédrales de la gastronomie, architecture futuriste, salles aux plafonds très élevés avec des arbres entiers en décoration et, bien entendu des menus à faire pâlir. Pour 14 personnes il faut réserver à l'avance, mais les jeunes préfèrent leur « burger frites » et nous gardons les bons coins pour les adultes.

Dans la journée nous ne tenons pas à lézarder en bord de piscine. Les jeunes font des excursions sportives dans les parcs d'attractions.

Avec Cheryl et Larry, nous prenons un taxi à la recherche de cérémonies sur les routes.

Dans un village, une maison décorée et la foule autour nous attirent, c'est un mariage. On entre et on est accueillis comme des amis. Je me fais photographier au milieu des sœurs ou cousines de la mariée 8 jeunes filles âgées de 15 à 21 ans qui se ressemblent comme deux gouttes d'eau et sont très jolies. Ça pourrait faire penser à un harem.

La ville qui nous entoure est totalement congestionnée par les voitures et les motos dont le nombre a dû décupler en 6 ans. Les trajets en taxi sont fastidieux et nous décidons de prendre l'air.

Une île voisine, à une heure d'avion, nous offre une échappatoire.

Lombok diffère de Bali par le fait que sa population est en majorité musulmane et donc moins orientée par l'afflux de touristes. La prime c'est qu'on découvre le pays comme on imaginait Bali il y a 20 ans.

Bel hôtel au bord de mer à proximité d'un village où l'on trouve artisans et petits restaurants.

Un chauffeur de taxi nous prend en mains pour nos excursions. Après négociation du prix de la journée, il nous explique qu'après avoir fait le plein d'essence et payé le propriétaire de la voiture, il lui reste un dollar à ramener à la maison. On se sent un peu penaud d'avoir marchandé !

Il nous promène partout dans l'île et nous visitons temples et pagodes. Au bord de la route dans la montagne, il arrête la voiture et nous annonce les singes ; i y a des macaques tout autour de nous. Ayant prévu le coup, le chauffeur a des petits sacs de cacahuètes pour donner aux singes. Angela se fait arracher le sien par un singe plus futé que les autres avant d'avoir eu la chance de l'ouvrir. Le chauffeur donne alors à un singe une petite bouteille d'eau fermée avec le bouchon. Le singe saisit la bouteille, dévisse le bouchon avec ses dents et boit le contenu d'un trait. Ce ne doit pas être la première fois, mais c'est impressionnant. Le sol est jonché d'ordure ; ce doit être un passage connu.

Avec notre taxi nous découvrons des plages de sable blanc magnifiques et désertes notamment une énorme baie circulaire très protégée où l'eau n'est pas profonde et où un petit restaurant de poisson nous accueille. À proximité de cette baie est un hôtel Novotel de luxe où nous aurions pu passer quelques jours de farniente.

Une autre pépite de Lombok s'appelle les Gilli Islands.

Petit archipel de trois îles où les voitures n'ont pas droit de cité, avec des paillotes en guise de maisons, paradis de hippies et de la plongée sous-marine et même du snorkeling.

Nous prenons deux billets pour traverser le bras de mer de mer pour un dollar par personne. Et apprenons que le bateau part quand il est plein. Je n'ai pas la présence d'esprit de demander, ce que coûterait la traversée privée et c'est une erreur. Au départ, la barcasse est pleine, une quinzaine de personnes, des poulets, des bouteilles de gaz, des régimes de bananes et des caisses de conserves. La ligne de flottaison est proche du bord. La mer est agitée, le bateau tangue et on reçoit des paquets d'eau au visage. Ma voisine locale s'agrippe à mon tee-shirt en criant « Allah u Akhbar ». Elle est terrorisée et ne sait sûrement pas nager ce qui ne servirait à rien en cas de naufrage, car nous serions coincés sous les parois et le toit.

La barque finit par s'amarrer sur l'île et le moral revient au beau. Au retour nous trouverons un moyen de transport plus sécurisé.

On déambule sur l'île. Le transport se fait en charrettes tractées par des petits chevaux. Au bord du chemin de sable, un panneau de signalisation en français « Attention passage de plongeurs ». Ici, la vie coule lentement ! Je loue palmes, masque et tuba et pars en exploration.

Dommage, la mer est agitée et on n'y voit rien. Ce sera pour une prochaine fois.

Au retour, en taxi, visite d'une plantation artisanale qui fait pousser toutes sortes de plantes dont vanille, café, cacao et de drôles de champignons qui se développent dans l'obscurité autour de bouts de racines. J'ignore s'ils sont comestibles ou hallucinogènes, mais leur aspect ne donne pas envie de les goûter.

Le chauffeur nous dépose dans les innombrables fabriques, laques et ateliers de tissage.

Trois jours sont vite passés, nous quittons notre chauffeur à regret et reprenons notre vol vers Bali pour rejoindre notre groupe.

Lombok est une destination que nous recommandons pour la tranquillité d'un séjour reposant.

En 2014 des constructions imposantes laissent penser que le tourisme de masse va bientôt s'imposer dans cette belle île.

Chapitre 20
Le Vietnam

Ce n'est qu'en 2018 que nous nous décidons enfin à entreprendre ce voyage que nous espérions depuis des dizaines d'années.

Jeune lycéen à Rabat, mes parents nous emmenaient de temps en temps dans un restaurant vietnamien, indochinois plutôt, car on ne parlait pas encore de Vietnam.

Ayant commandé des Nems, mon père qui en raffolait nous mettait en appétit en déclarant « C'est bon, ces petites saucisses de chien ; c'est dommage qu'ils les servent avec une sauce qui sent les pieds »

En plus des restaurants vietnamiens que nous avons fréquentés assidûment pendant des dizaines d'années, nous avions des amis d'origine vietnamienne ou des expatriés y ayant vécu qui cuisinaient des plats vietnamiens ou nous parlaient avec émotion de leur vie passée dans ce pays.

2018 : Nous partageons avec Thierry et Victoria l'envie de faire ce voyage.

Je demande des tuyaux à Annig, notre organisatrice préférée et elle nous donne de bonnes indications sur un itinéraire à suivre en fonction de notre temps disponible.

En prenant de l'âge, nous n'avons plus envie de changer d'hôtel tous les soirs et faire des centaines de kilomètres pour voir un maximum de sites.

Ne disposant que de 15 jours, nous décidons de limiter notre périple au Nord et au centre, abandonnant Saïgon et le sud pour un programme futur.

En feuilletant le guide du routard, je lis leur recommandation pour une agence francophone de Hanoi qui s'appelle Hanoi voyages.

Le soir, j'écris un mail en demandant s'ils peuvent organiser un voyage pour 4 personnes avec quelques détails glanés dans le guide.

Le lendemain matin, j'ai déjà la réponse avec itinéraire et tarif en fonction de la catégorie d'hôtels choisie. Après quelques échanges par mail, le tour est bouclé.

La date est fixée fin mars, début avril en fonction des disponibilités de Thierry et Victoria et c'est la dernière limite avant les grosses chaleurs.

Le voyage sera divisé en deux : le Nord puis le Centre.

1– Le Nord Vietnam

Nous arrivons à Hanoi une journée avant nos enfants, ce qui nous permet de nous reposer un peu et d'assimiler le décalage horaire. Nous avons pris un vol Emirates avec une escale à Dubaï obligatoire de trois heures en pleine nuit.

Le premier contact avec Hanoi est saisissant surtout pour le trafic des voitures et des motos qui se faufilent dans un enchevêtrement indescriptible.

Pour traverser la rue, inutile d'attendre que le feu passe au rouge, personne ne s'en préoccupe. Il faut se grouper à deux ou plus et avancer doucement au milieu du trafic sans hésiter ni ralentir et surtout sans s'arrêter. Cela demande un peu de pratique, mais ça se passe toujours en douceur.

Je cherche un resto sur trip advisor à proximité de l'hôtel, car la ville est immense.

On m'en conseille un, très modeste, qui est typique de la nourriture de rue « street food » fameuse à Hanoi et nous y dégustons un plat de porc aux nouilles de riz devant la photo d'Obama qui a dîné là il y a quelques années. J'ai du mal à l'imaginer dans ce resto où l'on mange dans une assiette à même la table avec ses gardes du corps tout autour.

Quand Thierry et Victoria arrivent le lendemain midi, le programme de visite est prêt à démarrer.

Notre équipage se compose d'un van Mercedes à 9 places, d'un chauffeur et du guide qui ne nous quittera pas dans toute la tournée du Nord.

Le programme de visite commence par une promenade en pousse-pousse à travers la ville.

Je n'aime pas trop ce moyen de transport, héritage de la période coloniale en pensant au pauvre gars qui doit pousser mes 75 kilos avec ses pédales, lui qui n'en pèse pas plus de 50. Nous déambulons dans les vapeurs d'essence d'un trafic dense.

Le périple ne dure pas trop longtemps et nous nous retrouvons au centre de la ville dans des allées qui bordent un grand lac.

Notre guide est anglophone, car Victoria ne parle pas le français. Il s'appelle « Chien » (prononcer Chienne). Jeune et charmant, il parle un anglais très doux et les femmes l'adorent déjà. Nous échangeons les prénoms, mais pour nous ce sera « papi et mamie », car c'est plus simple.

Cet après-midi, la voie qui fait le tour du lac est pleine de voitures, mais, le week-end, quand nous y retournons, la circulation y est interdite et la foule se promène tranquillement dans les allées. On rencontre de jeunes élèves qui nous abordent, cahier à la main pour échanger quelques mots avec nous et noter les mots anglais qu'ils apprennent. Le français est presque totalement oublié.

Ici aussi comme dans la plupart des villes asiatiques, la végétation tropicale se mêle aux vieilles demeures et crée une ambiance vieillotte ou l'on imagine le passé.

Dans les rues qui grouillent de monde à toute heure du jour, on regarde les marchands ambulants qui poussent leur charrette à bras pour vendre leurs marchandises, fruits, boissons, chapeaux vietnamiens, nourriture, etc. On apprécie les femmes qui portent deux charges suspendues à un bambou souple bien équilibré sur leur épaule.

Visite d'un temple bouddhiste au milieu du lac et un spectacle de théâtre-marionnettes traditionnel avec des acteurs plongés dans l'eau jusqu'à la taille qui animent les marionnettes. Je ne suis pas sûr d'avoir bien compris la subtilité du spectacle ; il y a des méchants et des gentils et, de toute façon, les spectateurs sont tous étrangers et cela n'a que peu d'importance qu'ils comprennent.

Nous demandons à Chien de nous déposer à l'hôtel Métropole.

C'est l'ancien hôtel de luxe de la période coloniale qui a gardé toute sa prestance. Il a aussi hébergé la presse internationale durant les années de guerre. Le prix des chambres n'est pas compatible avec notre budget, mais nous y pénétrons pour y boire une bière et admirer le décor et le style grand hôtel du personnel. Devant le porche, deux Citroën 11 cv datant des années 40 sont stationnées pour donner le ton.

Le lendemain le guide nous fait visiter le musée d'Hanoi avec des collections d'objets d'art et des scènes de la vie agricole du passé. Il y trône une bicyclette ancienne chargée de paniers en osier. On dit qu'il y en a plus de 250 accrochés au vélo. Difficile de distinguer le vélo.

Dans les vastes jardins du musée ont été construites des maisons traditionnelles en bois aux toits de chaume où l'on peut pénétrer.

Prochaine visite à l'université. C'est un ensemble de bâtiments très anciens qui font plus penser à des temples qu'à des salles de classe. La foule est dense ; les Vietnamiens en costume élégant se font photographier devant les bâtiments ou sous les frangipaniers qui peuplent le jardin.

Des groupes d'étudiants et de lycéens vêtus de leurs uniformes et coiffés de toges de doctorat se promènent en rang dans les allées et se font photographier en groupe. On nous dit que c'est la graduation, mais on est en mars et ce n'est pas la fin de l'année. Cela restera un mystère.

La prochaine visite est un atelier de laque qui fabrique toutes sortes d'objets en laque, mais surtout des peintures. La technique de la laque comprend l'insertion de coquilles d'œufs dans la pâte de laque afin de lui donner du relief.

Nous écoutons bien les explications et continuons la visite pour admirer les œuvres exposées.

Un tableau attire notre regard et nous le prenons en photo. Il n'entre pas dans le budget de notre voyage, mais, une fois rentrés à la maison, nous aurons des regrets et Chien nous arrangera la vente et l'expédition.

De retour dans la vielle ville et, en plein centre, le chauffeur nous laisse devant un passage à niveau et Chien nous invite à suivre la voie ferrée. Nous marchons sur le ballast et les murs des maisons sont à moins d'un mètre de la voie. Sur le bord sont installés des petits tabourets typiques de la nourriture de rue et les cafés logés dans les immeubles servent des boissons aux touristes curieux de se demander ce qui arrivera au passage du train. C'est simple, au coup de sifflet du train on range tout dans les boutiques et on se plaque contre les murs.

La ligne est assez fréquentée ; c'est celle que nous prendrons pour rejoindre le nord.

Dernière visite dans la ville, le palais d'Ho Chi Min, le libérateur du pays que l'on nomme « l'oncle Ho ». Il a repris le palais du gouverneur français, magnifique maison coloniale peinte en ocre jaune comme tous les bâtiments gouvernementaux du pays.

Un monument très communiste trône sur une vaste esplanade. C'est le mémorial Ho chi Min où les fervents patriotes se font photographier avec déférence. Les jardins sont verts et bien entretenus.

On a beaucoup marché et on attend le dîner et le repos avec impatience.

La nourriture a son importance et nous fouillons l'internet à la recherche des bonnes tables.

Certaines valent bien le détour et on se régale.

L'agence a proposé de nous inviter à dîner dans un restaurant du centre-ville. Par respect pour Victoria, ils n'ont pas envoyé notre correspondante francophone « Thuy Le », mais une jeune femme qui parle anglais. Elle arrive avec un cadeau pour chacun de nous et nous aide à commander le repas. Nous ne nous attendions pas à ce traitement VIP.

Nous avions acheté un flacon de parfum pour Thuy Le. Elle nous remercie avec effusion par mail et nous apprécierons sa gentillesse par la suite, car nous serons plusieurs fois mis, à sa demande, dans des suites royales à la place des chambres qui faisaient partie de notre package.

Après ce dîner, c'est le départ pour le Nord. Notre train partira à 22 heures et arrivera à 6 heures du matin à destination.

Chien voyage avec nous. Nous avons un compartiment pour 4 avec des banquettes-lits.

Pas très commode de grimper sur les couchettes supérieures et nous laissons ce privilège aux jeunes.

Le train ne roule pas vite et il cahote sur les rails en donnant l'impression que les roues ne sont pas rondes. On ressent une sorte de mouvement de balancier vertical permanent.

Nous arrivons à Lao Cai au petit matin. C'est une ville qui borde la Chine et constitue un lieu de passage pour une grande quantité de marchandises. L'agence nous a réservé deux chambres dans un petit hôtel situé près de la gare. Nous pouvons y prendre une douche et un petit déjeuner composé d'une grande soupe aux nouilles de riz.

Bien retapés, nous prenons la route de montagne vers notre destination l'éco lodge à proximité de Sapa.

Sapa est une ville sans intérêt où nous passons une heure pour que le guide remplisse quelques paperasses.

Nous poursuivons notre route de montagne vers notre lodge, mais le chauffeur nous arrête ; nous allons continuer à pied pour un trek d'une dizaine de kilomètres de montagne entre les rizières : beaux paysages, ciel plutôt nuageux et rizières encore partiellement inondées.

L'arrivée au lodge est spectaculaire. Plantés au sommet d'une colline qui surplombe le paysage, des petits bungalows sur pilotis à un étage forment les chambres. Au centre, le bâtiment principal contient le restaurant logé dans une belle salle avec colonnes et plafond en bois rouge laqué.

Au-dessus, une piscine à débordement chauffée permet de se reposer des cahots de la route montagneuse.

Le lendemain matin, nous avions prévu une promenade dans la montagne, mais on n'y voit pas à deux mètres et on se contente d'un bon petit déjeuner avant de reprendre la route vers un marché typique fréquenté par les Hmongs, minorité du nord dans la région de Shin Cheng.

Les femmes Hmong sont vêtues de jupes de couleur et de vestes brodées avec des foulards de couleur sur la tête. Les porte-bébé sont aussi typiques que confortables.

C'est dommage, il tombe des cordes et on ose à peine sortir l'appareil photo de peur qu'il se noie !

Il y a un grand marché aux buffles qui pataugent dans la boue avec les acheteurs en bottes de caoutchouc protégés par leurs parapluies. Le marché est couvert et on peut donc s'y promener à l'abri et photographier. Le coin restauration est toujours un endroit privilégié pour nous. Nous sommes les seuls étrangers et cela nous permet d'être presque invisibles.

Prochaine étape, c'est une soirée et nuit chez l'habitant dans le village de Bak Ha. Ce n'est pas jour de marché, mais nous faisons un trek autour du village avec visite d'une distillerie où le bouilleur de cru fabrique des alcools d'artichaut que nous goûterons le soir. Cela ne vaut pas un mauvais whisky ! Ce soir, nous dînons avec la famille, y compris les grands-parents, des copains du coin et notre chauffeur. Ils servent une dizaine de plats qui repartent vides et on termine par l'alcool d'artichaut.

Retour vers Hanoi dans un bus couchette assez confortable sur une belle autoroute.

Depuis Hanoi, départ en van vers la baie d'Halong terrestre. C'est une région à relief karstique que l'on visite en barque à rames le long d'une rivière. Les barques sont mues par des femmes qui les actionnent avec leurs pieds et la balade dure deux heures. On demande à notre rameuse combien de trajets elle fait par jour ; un seul dit-elle, car l'après-midi elle bosse dans les rizières et le soir dans un hôtel. Pour elle, la perspective des 35 heures est bien loin ! mais on a l'impression d'une bonne organisation collective efficace.

Le lendemain, départ pour la croisière sur la baie d'Halong.

Lieu touristique principal du nord Vietnam, il bénéficie d'une organisation implacable.

Avant d'arriver à l'embarcadère, nous avons visité un atelier d'huîtres perlières où l'on assiste à l'implantation de boules de plastique à l'intérieur des huîtres pour stimuler la production de nacre. La visite du magasin de vente s'impose.

Au port d'Halong règne une effervescence incroyable. Du monde partout qui court dans tous les sens. Munis de nos billets, nous sommes guidés vers une barque qui nous mène à notre paquebot, une jonque assortie d'une voile, mais qui fonctionne exclusivement au moteur.

Bateau privé pour nous avec 2 cabines, il est armé de 5 personnes : le capitaine, son mécanicien, le cuisinier, le barman et le guide. En plus de notre guide Chien et de son chauffeur qui nous attendent à terre, ça fait sept personnes à notre service pour 24 heures.

Allez comprendre comment le voyage est si bon marché.

La croisière est fantastique, les myriades d'îlots qui jonchent la mer (1969 paraît-il) brillent dans le soleil.

Nous sommes confortablement installés sur le pont et regardons les bateaux qui quittent le port, chargés de touristes chinois. Certains prennent plus de 40 passagers. Nous apprécions notre privilège.

Les bières et les Gin Tonic arrivent régulièrement et la note de boissons dépassera celle de la nourriture.

Celle-ci est pourtant abondante et délicieuse. Le cuisinier s'est surpassé. À la fin du repas, on nous a annoncé une surprise. Le steward dépose sur la table deux sculptures que le cuisinier a creusées dans des pastèques au cours de l'après-midi, l'une représentant un oiseau fantastique, l'autre la jonque.

Le guide s'appelle Smiley, il sourit tout le temps et nous raconte des anecdotes amusantes.

Arrêt sur une île avec une caverne à visiter et tour de Kayak dans l'eau vert émeraude de la baie. Le coucher de soleil tant espéré n'aura pas lieu ; le ciel est un peu voilé et le capitaine a choisi un endroit calme, à l'écart des gros bateaux pour la nuit.

Après un bon dîner, deux petits déjeuners et une promenade en barque dans un village de pêcheurs nous regagnons la terre ferme pour un retour vers Hanoi où nous passerons une dernière nuit avant de prendre l'avion pour le centre du pays.

Nous quittons notre guide avec beaucoup d'émotion ; il est vraiment très attachant !

2– Le Centre Vietnam

L'avion nous pose dans la ville de Dong Hoi, ville où les maisons aux toits rouges sont peintes de couleurs vives. Le chauffeur était en retard ; la voiture avait eu un pneu crevé, mais pas de souci.

Nous sommes logés dans un immense hôtel de 18 étages à l'architecture soviétique situé sur la route qui longe la mer. Vue splendide et il fait plus chaud que dans le Nord.

Nous avons repéré des petits restaurants au bord de la mer avec leurs minuscules tabourets de rue. Les menus annoncent toutes sortes de fruits de mer et nous commandons crevettes, calamars er palourdes ainsi que les inévitables canettes de bière.

Ici, pas d'assiettes ni de poubelle de table ; on jette tout par terre. Les restaurants sont installés sur une dalle en béton bordée par le sable de la plage. Régulièrement les locaux s'éloignent dans l'ombre pour se soulager dans le sable. Adieu la promenade au clair de lune sur le bord de mer. Au réveil, on s'attend à trouver un champ d'immondices sur la dalle, mais tout est propre et net, prêt à recommencer.

Le lendemain, départ en van pour les grottes de Phong Nha.

On arrive dans une ville au bord de la rivière où attendent des multitudes de longs bateaux spécialement équipés pour recevoir les touristes.

Nous entamons une croisière d'une bonne heure sur la rivière où les paysans ramassent la végétation lacustre qui flotte entre deux eaux. Sur les berges, on distingue un petit village dominé par une église au clocher pointu. Les missionnaires chrétiens ont fait une grosse œuvre de conversion au Vietnam et la religion catholique est toujours très pratiquée ici. À Hanoi, le dimanche, les fidèles, trop nombreux, suivaient la messe de la cathédrale debout sur le parvis de l'église.

Les grottes de Phong Na sont incroyables. On commence en barque sur la rivière souterraine et on continue à pied. Les éclairages des reliefs ont été étudiés avec soin et le spectacle est extraordinaire. On nous dit que la galerie fait 31 kilomètres, mais seul le premier est visitable.

L'après-midi, visite d'une deuxième grotte tout aussi impressionnante où l'on accède par une grande quantité de marches.

Par la suite, visite du site de la zone démilitarisée, ou DMZ, No man's land délimité par une rivière traversée par un pont bleu d'un côté et jaune de l'autre. C'était la frontière entre les deux Vietnam ennemis.

Un musée de la guerre monte photos et armes, on voit aussi les haut-parleurs qui permettaient aux soldats du Nord de haranguer les populations du sud de l'autre côté du pont.

On visite aussi les souterrains dans lesquels les villageois ont vécu pendant de nombreux mois pour se protéger des bombardements.

Passage à Da Nang où nous visitons un musée de la civilisation Cham Hindouiste du 10e siècle qui a laissé des statues d'une beauté remarquable.

La route nous conduit ensuite vers Hué, ancienne capitale royale au bord de la rivière des parfums.

La visite de la ville commence par une croisière sur la rivière en aval de la ville. Le bateau à fond plat est très large et décoré de dragons. L'agence a encore bien fait les choses ; le bateau est réservé pour nous quatre. En chemin je me promène sur le pont. Le skipper me dit qu'il est interdit de quitter sa chaise et que la police veille. Sécurité avant tout !

Visite d'un temple dans un beau jardin puis de la citadelle très ancienne avec des collections d'objets religieux. Le théâtre rouge est or est richement décoré et une salle est dédiée aux costumes traditionnels que les touristes (surtout vietnamiens) peuvent endosser pour une photo de famille du passé.

En sortant, nous sommes invités à fabriquer et peindre des petits cerfs-volants en papier. Après cela nous faisons un tour incontournable dans le marché Dong Ba.

Ville très animée la nuit, on marche dans les rues remplies de restaurants de rue où les familles mangent, installés sur les minuscules tables et chaises en plastique.

Dernière étape : Hoi Han.

C'est une très ancienne ville portuaire au bord de l'estuaire d'une rivière. Le port permettait aux bateaux chinois et japonais de mouiller à l'abri et commercer avec les habitants. Les marins se sont sédentarisés et les deux communautés, chinoise et japonaise vivaient de chaque côté de la rivière sans communiquer jusqu'à ce que les Japonais construisent un pont qui scella l'alliance.

Au fil des années, la rivière a été bouchée par les alluvions et le port de Hoi Han a laissé la place à celui de Haiphong plus au nord. Il en résulte une petite ville typique avec des maisons anciennes où le tourisme est roi.

Le soir, la ville s'anime ; le marché de nuit s'installe le long de la rivière, les rues et les boutiques sont illuminées par des milliers de lanternes en papier et les bateliers à rame promènent les touristes pour admirer le spectacle depuis l'eau.

L'agence nous a logés dans un hôtel à l'extérieur de la ville : « Ancient villa inn » très bien situé au bord d'un champ marécageux où sommeillent des buffles et nous profitons de deux belles journées de repos et dormir dans des suites de plus de 50 mètres carrés, cadeau de notre agence Hanoi Voyages. Pour finir nous ferons la visite d'un site archéologique Cham où nous assisterons à un spectacle de danses traditionnelles.

Ce voyage, probablement le meilleur que nous ayons vécu, est entièrement dû au professionnalisme de cette agence locale que nous recommandons à nos amis désireux de se rendre au Vietnam.

Chapitre 21
L'Europe

En dehors de la France, l'Angleterre et l'Espagne, nos découvertes des pays européens se sont échelonnées dans le temps au hasard de petites vacances ou d'escales aériennes en venant de plus loin.

Je ne pense pas qu'il soit intéressant de détailler les visites des capitales qui n'ont de secret pour personne et pour lesquelles je ne pense pas à des anecdotes cocasses.

Nous adorons l'Italie pour de nombreuses raisons et, en plus d'un voyage organisé à Rome avec visite du Vatican et de la chapelle Sixtine, nous avons sillonné la Toscane par Florence, Pise, Sienne, Luca, San Giminiano et poussé jusqu'au fond de la botte vers Barri, les Pouilles, Matera et Amalfi sans oublier Venise, les Dolomites et le haut Adige où l'on se sent plus en Autriche qu'en Italie.

Parmi les meilleurs souvenirs, un passage à Bolzano en bordure des Dolomites dans un superbe hôtel surplombant la ville où on a eu droit à une fête de la bière très germanique.

Le lendemain nous avons visité le musée de la ville dont l'attraction est le corps d'un humain dénommé « oetzi » conservé depuis plus de 5000 ans dans la glace et dont on peut voir la peau, les cheveux et une partie de ses vêtements. Il semble qu'il ait été tué d'un coup au crâne. Il portait aussi un arc et des flèches.

Les scientifiques ont analysé le corps en profondeur et ont avancé des conclusions sur l'alimentation, les bactéries et tout ce qu'ils ont pu découvrir de ce corps parfaitement congelé. Il est conservé dans un cercueil d'azote liquide et une salle à l'hôpital de la ville est prête à l'accueillir en cas de panne de courant qui risquerait de le réchauffer.

Au réveil, le lendemain, nous voyons que la route qui mène à la ville est totalement saturée. On est le premier août et toute l'Italie est en vacances. Les routes de montagne seront dès lors très chargées. Une montée en téléphérique m'amène au sommet de l'Alta Badia. Angela n'aime pas les hauteurs et a préféré m'attendre au sol. Belle randonnée au sommet, au-delà de la limite des arbres, avec des vues plongeantes sur les vallées. De là, j'aperçois en contrebas l'hôtel où nous dormirons ce soir.

En arrivant dans ce magnifique Palace, notre petite 206 CC est perdue entre les Mercedes et les BMW toutes immatriculées en Allemagne.

À la réception je comprends que le prix, déjà copieux, que j'avais envisagé pour deux est, en fait par personne. Tant pis c'est un bel hôtel et nous allons-en profiter. Au sous-sol, spa, sauna et Hamam ; on y descend en maillots de bain, mais tous les Allemands sont à poil. On n'a pas l'habitude !! Et on rase un peu les murs.

Matera dans le sud est une ville troglodyte et la chambre de notre B & B était taillée dans la roche. Pas facile de trouver un stationnement, toute la vieille ville est interdite aux voitures.

Le musée des offices de Florence reste un souvenir inoubliable malgré la queue qui couvrait les trois côtés du pâté de maisons ; deux heures d'attente bien récompensées par les œuvres exposées.

De l'Autriche, nous n'avons fait qu'un petit séjour de ski à Kitzbuhl avec Thierry, Katrina et sa famille.

Bon ski, nourriture à base d'œufs, lardons et fromage et une bonne ambiance d'après-ski. On a même vu Katrina hurler les chansons du groupe de rock debout sur la table. Sur les pistes, les Autrichiens nous ont paru très disciplinés en comparaison des Français et les restaurants d'altitude sont charmants. Le tourisme, ici, marche l'été comme l'hiver.

En 1997 le comité d'entreprise de la banque organise un long week-end à Prague en République tchèque. Voyage en avion à partir de Nice (2 000 kilomètres). À Prague, on est à égale distance de presque toutes les capitales européennes. On voyage avec les collègues de la banque et quelques-uns de mes employés du centre opérationnel, mais l'ambiance est très bonne.

Notre guide est une ancienne « prima ballerina » de l'opéra de Prague qui a été mise à la retraite à l'âge de trente ans et a subi de plein fouet le printemps de Prague après lequel la retraite qu'elle touchait ne lui permettait pas de vivre avec son enfant ni même de payer son loyer. Elle parle anglais, allemand et russe et a appris le français avec l'aide d'un dictionnaire. Prague est la ville de la musique, du cristal de bohème, des jouets en bois et on la sillonne à pied en traînant dans les boutiques. Les CD piratés sont vendus partout et on fait une petite collection de musique classique.

Un premier voyage en Hollande dans les années 90 nous a conduits dans les champs de tulipes au mois de mai avec découverte de la ville d'Amsterdam.

Nous y sommes retournés plus tard pour fêter Noël avec Thierry et ses beaux-parents qui vivaient à Groningen à la frontière avec l'Allemagne. Visite obligatoire du quartier chaud avec ses vitrines rouges dans lesquelles des filles légèrement vêtues attirent le chaland.

Curiosité de voir les Hollandais avaler d'un coup des harengs crus et guise de petit déjeuner.

Cerise sur le gâteau, lors d'une courte escale à Amsterdam j'entre dans un parking public par le mauvais côté et, une heure après je retrouve la voiture avec un sabot. C'est la veille de Noël et je ne sais pas quoi faire. Un jeune homme en scooter vient à notre secours, me dit d'aller chercher des florins au distributeur et qu'il se chargera de régler l'amende. Nous voyons notre argent s'éloigner avec le scooter sans grande conviction, mais une demi-heure plus tard arrive un gros policier avec la clé du cadenas et même pas un sourire ou un mot gentil et encore moins joyeux Noël pour le vilain touriste piégé sans pitié.

Rien de bien passionnant à raconter sur nos passages en Belgique sinon un week-end glacial près de Maastritch avec Jeremy et Marie So dans un superbe B & B très joliment décoré. Une visite à Bruges avec nos amis C. me laisse peu de souvenirs.

De retour du Moyen Orient et de Hong Kong, nous avons fait des stops en Grèce, notamment à Athènes et en Crète avec nos trois enfants pour voir sur place les trésors de l'antiquité.

Pas d'anecdote spéciale pour Athènes et Delphes.

Pour visiter la Crète, nous avions loué une Mini Moke, version américaine de la méhari sans ceinture de sécurité, ni vitres, ni capote. Toutes les routes n'étant pas goudronnées, on se retrouvait le soir couverts de poussière.

Dans tous les sites touristiques, les étals de cartes postales vendaient une photo de la fameuse statue du Minotaure, monstre au corps humain avec une tête de bœuf et un sexe mâle proéminent.

Les garçons étaient ravis de pointer la carte à leur petite sœur qui s'en offusquait et s'enfuyait pour ne pas voir.

Avec notre ami Alain qui nous avait invités à partager avec eux une croisière entre la Turquie et les îles grecques, nous avons eu le plaisir de visiter quelques îles et des sites magnifiques pour finir à Rhodes, ville médiévale inoubliable.

Autre séjour insulaire avec nos amis italiens Vinicio et Luciana à l'île de Sifnos située dans les Cyclades, très escarpée que nous avons pu parcourir avec le vieux 4x4 Toyota que notre ami avait garé dans la maison de sa fille.

Notre plus longue visite dans cette région s'est passée à Chypre où Hélène nous a accueillis pendant une quinzaine de jours, alors que Mark était en poste à la base militaire de Dhekelia, enclave militaire britannique installée depuis le départ d'Égypte en 1956 au moment de la crise de Suez pour contrôler la Méditerranée. Nous sommes à une centaine de kilomètres de la Syrie où la guerre fait rage en ce moment.

Je pense que la base militaire regroupe pas loin de 10 000 hommes. La base est une ville en soi avec ses supermarchés dont certains produits sont vendus hors taxe, école et cinéma. Sécurité assurée, j'ai failli prendre un PV pour excès de vitesse. La base est proche de Larnaka, capitale de l'île, ville moderne sans grand intérêt touristique.

L'île abrite de belles plages, belles forêts dans les montagnes du centre et quelques monastères orthodoxes avec de magnifiques icônes bien conservées.

Nous avons pu faire une incursion dans la partie turque dont la ville principale est Nicosie.

On y a pénétré à pied en présentant nos passeports, après avoir complété un formulaire.

Dans la ville, nous avons admiré les églises, fermées au public, sauf une, réplique de la cathédrale de Reims, construite par le roi de Chypre français, revenu de croisade au douzième siècle. Tous les vitraux ont été détruits et remplacés par des moucharabiehs (claustras aux motifs en arabesques).

Au hasard de notre promenade à pied, nous nous apercevons qu'au tournant d'une rue, nous avons repassé la frontière sans la voir. Les habitants doivent tout de même bien s'entendre.

Pour les 60 ans d'Angela, j'ai organisé en secret un voyage en Sicile d'une semaine avec location de voiture. Je suis passé par une agence de voyages de Marseille, car les réservations par internet ne sont pas encore performantes. L'agence a donc réservé les hôtels et leur choix n'est pas tout à fait le nôtre.

Grands hôtels sans âme situés en périphérie des villes et n'autorisant pas la balade à pied.

Au sud de l'île, des ruines romaines fantastiques et des églises romanes qu'on ne rate pas. Erice, Sélinonte, Trapani et Agrigento où les restes de temples sont bien conservés et les colonnes toujours debout ou redressées.

Syracuse est une belle ville avec son quartier de pêcheurs et un marché aux poissons du matin. On passe une nuit épouvantable avec une partouze au-dessus de nos têtes et un ascenseur qui couine à chaque passage pendant toute la nuit.

Entre Agrigento et Syracuse, on a voulu passer par l'intérieur pour découvrir de vieux villages typiques. Mais on n'en trouve pas, l'habitat rural est inexistant, pas de bâtiments de ferme et de grosses bourgades sans intérêt.

Il semble que l'essentiel de l'activité se développe à proximité des côtes. Les plantations d'agrumes et de raisin de table sont magnifiques.

C'est ensuite l'escalade sur les pentes de l'Etna, volcan toujours en activité qui crache régulièrement ses fumerolles. Ici tout est noir de poussière de lave et nous avançons dans les nuages.

Le soir, de l'hôtel on aura une belle vue dégagée sur le volcan et une vue plongeante sur la ville de Taormina, véritable Saint-Tropez de la Sicile avec ses boutiques de luxe et ses femmes élégantes, comme peuvent être les Italiennes qui ont des sous.

Nous passons Messine qui est vraiment tout près du bas de la botte italienne. La circulation est dense et certains conducteurs se conduisent comme des voyous. Compte tenu de la réputation mafieuse de l'île, on se garde bien de réagir.

Dernière étape à Palerme, la capitale, grosse ville difficile à cerner et nous nous faisons arnaquer dans un restaurant pourtant recommandé par le guide touristique. Trip Advisor et Booking.com n'existent pas encore.

On espère faire mieux la prochaine fois.

Section III : Conclusion

Les années retraite

Il n’est pas question, après ce tour d’horizon des pays où nous avons vécu et voyagé d’oublier de mentionner la France et le Royaume Uni où nous avons passé de nombreuses vacances tout au long de notre vie active et surtout, les années de ma retraite commencée si tôt à l’âge de 54 ans.

Pour notre mariage en Angleterre en juillet 1968, je suis venu par la route avec la Simca 1000 achetée quelques semaines auparavant. J’ai traversé la ville de Londres sans carte en m’arrêtant de temps en temps pour demander aux passants la route qui menait au fameux M4, autoroute de l’ouest qui conduit à Maidenhead. Les villes qui bordent la Tamise, à l’ouest de Londres sont belles et calmes, Henley on Thames où l’on assiste chaque année à la fameuse régate de rameurs, Windsor et son château, résidence de la Reine.

On se marie à l’église catholique, car celle-ci est moins tolérante que l’église anglicane et Angela doit se convertir. De nos jours cela paraît ridicule, mais les règles étaient strictes. Ici, pas de mariage à la mairie, c’est l’employé municipal qui vient à l’église faire signer le registre. Peu de personnes sont venues de France pour assister à la cérémonie. Ma mère n’a pas pu venir au mariage, ayant égaré sa carte d’identité juste avant le départ.

Mes futurs beaux-parents ont organisé un beau mariage avec une réception dans leur jardin sous une grande tente louée pour l’occasion et nous sommes partis vers l’Écosse en train-autos-couchettes pour notre voyage de noces.

Arrivés à Perth (Écosse) nous avons visité la région en cherchant les bed and breakfast sur les panneaux affichés dans les rues, devant les maisons : « No Vacancy » voulait dire : « passez votre chemin ». On a trouvé des B & B sympas et les gens étaient très attendris de nous savoir juste mariés.

Pour les nuits de noces, le nord de l'Écosse en été n'offre de l'obscurité que pendant quelques heures.

Une nuit où nous n'avons pas trouvé de gîte, il a fallu dormir dans la voiture, en bord de route et nous avons été dévorés par les moucherons. Souvenir vite balayé par l'enchantement du voyage.

Après les lochs et notamment le loch Ness où rôde « la bête », nous sommes redescendus au sud par les Cotswolds et Stratford upon Avon, ville de Shakespeare.

Après notre mariage, nous avons entamé un séjour de 9 mois à Marseille pour mon stage de début d'emploi à la BIAO avant le départ pour l'Afrique.

Angela est enceinte de Thierry et ça se voit, mais, au marché, les commerçants l'appellent « Mademoiselle ». Plus tard, après la naissance de Thierry, un vendeur de vins sonne à notre porte.

Je lui ouvre et il demande à parler à mon père. Je lui dis : « Ici, le papa, c'est moi » !! Il se confond en excuses, mais il n'y est pour rien. On a l'air tellement jeunes qu'on ne nous imagine pas en parents.

On roule en Simca 1000, achetée à mon retour d'Algérie et Thierry voyage à l'arrière dans son panier déposé sur le siège puis dans un baby relax fixé au dossier avec deux crochets.

Nous ne voyageons pas beaucoup sauf pour la petite maison forestière d'Agay où nous nous retrouvons le week-end avec des collègues de la banque pour des pique-niques.

Plus tard, au retour de congés d'Afrique nous prendrons des voitures de location et sillonnerons les routes entre la France et l'Angleterre pour passer nos vacances en partie avec nos familles respectives, mais aussi prendre des vacances de neige qui nous faisaient rêver depuis les pays chauds.

Premier séjour de ski à Valloire dans la Maurienne pendant un mois dans une maison familiale avec ma sœur Bernadette, son mari, Pierre et ma belle-mère qui nous a rejoints et fera une tentative malheureuse de ski où elle se foulera les pouces ! Rien de bien grave. Elle a surtout gardé les enfants trop petits pour les sports de glisse.

Des 1973 nous décidons d'investir dans un studio à la montagne à Villard-de-Lans où des amis du Nigéria ont trouvé du travail auprès du promoteur qui développe un vaste ensemble immobilier.

Situé au pied des pistes, en pleine nature, c'est un beau domaine et nous y passerons de nombreux séjours agréables avec les enfants.

Nous tenons absolument à ce que les garçons se mettent au ski et nous louons des équipements pour eux. Le premier jour, ils ne montrent pas une motivation excessive pour la glisse ni un courage à toute épreuve. En quelques minutes, ils font tous les deux une chute et se cassent chacun une jambe à 5 et 3 ans.

Nous sommes un peu penauds de les avoir poussés dans cette voie, mais, Dieu merci, la prochaine fois sera la bonne et ils deviendront de bons skieurs.

Nous avons passé de bons séjours dans ce studio et il était de rigueur d'acheter un jambon entier, de le pendre sur le balcon et de se couper des tranches pour chaque repas.

Quand nous deviendrons grands-parents, le studio sera vite trop étroit, mais nous n'en trouverons pas de plus grand à acheter et revendrons le studio dont la rentabilité locative s'est avérée plutôt désastreuse.

Au fil des ans, les enfants grandissent. Les vacances se déplacent vers l'été et, pour l'essentiel, vont de France en Angleterre chez les beaux-parents ou à Allouis où ma mère et ma sœur Bernadette nous accueillent et nous offrent de belles rencontres familiales.

Semaine inoubliable en Cornouailles avec Lizzie et Gerald et nos quatre enfants avec belles balades, pêche à la ligne et cuisson de langoustes au whisky.

Beaucoup de périples passent par des visites aux copains expatriés ou aux anciens amis qui veulent bien nous recevoir.

En 1978, nous avons maintenant 3 enfants, et voyageons avec une Jaguar 4,2 litres achetée avec les économies du Nigéria. Après un été pluvieux entre la maison des beaux-parents à Crowborough dans l'East Sussex, un passage à Caen chez des amis et 15 jours à Allouis, sans voir le soleil, nous arrivons dans le Var chez nos amis du Cameroun, Pierre et Santa A. qui ont une maison à Solliès Toucas. Au réveil, ciel bleu sans taches, chant des cigales. C'est ici que nous voulons vivre.

On demande aux amis de garder les enfants et on visite quelques agences pour fixer en trois jours notre choix sur une petite maison située à Cuers en bordure de la route nationale. Décision prise, on signera en octobre par procuration.

La maison n'a aucun intérêt architectural. Les carrelages sont disparates, une pièce rajoutée devant le salon ne sert à rien ; on s'aperçoit même que, dans cette pièce rajoutée à la maison par le prédécesseur, le conduit de la cheminée est traversé par une poutre en bois et, à la première tentative d'y allumer un feu pour nous chauffer, on manque de mettre le feu à toute la maison. En outre, il n'y a que deux chambres. On peut se demander pourquoi on a fait ce choix.

Dans le jardin qui fait quand même 5 000 mètres carrés, des poulaillers vont nous permettre de construire un bâtiment pour les enfants. Avec une petite salle d'eau, un WC chimique, car pas de tout à l'égout. On peut construire une belle chambre qui contiendra trois lits superposés et permettra aux enfants d'y dormir en invitant chacun un copain.

La vie se passe sur la terrasse extérieure où nous avons installé la cuisinière, le frigo et une grande table qui peut accueillir 10 personnes. On achète une piscine hors sol pour se rafraîchir. Chaque jour nous partons à la plage à 25 kilomètres de là pour faire de la planche à voile.

Première visite de Lizzie et sa famille, la fosse septique est pleine et il faut attendre une semaine pour la faire vider. On fait un trou dans le jardin pour nos besoins.

On reçoit beaucoup d'amis de passage et c'est très agréable.

Le jardin est planté de 60 oliviers et, la première année, on obtiendra plus de 100 litres d'huile d'olive que l'on conservera en dame-jeanne et en bouteilles de Perrier. Par la suite, les olives seront volées et les oliviers produiront de moins en moins faute de soins.

Le bruit du train qui passe dans la vallée nous dérange, surtout la nuit quand il fait très chaud. Par la suite, la réalisation du projet d'autoroute Toulon-Le Luc nous poussera à rechercher une maison de vacances plus calme. Entre-temps, la maison est totalement cambriolée.

C'est en 1990 que nous décidons de la mettre en vente et, suite à de nombreuses visites, signons pour l'achat de Sécotine à Solliès Ville. Le quartier, éloigné du village de quatre kilomètres s'appelle la Colle sud et la maison, composée de deux logements distincts joints bout à bout, mais qui ne communiquent pas nous inspire le nom de Sécotine, ancienne marque de colle, mais également la secrétaire de Spirou, héros d'une fameuse bande dessinée de notre enfance.

La maison jouit d'une tranquillité totale. Nous aimons les volumes des salles de séjour, les plafonds en parefeuilles de terre cuite et le fait que les deux logements seront très utiles par la suite pour accueillir enfants, petits-enfants et amis.

Il faut prévoir beaucoup de travaux et la première priorité est d'y faire construire une piscine. Mon ami Alain me présente l'entrepreneur qui a construit la sienne et nous signons le contrat en 1991 pour pouvoir en profiter. Elle m'a coûté un peu cher, car nous sommes des nababs qui vivent dans les pays arabes, mais c'est une addition essentielle pour passer nos étés.

Quand nous arrivons d'Oman, le chantier n'est pas terminé et on presse les ouvriers pour que les enfants puissent en profiter le plus vite possible. Résultat, les joints du carrelage ne sont pas assez secs et il faudra les refaire rapidement. Erreur de jeunesse.

Au cours de mes années de retraite, la maison sera le théâtre de nombreuses fêtes, notamment celle de nos 25 années de mariage où nous avons reçu nos amis pendant 10 jours sans interruption et où 16 jeunes dormaient dans le deuxième logement.

Je vais passer énormément de temps à modeler le jardin en abattant les nombreux pins sous lesquels rien ne pousse et en montant des restanques en grosses pierres sèches collectées dans la région à l'aide de la remorque, outil indispensable au retraité.

Les travaux de la maison seront aussi très importants avec construction d'un garage extérieur, aménagement de l'ancien garage en pièce de rangement, rénovationt des deux cuisines, création d'une nouvelle salle de bains, modification des deux autres, agrandissement des deux entrées pour rajouter une salle d'eau à l'étage. En 2007 je me suis décidé à repeindre entièrement les façades extérieures de la maison et le travail m'a pris un bon mois avec un petit échafaudage et un rouleau de peinture fixé à un manche extensible pour les parties hautes.

Depuis que nous résidons en Provence, et en dehors des grands voyages dont il est question précédemment nous aimons faire des périples de courte durée en France et en Angleterre sous prétexte de rencontrer des amis ou la famille et nous aimons particulièrement le Pays basque avec ses collines boisées et ses villages à l'architecture si typique, le Périgord, Sarlat et la vallée de la Dordogne, Brive-la-Gaillarde et son marché de gras en novembre, la baie d'Arcachon et la région du Médoc. La Bretagne que nous connaissons mal avec Concarneau, où nous retrouvons nos amis Françoise et René. Lancieux, Saint-Malo et Dinard grâce à Annig et Patrick, l'île de Ré chez Brigitte et Michel. Tant de belles destinations qu'il est impossible de nommer toutes, mais qui procurent, à chaque fois, un dépaysement qui nous fait apprécier le magnifique pays qui est le nôtre.

Avec nos amis golfeurs et pendant vingt ans, une rencontre annuelle de quatre jours s'organise autour d'une compétition de golf, mais aussi un voyage touristique dans plusieurs régions et l'occasion de fameux dîners bien arrosés.

Enfin, n'oublions pas la Provence où nous vivons avec ses collines, ses villages, les îles d'or à côté de Hyères et toutes les belles balades qui nous enchantent avec nos enfants, petits-enfants et amis.

Le tronc de figuier, grâce à sa belle et nombreuse famille et ses amis fidèles a finalement trouvé un superbe endroit pour poser ses valises et développer ses racines.

Dans ces lignes que j'ai rédigées à la demande de ma fille Hélène, je n'ai pas donné à mes enfants et petits-enfants, la part qu'ils méritent dans le cheminement de notre vie. Qu'ils veuillent bien me le pardonner. J'ai voulu surtout leur faire partager par quelques anecdotes le parcours de notre existence mouvementée qui nous a permis de vivre, dans des pays si différents, une expérience et des émotions hors du commun.

Solliès Ville, Var, août 2023.

Imprimé en Allemagne
Achevé d'imprimer en janvier 2024
Dépôt légal : janvier 2024

Pour

Le Lys Bleu Éditions
40, rue du Louvre
75001 Paris